古典文獻研究輯刊

十七編

潘美月・杜潔祥 主編

第16冊

《制義叢話》研究

蔡榮昌 著

國家圖書館出版品預行編目資料

《制義叢話》研究／蔡榮昌 著 — 初版 — 新北市：花木蘭文
化出版社，2013〔民 102〕
目 2+202 面；19×26 公分
（古典文獻研究輯刊 十七編：第 16 冊）
ISBN：978-986-322-441-9（精裝）
1. 八股文 2. 清代
011.08 102014878

ISBN-978-986-322-441-9

古典文獻研究輯刊
十七編 第十六冊 ISBN：978-986-322-441-9

《制義叢話》研究

作　　者 蔡榮昌
主　　編 潘美月 杜潔祥
總 編 輯 杜潔祥
企劃出版 北京大學文化資源研究中心
出　　版 花木蘭文化出版社
發 行 所 花木蘭文化出版社
發 行 人 高小娟
聯絡地址 235 新北市中和區中安街七十二號十三樓
　　　　　電話：02-2923-1455／傳眞：02-2923-1452
網　　址 http://www.huamulan.tw 信箱 sut81518@gmail.com
印　　刷 普羅文化出版廣告事業
初　　版 2013 年 9 月
定　　價 十七編 20 冊（精裝）新台幣 31,000 元

《制義叢話》研究

蔡榮昌　著

作者簡介

蔡榮昌，民國三十五年生於嘉義縣布袋鎮。民國五十四年畢業於國立台灣師範大學國文系，民國六十八年畢業於省立高雄師範學院國文研究所碩士班。民國七十六年畢業於中國文化大學中國文學研究所博士班。擔任過高中教師，大專教師。著有《作文教學探究》，《制義叢話研究》。

提　　要

　　《制義叢話》是一本有關八股文的重要作品，同時也是一本「明宗旨，紀遇合，別體裁，考典制」的集大成之作，為梁章鉅於道光己亥年（六十五歲）時所纂輯，全書共分二十四卷，其內容在其〈例言〉中已有詳細的說明。

　　八股文為明清科舉取士的主要文體，作者認為自古以來，舉凡詩、文、詞、賦皆有「話」，唯獨制義無「話」，其實並非無話，而是無好事者為之薈萃成書。於是考證舊聞，觸發新意，薈萃前人相關之論述，彙編成冊。

　　本書是參考阮元《四書文話》而編纂成的，對於八股源流正變，盛衰升降等問題加以討論，尤其難能可貴的是書中引用與八股文相關的著作無數，為後代留下相當多的八股史料。篇末更附以〈題名〉，以便於後之研究者查考時一目瞭然。

　　本研究就《制義叢話》所錄相關資料，參稽舊說，探討八股文的起源、結構，及其與科舉的關係。然後與《明清進士題名碑錄索引》、《明代登科錄彙編》詳細核對，依各家成進士的先後加以分期，說明文風派別的沿革演變，再爬梳書中所錄的八股掌故，藉以明瞭傳統士人的應考生活，最後再將全書及其他書中有關八股文的文獻彙聚成篇，希望對將來的研究者有所幫助。

目

次

第一章　緒　論

第一節　前　言

　　《明史・選舉志》曰：「科目沿唐宋之舊，而稍變其試士之法，專取四子書及《易》、《書》、《詩》、《春秋》、《禮記》五經命題試士，蓋太祖與劉基所定，其文略仿宋經義，然代古人語氣爲之，體用排偶，謂之八股，通謂之制義。」故知「制義」一辭實「八股」之通稱也。江國霖《制義叢話・序》曰：「制義者指事類策，談理似論，取材如賦之博，持律如詩之嚴。」可知制義實兼策、論、詩、賦諸體之長矣。其爲文固與諸體無異，亦本之于心耳。明清兩代以之取士，故能久興而不廢。方苞曰：「竊惟制義之興，七百餘年，所以久而不廢者，蓋以諸經之精蘊滙涵於四子之書，俾學者童而習之，日以義理浸灌其心，庶幾學識可以漸開，而心術群歸於正也。臣聞言者心之聲也。古之作者其氣格風規，莫不與其人性質相類，而況經義之體，以代聖人賢人之言，自非明於義理，挹經史古文之精華，雖勉焉以襲其形貌，而識者能辨其僞，過時而湮沒無存矣。其間能自樹立，各名一家者，雖所得有淺有深，而其文具存，其人之行身植志亦可概見。使承學之士，能由是而正所趨，是誠所謂有關氣運者也。」〔註1〕蓋以「時藝爲經書之饋羊」〔註2〕故也。

　　吾國自洪武以八股取士，迄今已歷六百餘年矣，其於文化之影響可謂至深且鉅，然于八股文，國人非惟未加珍惜，抑且橫加抑揚。以致藏書家不重，

〔註1〕見方苞《進四書文選表》。
〔註2〕見《制義叢話》卷一，頁27引冉覲祖言。（廣文書局）

目錄學不講，圖書館不收。至今傳世之八股文，除方苞奉敕編之《欽定四書文》，及俞長城編之《可儀堂一百二十名家制義》較爲完整外，其餘明清諸家別集，吉光片羽，寥寥無幾，誠可惜哉！

夫制義之爲文，當根柢經史，通古達今，始能有成。苟欲明正其流變、盛衰、升降之跡，更非博通經史，熟悉掌故不爲功。長樂梁章鉅先生輯《制義叢話》二十四卷，舉凡程式之一定，流派之互異，明宗旨，紀遇合，別體裁，考典制，參稽史傳，旁及軼事，與夫諸家名篇雋句，無不備載，可謂廣采博擷，非專於制義中研求者比也。〔註3〕

洎乎清季廢科舉，制義一體，遂遭棄置，無人道及，叢話一書亦久遭歧視，致近人鄭奠、譚全基，既傾力輯《古漢語修辭學資料彙編》一書，〔註4〕而謂：

> 沒有選清梁章鉅《制義叢話》這一類評論八股文的資料。八股文是束縛思想，極端形式化的一種文體，它在很長的歷史時期影響到一般的文風，可謂流毒深遠。八股文是在怎樣的社會歷史條件下形成的？它遣詞造句是怎樣的一套規定的公式？這套公式在文學史上，以至文化史上產生了怎樣的一些消極作用？八股文雖然在半世紀以前被打倒了，到現在還有它的餘毒嗎？這些都是值得專門研究的問題，而且跟修辭學史直接有關。但是如果把專門評論八股文的資料也選收進來，跟一般的修辭資料等量齊觀，那就顯得不倫不類，所以不選。〔註5〕

既說「流毒深遠」，又云「與修辭學史直接有關」，再言「跟一般的修辭資料等量齊觀」則「不倫不類」，究因何故？然後又于是書頁595收錄《讀書作文譜》一書之例，豈不悖哉？此一論調，與《聯合文學》雜誌稱「八股取士」乃「中國古代知識分子的大災難」，〔註6〕同樣是瞎子摸象，無的放矢，極盡污蔑之能事。

故本論文擬就前述有關八股文之資料，如《欽定四書文》、《百二十名家制義》、明清諸家別集，及正史選舉志、歷科進士題名錄，並其他相關之資料，就《制義叢話》所錄，參稽舊說，先探討有關八股文之起源、結構，及其與科舉之關係，然後依叢話所錄，詳核《明清進士題名碑錄索引》、《明代

〔註3〕見楊文蓀《制義叢話·序》。
〔註4〕明文書局發行，民國73年9月台北初版。
〔註5〕同前註「前言」頁5。
〔註6〕見民國74年《聯合文學》第2期，頁217～249「大評鑑」。

登科錄彙編》，依各家成進士之先後，加以分期，述其沿革演變，再就書中所述有關八股之掌故加以爬梳，整理出官方及民間有關八股之掌故，藉以瞭解傳統士人之應考生活。期能澄清吾人對八股文長久以來之偏見，而提供往後研究八股文健全之途徑。最後再將全書及他書所見有關八股之文獻，彙聚成編。期能有裨於八股文之研究焉。

第二節　八股文與科舉取士

　　所謂科舉者設科取士之謂也。八股文則為明清兩代科舉取士之手段耳。科舉取士，在國家為求人才，在個人為求入仕。科舉制度乃吾國自隋唐以迄晚清選拔官員之考試制度。而在隋唐之前雖無科舉，卻有選舉。三代以上出於學，漢以後出於郡縣吏，魏晉以後出於九品中正。此所謂學，所謂郡縣吏，所謂九品中正，皆屬選舉，不能稱之為真正考試。若論及真正之考試，則必舉隋唐為其權輿焉。

　　徵諸史籍，隋朝雖於開皇間特重秀才科，而試以方略，然馬端臨謂：「秀才者，文才傑出對策高第之人也，隋有秀才之科，而上本無求才之意，下亦無能應詔之人，間有一二，則反訝之且嫉之矣」。〔註7〕可知隋之秀才科非為選士而設，實欲以對策試高才而已。隋煬帝雖立有進士科，略有後世科舉之狀，然究屬草創，門閥階級之勢尚存。

　　逮乎李唐，始將門閥階級之風習加以掃除，其取士之法，令天下士人投牒自進，公平競爭，皆憑考試，合格則取，不合則去，無所謂高低貴賤之別，既不賴鄉評，亦不委於中正。其試制，以地域別之，有解試、省試之名；〔註8〕以出身別之，有生徒、貢舉之名；〔註9〕其科目，有秀才、有進士、有明經、有明法、有明字、有明算；有一史、有三史、有開元禮、有道舉、有童子等。初，秀才科最高，晚唐則專以進士為重。其考試文藝，因科而別，秀才試以方略策五道；進士試雜文兩篇，時務策五道；明經先帖經，然後口試，每經問大義十道，答時務策五道。唐代科目雖多，然其最著者，唯有秀才、明經、進士三科。秀才科係最高科目，須高才博學傑出者始可應試，然因貞觀中有舉而不

〔註7〕見馬端臨《文獻通考・選舉考一》。
〔註8〕在州縣受試曰解試，在尚書省受試曰省試。
〔註9〕由京師及州縣學館出身，而送于尚書省受試者謂之生徒；不由學館而先經州縣考試，及第後再送尚書省應試者曰鄉舉。

第者坐其州長，故于唐高宗永徽二年後停止；明經科重帖經、墨義。「帖經者以所習之經，掩其兩端，中間開一行，裁紙爲帖」；「墨義是以經試士，令其筆答」，〔註10〕爲一般士人所不重視；進士乃當時最受重視之科，進士科「其初止試策，貞觀八年詔加進士試讀經史一部」，〔註11〕至高宗朝劉思立爲考功員外郎，又奏進士加試雜文，從此進士科以試詩賦爲主，朱子曰：「以虞書考之，詩之作，本言志而已，故詩大序：詩者，志之所之也，在心爲志，發言爲詩。」「賦者敷陳之稱」。〔註12〕因試詩賦能發舒所懷，流露才氣，故士皆趨嚮，應試者眾。但議者謂其浮華不實，爲雕蟲小藝，「幼能就學，皆誦當代之詩，長而博文，不越諸家之集，遍相黨與，用致虛聲，六經則未嘗開卷，三史則皆同挂壁」。〔註 13〕故進士試詩賦問題當時引起甚大之爭辯。至文宗時有宰相鄭覃者深嫉進士浮薄，屢請罷之，文宗曰：「敦厚浮薄，色色有之，進士取人二百年矣，不可遽廢」。〔註14〕因而未罷，故終唐之世，進士之試詩賦依然如故。

宋代科目有進士、九經、五經、開元禮諸科及制科等。至宋神宗用王安石變法，始「罷詩賦帖經墨義，士各占治《易》、《詩》、《書》、《周禮》、《禮記》一經，兼《論語》、《孟子》。」蓋以唐代經學雖發達，要皆拾漢人牙慧，墨守注疏，少有創見。於聖經賢傳之義理不明，人格之脩養無益，治國平天下之大道不通。至宋范仲淹請罷帖義，王安石更澈底執行之，改試經義，注重理解，發揮義理，於是士人別開生面，講求微言大義，此宋代儒學所以昌明，理學所以興盛也。

王安石於罷詩、賦、帖經墨義及諸科後，又頒「《書》、《詩》、周禮義於學官，是名《三經新義》。令天下士，非從三經者，不預選舉之列，又以《春秋》有三傳難通，罷之」。〔註15〕其後司馬光雖不反對王安石罷帖經墨義，但責其「不當以一家之私學，欲掩蓋先儒，令天下學官講解，及科場程式，同己者取，異己者黜」。〔註16〕蘇軾亦反對其「古之取士俱本於學」之說，甚至於上疏反對，其〈議學校貢舉狀〉略謂：

〔註10〕見《文獻通考》卷二十九，〈選舉二〉。
〔註11〕見《通典選舉三》。
〔註12〕見《玉海》卷五十九。
〔註13〕見《冊府元龜》貢舉部楊綰疏。
〔註14〕見《新唐書》卷四十四〈選舉志〉三十四，頁6。
〔註15〕見《歷代制度詳說》卷一。
〔註16〕見《溫公文集》卷五十二，〈起請科場箚子〉。

選舉有道，不必由學；且自文章言之，則策論爲有用，詩賦爲無益。

自政治言之，二者皆無益，詩賦何負於天下，而必欲罷之。

神宗雖採行安石之議，罷明經及諸科，進士罷詩賦，改試經義，然其後以習詩賦者眾，不能盡廢，故至哲宗元祐間，乃採詩、賦、經義並行之制。經義與詩賦，雖幾經反復，而帖經從未再行，士人由此解放，努力鑽研經義。而南宋朱熹雖爲科舉中人，以不滿科舉考試，而思有所改進，有所著述，故宋之經學大放異彩，坐此故也。

元至仁宗皇慶二年始頒布《科場條例》，專立德行明經科，且終元之世，未嘗增科，科場每三年一次，分蒙古、色目人與漢人、南人爲兩榜，其考試程式爲：

蒙古色目人——

第一場經問五條。《大學》、《論語》、《孟子》、《中庸》內設問。義理精明，文詞典雅，爲中選：用朱氏《章句集注》。

第二場策一道。以時務出題，限五百字以上。

漢人南人——

第一場明經。

經疑二問。(《大學》、《論語》、《孟子》、《中庸》內出題，並用朱氏章句集注。復以己意結之，限三百字以上。)

經義一道。(各治一經，《詩》以朱氏爲主，《書》以蔡氏爲主，《易》爲程氏爲主，以上三經，並用古注疏，《春秋》許用三傳及胡氏傳，《禮記》用古注疏，限五百字以上，不拘格律。)

第二場古賦、詔、誥、章、表、內科一道。(古賦詔誥用古體，章表參用古體四六。)

第三場策一道。(經史時務內出題，不矜浮藻，惟務直述，限一千字以上。)最爲吾人所矚目者爲試經義，且以朱注爲主。故梁章鉅曰：「按此即顧亭林《日知錄》所云：四書疑與今制義之體稍異，然今制義專用朱子章句集注實始於此，其限字之令亦始於此也」。〔註17〕其與明清八股之異是爲「不拘格律」。蒙古入主中原以來，頗存猜忌異族之思想，故分國民爲四等，其官人之制亦如之。一代之制，未有漢人、南人爲正官者，雖有考試制度，而用人行政，

〔註17〕見《制義叢話》卷一，頁 10。

多不由之。

明制義開科，自洪武三年始。而科舉條格，備見于三年之詔。詔云：

> 朕聞成周之制，取材于貢士；故賢者在職而其民有士君子之行，是以風格淳美，國易爲治，而教化顯也。漢唐及宋，科舉取士，各有定制，然但貴詞章之學，而未求六藝之全。至于前元，依古設科，待士甚優，而權豪勢要之官，每納奔競之人，辛勤歲月，輒竊仕錄，所得資品，或居士人之上，懷材抱德之賢，恥于並進，甘隱山林而不起，風俗之弊，一至于此。今朕統一中國，外撫四夷，與斯民共享昇平之治。所慮官非其人，有傷吾民，願得君子而用之，自洪武三年八月爲始，特設科舉，以取懷材抱德之士，務在經明行修，博古通今，文質得中，名實相稱。其中選者，朕將親策于庭，觀其學識，品其高下，而任之以官。果有材學出眾者，待以顯擢，使中行文武，皆由科舉而選，非科舉無得與官。敢有游食奔競之徒，處以重罪，以稱朕責求賢者之意，所以合行事宜條于後。〔註18〕

至其科目等，則詳載之于《明史‧選舉志》：

> 科目者，沿唐宋之舊，而稍變其試士之法，專取四子書及《易》、《書》、《詩》、《春秋》、《禮記》五經命題試士，蓋太祖與劉基所定。其文略仿宋經義，然代古人語氣爲之，體用排偶，謂之八股，通謂之制義。三年大比，以諸生試之直省曰鄉試，中式者爲舉人，次年以舉人試之京師曰會試，中式者天子親策於廷曰廷試，亦曰殿試，分一二三甲以爲名第之次，一甲止三人，曰狀元、榜眼、探花，賜進士及第；二甲若干人，賜進士出身；三甲若干人，賜同進士出身。狀元、榜眼、探花之名，制所定也。而士大夫又通以鄉試第一爲解元，會試第一爲會元，二三甲第一爲傳臚云。子午卯酉年鄉試，辰戌丑未年會試，鄉試以八月，會試以二月，皆初九日爲第一場，又三日爲第二場，又三日爲第三場。初，設科舉時，初場試經義二道、四書義一道；二場論一道；三場策一道，中式後十日，復以騎射書算律五事試之。後頒科舉定式，初場試四書義三道、經義四道，四書主朱子集註，《易》主程傳、朱子本義；《書》本蔡氏傳及古註疏；《詩》主朱子集傳；《春秋》主左氏、公羊、穀梁三傳及胡安國、張洽傳；《禮記》主古註疏。永

〔註18〕見《皇明進士登科考》卷一。又見《明太祖實錄》卷五二。二者所錄文字稍異。

樂間，頒《四書五經大全》，廢註疏不用，其後《春秋》亦不用張洽
傳，《禮記》止用陳澔集說；二場試論一道、判五道，詔誥表內科一
道；三場試經史時務策五道。廷試以三月朔，鄉試直隸於京府，各省
於布政司，會試於禮部。……狀元授修撰，榜眼、探花授編修。二三
甲考選庶吉士者，皆為翰林官，其他或授給事、御史、主事、中書行
人、評事、太常國子博士；或授府推官、知州、知縣等官。舉人貢生
不第入監而選者，或授小京職，或授府佐及州縣正官，或授教職，此
明一代取士之大略也。〔註19〕

故知論者稱明以時文或四書文取士者，乃就其所重者而言，非謂時文之外，
不另考其他文字。明代科舉之特色有二：一為獨進士一科取士。二為八股文
取士。科舉取士萌芽于隋，定制于唐，唐之科目最多，宋承唐制，科目也很
廣，至元則僅存德行明經科，明代科舉之制，諸明經宏詞等科並革，獨存進
士一科，故有科而無目，到後來薦舉亦廢，〔註20〕入仕惟進士一途而已。唐
宋進士試詩賦，元代試經義、論策，明初沿前代，「先以經義以觀窮理之學，
次論表以觀其博古之學，終策問以觀其時務之學」。〔註21〕至憲宗成化之後則
以八股取士，始規定文章格式，代古人語氣而為之。

有清科目取士，悉仍明舊，惟順治元年定殿試以三月，二年定《春秋》
不用胡傳，而以《左傳》本事為文，參用公羊、穀梁。乾隆間，定會試三月，
殿試四月，遂為永制。鄉試先期提學考試，精通三場生儒錄送，禁冒濫。在
監肄業貢監生，本監官考送。此清代科目取士之制與明微異者也。其他等甲
授官之制，皆與明朝大同小異。大抵清初之制，多沿明舊，而慎重科名，嚴
防弊竇，立法之周，得人之盛，遠軼前明。

唐宋科舉重詩賦，當時反對試詩賦者甚烈，經長期之爭議皆歸失敗，直
至王安石變法始罷廢之。然不旋踵南宋又恢復之。至清代科場猶有試五言八
韻（童生五言六韻）一首之規定。明清科舉重八股文，當時反對八股文取士
之爭議雖烈，亦皆無效，直至清季受時勢潮流之衝擊，始于光緒二十七年七
月十六日明令「著自明年為始，一切考試，凡四書五經義，均不准用八股文
程式」。〔註22〕明清士子何以重科舉，蓋因「科舉為利祿之途」，「得之則榮，

〔註19〕見《明史》卷七十，〈選舉志二〉。
〔註20〕英宗正統以後廢。
〔註21〕見《欽定續通典‧選舉六‧雜議論下》「孝宗吏部侍郎王鏊議」。
〔註22〕見《清德宗實錄》卷四八五，頁13。

失之則辱」，且讀書應試不唯是入仕之正途，在以農業為本，生產不發達之社會中，讀書應試、入仕且是士子唯一之本業，然因襲既久，士子於經史之書率多束之高閣而不觀，故八股取士遂產生其負面之影響。此一影響，正嘉之間，楊慎即言之詳矣，曰：

> 太祖始制科舉詔，學子經義無過三百字，不得浮詞異說。近時舉子之文，冗贅有至千餘言者，不根程朱，妄自穿鑿，破題語之「馬龍頭」，處處可用也，又謂之「舞單鎗」，思一跳而上也。起語百餘言，謂之「壽星頭」，長而虛空也，其中例用存乎、存乎；謂之、謂之；此之謂、此之謂；有見夫、有見乎，名曰「救命索」。不論與題合否，篇篇相襲，師以此授徒，上以此取士，何所底止？……本朝以經學取士，士人自一經之外，罕所通貫，近日稍加務博以誇名，然不究本源。如五經諸子，則割取其碎語而誦之，謂之「蠡測」。歷代諸史則抄節其碎事而綴之，謂之「策套」。其割取抄節之人已不通涉經史，章句血脈皆失其真；有以漢人為唐人，唐事為宋事者；有以一人析為二人，二事合為一事者。嘗見考官程文，引制氏論樂而以「制氏」為「致仕」，士子墨卷引漢書律曆志，「先其算命」作「先算其命」；近日為書坊刻布轉相差訛，士習愈下矣。〔註23〕

清承明制，聖祖繼位初年，索尼、鰲拜等輔政，一度曾停止以八股取士。故康熙二年（公元 1663 年）詔曰：「八股文章，實於政事無涉，自今之後，將浮飾八股文章永行停止，惟於為國為民之策論中出題考試。」禮部遵旨議覆，從甲辰（康熙三年）科始，「鄉會考試，停止八股文，改用策、論、表、判」。〔註24〕然清初之廢八股，改試策、論、表、判只行於甲辰、丁末（康熙六年）二科。因為康熙四年（公元 1665 年）禮部侍郎黃機疏言：「制科取士，稽諸往例，皆係三場。先用經書，使士子闡發聖賢之微旨，以觀其心術；次用策論，使士子通達古今之事變，以察其才猷。今甲辰科止用策論，減去一場，似太簡易，恐將來士子勦襲浮詞，反開捷徑；且不用經書為文，則人將置聖賢之學於不講，恐非朝廷設科取士之深意。」因請嗣後復行三場舊制。結果卒如黃機所請，康熙七年命復舊制，鄉會試仍以八股文取士。〔註25〕

〔註23〕見《欽定續通典·選舉六》，〈雜議論下〉。
〔註24〕見《清聖祖實錄》卷九，康熙二年八月條下。
〔註25〕同註24，卷一四、二十六，康熙四年三月、七年七月條下。

　　迨乾隆九年（公元 1744 年）又有兵部侍郎舒赫德奏請改科舉，廢八股。舒赫德以爲，科舉之制「憑文而取，按格而官」已非良法，而又「積弊日深」，中者多由僥倖，不能得人。其言曰：「古人詢事考言，其所言者，即其居官所當爲之職事也。今之時文，徒空言而不適於用，此其不足以得人者一；墨卷房行，輾轉抄襲，膚詞詭說，蔓衍支離，以爲苟可以得科第而止，其不足以得人者二；士子各占一經，每經擬題，多者百餘，少者不過數十，古人畢生治之而不足，今則數月爲之而有餘，其不足以得人者三；表、判可以預擬而得，答策隨題敷衍，無所發明，其不足以得人者四」。〔註26〕舒赫德且認爲，「人才之盛衰，由於心術之邪正」，而科舉導人以僥倖求售之心，弊端百出，於人之道德氣節，轉足爲害。因此主張改科舉，宜「別思所以遴拔眞才實學之道」。是時，鄂爾泰以大學士輔政，力主維持舊制，結果由禮部議覆，「科舉，制義，得以不廢。」禮部覆奏所持之理由如下：

> 科舉之法每代不同，而自明至今，則皆出于時藝，科舉之弊，唐趙匡所謂習非所用，用非所習者是也。時藝之弊，則今該侍郎所陳奏是也。聖人不能使立法之無弊，在乎因時而補救之，蘇軾有言：得人之道，在乎知人，知人之道，在乎責實。蓋能責實，則雖由今之道，而振作鼓舞，人才自可奮興。若惟務徇名，則雖高言復古，而法立弊生，于造士終無所益。今謂時文經義等爲空言勦襲而無用者，此正不責實之過耳。……時藝所論，皆孔孟之緒餘，精微之奧旨，未有不深明書理而得稱爲佳文者。……雖曰小技，而文武幹濟英偉特達之才，未嘗不出乎其中，……不思力挽末流之失，而轉咎作法之涼，不已過乎？至於人之賢愚能否，有非文字所能決定者，故立法取士不過如是，而治亂興衰，初不由此。更無事更張定制爲也。所奏應無庸議。〔註27〕

顧炎武《日知錄》中，專就清代科舉重首場八股文，專攻一經及擬題之弊，亦深予痛斥曰：

> 國初三場之制，雖有先後而無重輕，乃士子精力，多專于一經，略于考古。主司閱卷，復護初場所中之卷，而不深求其二、三場。

〔註26〕見《清史稿》卷一〇八〈選舉志三〉，文科。
〔註27〕見《制義叢話》卷一，頁 8〜10。

夫昔之所謂三場，非下帷十年，讀書千卷，不能有此三場也。今
則務于捷得，不過于四書一經中，擬題一、二百道，竊取他人之
文記之。入場之日，抄謄一過，便可僥倖中式。而本經之全文有
不讀者矣。〔註28〕

又曰：

今日科場之病，莫甚乎擬題。且以經文言之，初場試所習本經義四道，
而本經之中，場屋可出之題不過數十。富國巨族，延請名士，館于家
塾，將此數十題各撰一篇。計篇酬價，令其子弟及僮奴之俊慧者記誦
熟習，入場命題，十符八九。即以所記之文抄謄上卷。較之風簷結搆，
難易迴殊。四書亦然。發榜之後，此曹便為貴人。年少貌美者多得館
選，天下之士靡然從風，而本經亦可以不讀矣。〔註29〕

時文縱有其弊，然仍不失為取士之道，此「聖人不能使立法無弊，在乎因時
而補救之」之意也。至於庸爛抄襲，乃其末流之失，非作法之本意也。

至於科舉之弊，明歸有光論之曰：「士方沒首濡跡於其間，不復知有人世
當為之事，榮辱得喪，纏緜縈縈，不可解脫，以至老死而不悟」。〔註30〕顧炎
武亦論之曰：「國家之所以取生員而考之以經義、論、策、表、判、者，欲其
明六經之旨，通當世之務也。今學者……舍聖人之經典、先儒之注疏與前代
之史不讀，而讀其所謂時文。時文之出，每科一變，五尺童子能誦數十篇，
而小變其文，即可以取功名；而鈍者至白首而不得遇。老成之士，既以有用
之歲月銷磨於場屋之中，而少年捷得之者又易視天下國家之事，以為人生之
所以為功名者惟此而已。故敗壞天下之人才，而至於士不成士，官不成官，
兵不成兵，將不成將。」〔註31〕

晚清文士則抨之更烈，如湯成烈曰：「自明科舉之法興，而學校之教廢矣。
國學、府學、縣學，徒有學校之名耳。考其學業，科舉之法外，無他業也；
窺其志慮，求取科名之外，無他志也。」〔註32〕

綜觀明清兩朝，八股與科舉之關係實密不可分，但吾人對於科舉與八

〔註28〕見顧炎武《原抄本日知錄》卷十九「三場」條。（明倫出版社）
〔註29〕同註28「擬題」條。
〔註30〕見陳壽祺〈示鼇峰書院諸生引〉。
〔註31〕同註28「生員額數」條。
〔註32〕見盛康編《經世文續編》卷六十五，〈湯成烈學校篇上〉。

股，應分成兩件事加以看待，不可混爲一談，科舉並不等於八股，因爲科舉可以考帖括，可以考詩賦，亦可以考經義，考八股。八股只是于當時環境下所產生之一種考試文體，本身應無所謂功過可言，及至後世，承襲日久，自然產生某些弊端，是以其後被廢，此亦如宋之廢詩賦，詩經義，乃一自然現象。故八股被廢，並非等於廢科舉。其後由於外力之衝激，士習彌壞，國勢陵夷，爲求振衰起弊，科舉亦廢，而改行學校教育，此又時勢之所趨而不得不爾也。

第三節　八股文之起源

王國維嘗曰：

> 文體通行既久，染指遂多，自成習套，豪傑之士，亦難于其中自出新意，故遁而作他體，以自解脱，一切文體所以始盛中衰者，皆由於此。〔註33〕

江國霖亦曰：

> 制藝之興，其人心之不容已者乎！漢取士以制策，其弊也，泛濫而不適於用；唐以詩賦，其弊也，浮華而不歸於實；宋以論，其弊也，膚淺而不根於理。於是依經立義之文出焉，名曰制義。蓋窮則變，變則通，人心之不容已，即世運升降剝復之自然也。士人讀聖賢書既久，各欲言其心之所得。……吾故曰：制義雖代聖賢立言，實各言其心之所得者也。〔註34〕

明乎此，則八股文應運而興之理自不難理解矣。然則王氏與江氏之說，蓋指文體本身進化之歷史性而言，而於其外在之客觀因素，則未及之。八股文乃明、清兩朝科舉考試之主要文體，何以明、清兩朝不以漢之制策，唐之詩賦，或宋之策論，而獨垂青於八股？欲明其理，當知科舉之功用乃在爲國舉才，故當有具體客觀之標準以行之，方不致於偏頗不公，甚而遺漏賢才。而八股文正符合此一「具體而客觀之標準」，故能獨獲明、清君主之垂青焉。此理錢穆先生言之詳矣，錢先生云：

> 當知任何一制度，很難說由一二人所發明。正因當時應考人太多

〔註33〕見王國維《人間詞話》。
〔註34〕見江國霖《制義叢話・序》。

了，錄取標準總是成問題。從前唐代考試，一定要考律詩，就因
爲古詩不容易定標準，判優劣。律詩要限定字句，平平仄仄，要
對得工整，一字不合法度就不取，標準較易具體而客觀。宋代不
考詩賦，考經義，仁義道德大家一樣的會說，誰好誰壞，很難辨
別；所以演變到明代，又在經義中漸漸演變出一個一定的格式來，
違犯了這個格式就不取。這不過是一個客觀的測驗標準，八股不
過是變相的律詩，是一種律體的經義。開始時，也並不是政府存
心要愚民戕喪人才的，目的還是在錄取人才，然而人才終於爲此
而消磨了。〔註35〕

此正可以說明此一原因。然人才之賢愚能否，有非文字所能決定者，若能藉
考試而教化人民敦品勵行，孝悌忠信，則士子日日浸灌其中，久而久之，自
易受其潛移默化，其有補於世道人心者必多。此一「孝悌忠信」之思想，正
是四書五經所涵蓋者。故其以「四書五經」爲命題之範圍，求其「代聖立言」，
「守經遵注」，再限以「排偶」體制之八股應運而興也必矣。

以下試就《制義叢話》所載有關八股起源說論其得失焉：

一、毛奇齡曰：

世亦知試文八比之何所昉乎？漢武以經義對策，而江都、平津太子
家令並起而應之，此試文所自始也。然而皆散文也。天下無散文而
複其句、重其語，兩疊其語言作對待者，唯唐制試士改漢魏散詩而
限以比語，有破題、有承題、有領比、有頸比、有腹比、有後比，
而後結以收之。六韻之首尾即起結也，其中四韻即八比也。然則試
文之八比視此矣。〔註36〕

二、錢大昕曰：

宋熙寧中以經義取士，雖變五七言之體，而士大夫習於排偶，文氣
雖疎暢，其兩兩相對猶如故也。〔註37〕

三、吳喬曰：

學時文甚難，學成只是俗體。……自六經以至詩餘，皆是自說己意，
未有代他人說話者也。元人就故事以作雜劇，始代他人說話。八比

〔註35〕見錢穆《中國歷代政治得失第四講》，頁119。東大圖書公司。
〔註36〕見《制義叢話》卷一，頁12。
〔註37〕同註36。此爲梁章鉅按語，謂其與毛氏意同。原文則見《十駕齋養新錄》卷
十「經義破題」條，世界書局。

雖闡發聖經，而非注非疏，代他人說話。八比若是雅體，則《西廂》、《琵琶》不得擯之爲俗，同是代他人說話故也。若謂八比代聖人之言，與《西廂》、《琵琶》異，則契丹扮夾谷之會，與關壯繆之「大江東去」，代聖人之言者也，命爲雅體，何詞拒之？〔註38〕

四、俞桐川曰：

制義始于荊公，原與論體相似。不過以經言命題，令天下學出於正，且法較嚴耳。故比仗不必整，證喻不必廢，侵下文不必忌。後人踵事增華，文愈工，品愈下矣。夫下文不可侵，是也；工比仗，廢證喻，非也。讀明文而以宋文參之，可以得文質之中矣。〔註39〕

五、張甄陶曰：

《大學》釋〈止善〉一章，首引《商頌·元鳥》詩以影「止」字，正如破題；次節引《小雅·緡蠻》之詩，點出「知」字，如承題；三節引〈文王作個至善標準〉，如開講；〈淇澳〉節乃「明明德，止至善」之實，〈前王〉節乃「新民，止至善」之實，正如兩扇時文，此亦天造地設，爲制義開先格調。且不第此也，如《論語》〈季氏將伐顓臾〉章、《孟子》〈見梁惠王〉章、〈王立沼上〉章、〈好樂〉章、〈文王之囿〉章等類，中間或具三股格，或具兩股格，今之制義無不與之暗合。其餘《左傳》及秦漢、唐宋諸大家文，默示制義格式者，不一而足，人特忽而不察耳。俞長城嘗言，文章之運天附人而開，非人代天而作，豈不信哉！〔註40〕

毛氏之說乃就其「排偶」及文體「結構」而論其源於唐之律詩、律賦。錢大昕之說意同於毛氏。近人錢基博、宋佩韋、錢穆皆主是說。錢基博曰：「而明之八股文，排比聲調，裁對整齊，即唐人所試之律「試」（榮昌案：「試」當爲「詩」之誤）律賦，貌雖殊而其體則一也」。〔註41〕宋佩韋則曰：「至於律詩，尤其是唐朝的應制六韻詩，可以說是有韻的八股文」〔註42〕。前述錢穆先生之言亦曾述及「八股不過是變相的律詩」。以上諸家主張皆同，此說雖與「具體而客觀的

〔註38〕見《圍爐詩話》卷一，頁546（收入《清詩話續編》上冊）。梁章鉅謂其以代人口氣比之元人雜劇則過矣（見《制義叢話》卷一，頁12）。
〔註39〕見俞長城《一百二十名家制義》卷一，〈題王半山稿〉。（《制義叢話》卷三所引文字有出入）
〔註40〕見《制義叢話》卷一，頁21。
〔註41〕見錢基博《明代文學》第四章〈八股文〉，頁106。（台灣商務印書館）。
〔註42〕見宋佩韋著《明文學史》第六章〈明代的八股文〉，頁207。（上海商務印書館）。

標準」相合，但與「代聖立言，守經遵注」之八股特性，卻未必符合。至如吳氏主張源自元雜劇，只就「代古人語氣」一點而論者，梁章鉅已言其「過矣」。〔註43〕最近梅家玲更就八股與元雜劇之性質等不同論其非矣。〔註44〕而俞氏將其歸為王荊公一人所創，以錢穆「當知任何一制度，很難說由一二人所發明」之言衡之，顯然持論過狹。謂其「原與論體相似，不過以經言命題」，則與八股之「專取四書五經命題」脗合。〔註45〕然於「代古人語氣為之」則無以自圓其說，且其所選王安石、蘇轍諸人作品，不言出自何書，清紀昀已疑之。故李調元于論及八股淵源時曾云：「舊說以為王荊公始者，非也。蓋荊公之所創者經義，非八股也」。〔註46〕故知以上諸說皆有未當。張氏以為「大學釋止善一章」實「為制義開先格調」其說至為切當，與制義之「排偶」、「守經遵注」之特性頗為契合。蓋吾國文字單音獨體，故於句法、形式、內容上造成排偶極易，此種文體，六經諸子早已用之，如「謙受益，滿招損」，「為人君，止於仁；為人臣，止於敬；為人子，止於孝；為人父，止於慈。」等，不勝枚舉。所謂「文之有對仗，則本陰陽奇偶之理，不能偏廢，無論漢晉以來，文人無不講此，即四書五經中對偶之句層見疊出，時代愈近，則其詞愈妍，其勢使然」。〔註47〕

至若「代古人語氣」，則楊萬里「國家將興必有禎祥」一文，點題後用「以為」二字起。「至於治國家」二句文，點題後用「謂」字起，似代古人語氣，實始于此。〔註48〕獨何以稱之為「八股文」，則眾說紛紜，莫衷一是。如《明史・選舉志》曰：

> 科目者，沿唐宋之舊，而稍變其試士之法，專取四子書及《易》、《書》、《詩》、《春秋》、《禮記》五經，命題試士，蓋太祖與劉基所定。其文略仿宋經義，然代古人語氣為之，體用排偶，謂之八股，通謂之制義。〔註49〕

而清朝崔學古則以為：

> 起股、虛股、中股、後股每項二股，故云八股。〔註50〕

〔註43〕見《制義叢話》卷一。
〔註44〕見《文學評論》第九集，頁277～298，梅家玲撰〈論八股文的淵源〉。
〔註45〕見《明史・選舉志二》。
〔註46〕見李調元《制義科瑣記序》。
〔註47〕見《制義叢話》卷三，頁80。
〔註48〕見《制義叢話》卷一，頁11。
〔註49〕同註45。
〔註50〕見《檀几叢書》冊二，卷九「少學」，頁七上一下。並見商衍鎏《科舉考試的

顧炎武釋之曰：

> 經義之文，流俗謂之八股，蓋始於成化以後。股者對偶之名也。天順以前，經義之文不過敷演傳註，或對或散，初無定式；其單句題亦甚少。成化二十三年會試，〈樂天者保天下〉文，起講先提三句，即講「樂天」四股，中間過接四句，復講「保天下」四股，復收四句，再作大結。弘治九年會試，〈責難於君謂之恭〉文，起講先提三句，即講「責難於君」四股，中間過接二句，復講「謂之恭」四股，復收二句，再作大結。每四股之中一反一正，一虛一實，一淺一深。（原注：亦有聯屬二句、四句爲對，排比十數對成篇，而不止於八股者。）其兩扇立格。（原注：謂題本兩對，文亦兩大對。）則每扇之中各有四股，其次第之法亦復如之。故人相傳謂之八股。若長題則不拘此。嘉靖以後文體日變，而問之儒生，皆不知八股之何謂矣。《孟子》曰「大匠誨人必以規矩」，今之爲時文者，豈必裂規偭矩矣乎？發端二句或三四句謂之破題，大抵對句爲多。此宋人相傳之格。（原注：本之唐人賦格）下申其意，作四五句，謂之承題。然後提出夫子（原注：曾子、子思、孟子皆然）爲何而發此言，謂之原起。至萬曆中，破止二句，承止三句，不用原起。篇末敷演聖人言畢，自攄所見，或數十字，或百餘字，謂之大結。〔註51〕

《明史‧選舉志》之說，蓋以「股」爲「排偶」之意，又據顧氏謂「流俗謂之八股，蓋始於成化以後。」則「八股」之名不始於明初也明矣。《明史》未明釋何以謂之「八股」。崔氏之說，則以四項，每項二股，是謂「八股」，核之事實，恐未必盡然，蓋若王鏊〈百姓足，君孰與不足？〉程文則有十二股；艾南英〈其愚不可及也〉一文，亦有十股；楊廷樞〈桃應問曰〉一章題文則多至十六股，〔註52〕故知此說未可信。唯顧氏之說稍洽，其蓋指成化二十三年丁未會試〈樂天者保天下〉文爲言，其後乃成爲類似之科舉文章之通稱。梁章鉅更以楊誠齋〈國家將興〉二句文及〈楊墨之道不息〉二句文，皆有四股。〈至於治國家〉二句文，則有六股。汪六安〈天之方蹶〉二句文，有四股；〈天下有道則政不在大夫〉文及〈與讒諂面諛之人居〉二句文，各有六股；〈躬

八股文》，在《藝林叢論》（香港，1964）卷四，頁21。
〔註51〕見《原抄本日知錄》卷十九，「試文格式」條。
〔註52〕以上諸文皆見於《欽定四書文》。

自厚而薄責於人〉一節文，則竟有八股。證明「其體實沿自宋，而定爲程式則自明始耳」。〔註53〕亦即宋經義與明清之八股精神上是一貫的，而面目卻有異。此說雖無滯礙，究不若張甄陶之說來得融洽。故綜合以上諸說吾人實可謂「八股之體實沿自四書，而定爲程式則自明始耳。」茲錄《大學》〈釋止于至善〉一章，《論語》〈季氏將伐顓臾〉一章，及《孟子‧告子上》〈學問之道無他〉一章，以爲佐證：

題目　釋止于至善（〈大學傳〉第三章）

一、詩云：「邦畿千里，惟民所止。」

二、詩云：「緡蠻黃鳥，止于丘隅。」子曰：「於止，知其所止，可以人而不如鳥乎？」

三、詩云：「穆穆文王，於緝熙敬止。」

爲人君，止於仁；

爲人臣，止於敬；

爲人子，止於孝；

爲人父，止於慈；

與國人交，止於信。

四、詩云：「瞻彼淇澳，菉竹猗猗，

有斐君子，

如切如磋，

如琢如磨；

瑟兮僩兮，

赫兮喧兮；

有斐君子，

終不可諠兮。」

五、如切如磋者，道學也；

如琢如磨者，自修也；

瑟兮僩兮者，恂慄也；

赫兮喧兮者，威儀也；

有斐君子，終不可諠兮者，道德至善，民不能忘也。

〔註53〕見《制義叢話》卷一，頁13。

六、詩云：「於戲！前王不忘。」

　　　　君子賢其賢而親其親；

　　　　小人樂其樂而利其利。

七、此以沒世而不忘也。

題目　季氏將伐顓臾章（《論語・季氏篇》第一章）

一、季氏將伐顓臾。冉有、季路見於孔子曰：「季氏將有事於顓臾。」

二、孔子曰：「求，無乃爾是過與？夫顓臾，昔者先王以為東蒙主，且在邦域之中矣，是社稷之臣也，何以伐為？」

三、冉有曰：「夫子欲之，吾二臣者，皆不欲也。」

四、孔子曰：「求，周任有言曰：『陳力就列，不能則止。』

　　　　危而不持，

　　　　顛而不扶，

　　則將焉用彼相矣！且爾言過矣，

　　　　虎兕出於柙，

　　　　龜玉毀於櫝中，

　　是誰之過與？」

五、冉有曰：「今夫顓臾，固而近於費；今不取，後世必為子孫憂。」

　　孔子曰：「求，君子疾夫舍曰欲之，而必為之辭。

六、丘也，聞有國有家者，

　　　　　不患寡而患不均，

　　　　　不患貧而患不安，

　　蓋　　　均無貧，

　　　　　和無寡，

　　　　　安無傾。

　　夫如是，故遠人不服，則修文德以來之，

　　　　既來之，

　　　　則安之。

七、今由與求也，相夫子，

　　　　遠人不服，而不能來也，

　　　　邦分崩離析，而不能守也，

　　而謀動干戈於邦內，

八、吾恐季孫之憂，不在顓臾，而在蕭牆之內也。」

題目　學問之道無他（《孟子·告子上》第十一章）

一、孟子曰：

　　　　仁，人心也；

　　　　義，人路也。

　　　　舍其路而弗由，

　　　　放其心而不知求，

　　哀哉！

二、人

　　　　有雞犬放，則知求之；

　　　　有放心，則不知求。

三、學問之道無他，求其放心而已矣。

　　以上所錄諸文，其股對與後世之八股相比，可謂絕類而無異。是知其對仗實起於自然。而其內容正是經之本身，其為文者正是聖賢之本身，一切皆合後世八股之法。至若宋、汪立信「躬自厚而薄責於人」一章之文，〔註54〕若以段落言可區分為八段，但若必橫加以八股段落之名稱，則未必妥當。然股對之圓熟，散對之交織，亦絕類後世之八股無異矣！

題目　躬自厚而薄責于人則遠怨矣　汪立信

一、能有克己之心者，能協天下之情；情之在人，豈易協哉？欲協其情，而俾無相尤，必善處人己之際者然後可，故孔子所謂躬自厚而薄責于人，亦弭怨之一端也。

二、大抵責己之道不得與責人之道並用。

　　　　責己貴厚不貴薄，

　　　　責人貴薄不貴厚。

　倘　　寬己以庸人下士，

　而　　繩人以君子聖人；

　　　　寬己以卑猥尾瑣，

　而　　繩人以高良大賢；

　是　　厚薄倒置，

〔註54〕此章為《論語·衛靈公篇》第十四章，不分節，梁章鉅謂為「一節文」。

　　　　　　　　人己逆施，

　　怨叢于厥躬矣！

三、殆必　　　其責己也重以周，

　　　　　　　其責人也輕以約；

四、　　　　　其責己也，

　　　　　　　學之必欲其勝，

　　　　　　　行之必欲其至，

　　　　　　　并包負荷，必欲其無遺，

　　若深求之也。

　　　　　　　其責人也。

　　　　　　　不求之以所不欲，

　　　　　　　不強之以所不堪，

　　　　　　　不重之以恐懼疑畏，

　　若深恕之也。

五、夫如是，

　　　　　　　其責己者，不如其所以責人也，人安得以責己怨之？

　　　　　　　其責人者，不如其所以責己也，人安得以責人怨之？

六、　　　　　不平之鳴，每出于不平之感；

　　　　　　　律己則厚，

　　　　　　　律人則薄，

　　厚薄咸宜，人將諒之，不平之怨者，誰也？

　　　　　　　不均之嘆，每係于不均之施：

　　　　　　　厚于責己，

　　　　　　　薄于責人，

　　厚薄咸當，人將原之，而怨不均者，誰也？

　　　　　　　強者不怒于言，

　　　　　　　懦者不怒于色，

　　　　　　　與之共偕于大順之途；

　　　　　　　在彼者無惡，

　　　　　　　在此者無射，

　　　　　　　與之相忘于無兢之地；

遠怨之道，孰踰此哉！

八、夫以怨爲可遠，昔韓獻子將殺人，却獻子往救之，比至，已斬之矣。獻
　　子曰：胡不以殉？人曰：本欲救之，而曰殉，何也？曰：吾爲之分謗也。
　　是又以任怨風天下，何也？大抵怨

　　　　　　　有可解使去己者，

　　　　　　　有不得不任諸己者，

　　如　　　　盤庚遷殷，共怒比讒；

　　　　　　　周公遷洛，□□□□；

　　是皆怨之不終無者，謂怨能必遠焉否耶？〔註55〕

第四節　八股文之結構與作法

　　八股文乃明清兩朝應制科之一種文體也。以其爲制科（科舉）之文，仿
於經義而小異，故稱「制義」，以其題目取自四書，又稱「四書文」，其被稱
爲「時文」者，乃與「古文」對待而言也。他如「制藝」、「帖括」、「時藝」、
「時義」、「八比文」等，皆其異名也。至若何以稱爲「八股文」，則本章第三
節言之詳矣，可參閱。吾人切勿以爲八股即指文章有八段而言。自唐以來試
文格式每有更易，可得而言者如下：

　　毛奇齡曰：

> 世亦知試文八比之何所昉乎？漢武以經義對策，而江都、平津太子
> 家令并起而應之，此試文所自始也。然而皆散文也。天下無散文而
> 複其句、重其語，兩疊其語言作對待者，惟唐制試士，改漢魏散詩
> 而限以比語，有破題、有承題、有領比、有頸比、有腹比、有後比，
> 而後結以收之。六韻之首尾即起結也，其中四韻即八比也。然則試
> 文之八比視此矣。〔註56〕

故知唐時試文格式爲：破題、承題、領比、頸比、腹比、後比、後結等七段，
宋時則又不同。元，倪士毅曰：

> 宋之盛時，如張公才叔〈自靖義〉正今日作經義者所當以爲標準。
> 至宋季，則其篇甚長，有定格律：首破題，破題之下有接題，有小
> 講，有繳結，以上謂之冒子；然後入官題，官題之下有原題，有大

〔註55〕此篇見俞長城《一百二十名家制義》卷一，□□□□爲殘字。

〔註56〕見《制義叢話》卷一，頁12。

講，有餘意，有原經，有結尾，篇之按此次序，其文多拘於捉對，
大抵冗長，繁複可厭，宜今日又變更之。今之經義不拘格律，然亦
當分為冒題、原題、講題、結題四段。〔註57〕

宋制則有：破題、接題、小講、繳結、官題、原題、大講、餘意、原經、結
尾等十段。至元則為：破題、接題、小講、官題、原題、大講、餘意、原經、
結尾等九段〈四庫全書書義矜式提要〉曰：

元仁宗皇慶初，復行科舉，仍用經義，而體式視宋為小變。綜其格
律，有破題、接題、小講、謂之冒子。冒子後入官題。官題下有原
題，有大講，有餘意，亦曰從講。又有原經，亦曰考經，有結尾。
承襲既久，以冗長繁複為可厭，或稍稍變通之，而大要有冒題、原
題、講題、結題，則一定不可易。〔註58〕

至明初又重定體式，是以顧炎武曰：

發端二句，或三、四句，謂之破題。大抵對句為多，此宋人相傳之
格（自註：本之唐人賦格。）。下申其意，作四、五句，謂之承題。
然後提出夫子（自註：曾子、子思、孟子皆然。）為何而發此言，
謂之原起。至萬曆中，破止二句，承止三句，不用原起，篇末數演
聖人言畢，自攄所見，或數十字，或百餘字，謂之大結。國初之制，
可及本朝時事，以後功令益密，恐有藉以自術者，但許言前代不及
本朝。至萬曆中，大結止三四句。於是國家之事罔始罔終，在位之
臣，畏首畏尾，其象已見於應學之文矣。〔註59〕

可知「八股」並非即指八段，然八股文之結構多為破題、承題、起講、提比、
虛比、中比、後比、大結等八大部分組成。

以下并其作法論述之：

一、破　題

顧炎武以為「發端二句或三四句謂之破題，大抵對句為多，此宋人相傳
之格。」並自注：「本之唐人賦格」，趙翼更指出：

破題不始于八股，李肇《國史補》載李程曰〈五色賦〉，既出闈，楊
於陵見其破題云：「德動天鑒，祥開日華。」許以必擢狀元。是唐人

〔註57〕見倪士毅《作義要訣自序》。
〔註58〕見《四庫全書總目提要・經部二》，《書義矜式》條。
〔註59〕見《原抄本日知錄》卷十九「試文格式」條。

於作賦起處已曰破題。……詩亦有破題,《六一詩話》謂:梅聖俞〈河
豚〉詩開首「春洲生荻芽,春岸飛楊花。」只此破題已道盡河豚好
處。」……《夷堅志》載程覺改習《易經》,謁老儒張師韓傳『易』
義,張教以預擬題目,如「聖人作、萬物睹」之類,仍教以破題及
主意,於是遂捷。此則經義之破題也。〔註60〕

至於破題之要領與技巧,則以梁素治所言爲最詳。其《學文第一傳》云:

凡作破題,最要扼題之旨,肖題之神,期於渾括清醒,精確不移。
其法不可侵上,不可犯下,不可漏題,不可罵題。語涉上文謂之侵
上,語犯下文謂之犯下。將本題意思未經破全,或有遺漏,謂之漏
題。將本題字眼全然寫出,不能渾融是謂罵題,其兩句之中有明破、
暗破:明破者,就本題字明明破出,如孝弟字即還他孝弟,道德字
即還他道德是也;暗破者,將題目字暗暗點換,如孝弟類以倫字代
之,如道德類以理字代之是也。有順破、逆破:順破者,照題面字
自上而下,如「學而時習之」,先破「學」,次破「時習」是也,逆
破者,將題目字自下而上,如「其爲人也孝弟」,先破「孝弟」,次
破「爲人」是也。有正破、反破:正破者,題之正面以正語破之。
或反面題,或側面題不便措語,亦以正意破之,俱名正破;反破者,
反題意而破之。蓋以我解題之法也。又有上句領章旨,下句講本題
者。有上句講本題,下句承章旨者。有上句講本題,下句或推開,
或吸下,或直斷,或虛足者。有兩句分破題面者。有兩句如門扇對
峙者,如「不亦君子乎」,搭至「其爲人也孝弟」。破云:「君子爲學
之終,孝弟爲人之始」是也。有兩句分用也字、焉字者,如「問人
於他邦」題。破云:「交之不可疎也,有因問以通其意者焉。」此皆
常格也。至有用三句者,則變格也。長題之破貴簡括;搭題之破貴
渾融;大題之破貴冠冕;小題之破貴靈巧;則又須因題而製者也。
〔註61〕

如王鏊「百姓足,君孰與不足?」程文,破題爲「民既富於下,君自富於上」
極爲中肯切題。但如成化二年丙戌,陳憲章試南宮作「老者安之」三句題,
其破題云:「人各有其等,聖人等其等」則未見妥當,故同考批其旁云:「若

〔註60〕見趙翼《陔餘叢考》。
〔註61〕見《制義叢話》卷二十三,頁915～917。

要中進士，還須等一等」。〔註62〕至萬曆中，破題止用二句。

二、承　題

破題之後，以四句或五句申明破題之意，俾使其曉暢之謂也。萬曆中，承題止三句。徐儆弦論之曰：

> 破題之後為承題。承著，接也。因破義尚渾融，故又將破中緊要字樣承接下來，或正破則反承，或反破則正承，順破則逆承，逆破則順承，餘以類推。總要明快斬截，亦不宜使破自破，而承自承也。〔註63〕

此「明快斬截」四字，即承題之要也。而梁素治論及承題之技巧則云：

> 如遇長題不能逐句承出，則宜擇關切重大者籠括之。承題最忌者平頭、並腳。平頭者，領頭數字與破題領頭數字相同，如破題領頭用「聖人」，承題領頭亦用「聖人」也；並腳者，煞尾數字與破題煞尾數字相同，如破題煞尾用「而已」字，承題煞尾亦用「而已」字是也。起頭用夫字者，承、破意而指點之辭也；甚矣字者，承、破意而懇切言之也。破題於聖賢帝王諸人須用代字，不可直指其名，承題則直言之，如堯舜則直稱堯舜，孔子則直稱孔子，其餘諸人倣此，無復避忌也。〔註64〕

清唐彪更曰：

> 承題之理，其小節處，梁素治言之已詳，不必贅矣。茲取其大者言之，則莫如原題一款。明初、中葉之文，多於承題之末，承領上文，此體最為美善。何也？未順口氣之前，承領上文，則上文在上，本題在下，體裁順矣。既順口氣，而始領上文，則本題在上，上文在下，義理顛倒矣。苟布置得宜，猶或不背于義，布置一失其宜，則體裁乖舛甚矣。故成弘以前之文多于承末原題者，為此故也。今將其式附後：王鏊「見賢焉，然後用之」，承題云：「甚矣！知人之難也。不親見其賢而遂用之，豈能慎之至哉？昔孟子告齊王，進賢如不得已之意及此。」唐順之「匹夫而有天下者」二節，承題云：「蓋聖人之有天下，不獨以其德，亦以天子之薦與繼世之不賢耳！不然，其如德何哉？此孟子歷舉群聖之事，以證禹之非德衰也。」……或

〔註62〕見《制義叢話》卷二十三，頁923。
〔註63〕同上註，頁917徐儆弦《先正文鈔撮要》。
〔註64〕同註62，頁917～918引梁素治言。

曰：「似此承末原題，與今時大不相類，安可施之今日？」余曰：「前
輩起講過於簡短，則不宜學。承題長而條暢，何必不學，況於三四
句之下即原題，亦不嫌其過長也。」〔註65〕

以上所論皆承題之要。總而言之，承題即破題之更深一層之經營，但仍以不
揭曉下文之宗廟百官爲要。

三、起　講

顧炎武謂之「原起」，一曰「小講」，〔註66〕一曰「發凡」，〔註67〕乃一篇
開講之處，提出聖賢爲何而發此言。其法如下，徐儆弦曰：

昔人謂起講爲發凡，蓋以全篇之文由此講起而發其大凡也。夫既謂
之發凡，則宜虛而不宜質，宜簡而不宜詳，宜開門見山而不可蒙頭
蓋面，宜提綱挈領而不可籠侗寬鬆。解此以爲合式，則入手便知含
蓄養局，緊醒擒題，以後由淺入深，自然井井不紊，可免頭下安頭，
屋上架屋之病。〔註68〕

梁素治則曰：

起講者，扼一篇之綱領，而發其大旨者也。最宜渾融，不宜刻露。
起講妙處全在包籠大勢，虛而不泛，既能發全題之神，復能養全篇
之局，斯爲作手。善作起講者，出手常如春雲乍吐，曉日初升，含
蓄蘊藉，始爲得體也。〔註69〕

唐彪又曰：

起講有題前寬說法，（自注：王思任〈他日其母殺是鵝〉題文是也。）
有題前補觀法，（自注：章楓山〈從我於陳蔡者〉題文是也。）有
就題虛起法，（自注：王苧文〈或謂寡人勿取〉題文是也。）有虛
取題神法，（自注：金正希題文多有此。）有開闔法，有借賓陪主
法，有借主陪賓法，有援古證今法，有引經斷事法，有推原來歷
法，有故作疑案法，（自注：錢檟〈出一字〉題文是也。）有反題
說法，（自注：瞿季楫〈父母其順矣乎〉題文是也。）有急擒題字

〔註65〕見唐彪《讀書作文譜》卷九，頁126（偉文圖書出版社）。
〔註66〕見盧前《八股文小史》第二章，（民國26年，上海商務印書館）。並見崔學《古
　　　言》。
〔註67〕見《制義叢話》卷二十三，頁934引徐儆弦說。
〔註68〕同上註。
〔註69〕見唐彪《讀書作文譜》卷九，頁128。

法，有講首先虛籠下意，後轉入本題法，有反挑法，（自注：王沛恂〈見其二子焉〉題文是也。）有雙起側落法，有兩路順襯題情法。有兩路反襯題情法，（自注：許譽卿〈如有役我者〉題文是也。）有兩路相商折出題情法，（自注：程夢簡〈如得其情〉題文是也。）有巧襯法，有暗比題正講法，有口氣題斷做法，此皆無上文作法也。其有上文者，有從上文褪入本題法，有即上文別出本題法，（自注：俞以除〈懷諸侯則天下畏之〉題文是也。）有將上文粘合本題法，（自注：韓元少〈狂者進取〉題文是也。）有將上文陪講，作一家賓主法，（自注：張爲煥〈予無樂乎爲君〉題文是也。）有暗頂上文，不露字眼法，（自注：熊次侯〈四方之政行焉〉題文是也。）有講首頂遠脈，講中、講末頂近脈法，（自注：許虬〈二一字〉題文是也。）有專頂遠脈，或專頂近脈，即借勢點出題面，或帶出題字法，有單頂上文，竟全不及本題法，（自注：周鍾〈湯執中〉三節題文是也。）作起講者能知諸體，一則安頓上文有法，不至令書義顛倒，二則能留餘地，不至將題義說完，後幅可免重疊之病也。起講雖列諸法，然必不可過長，以七八句爲正則，最長不過九與十句，再長即是一篇小文，非起講也。既乖體裁，又必與後半重複。〔註70〕

四、提　比

提比或稱「起比」、「起股」或「提股」。乃起講後入手之處。本段文字於修辭結構和聲調對比上，輒相對偶，亦有不對者。間或於本段前用「領題」以導入論述之主題，以爲起講及本段之轉介。但明文對起講、領題之界限，不若清代作家之明劃。

五、虛　比

虛比或稱「虛股」、「小股」，承提比之後，乃論述主旨之前言，或對或否，每股以兩句爲率，亦有于本段後加入「出題」者，以便將全題點出，或仍不點出，留待中比後方全出者。

六、中　比

中比或曰「中股」。乃全文之主幹，正發題義之處，長短無定式，又兩比

〔註70〕見唐彪《讀書作文譜》卷九，頁128～129。

字句要相同，或不寫正意，而仍以他義翻騰者，如是則後比應發揮正義。如在中比發揮正義者，則後比應推闡題後之義。如出題未將全題點出者，則中比下仍有出題，將題全行點出。如提比下出題已將全題點出者，則此處不用再出題矣。

七、後 比

後比或稱「後股」，乃暢發中比未盡之義。若中比長則後比短，中比短則後比長，其兩比之字句，亦宜相同。

八、大 結

即一篇之總結，顧炎武《日知錄》〈試文格式〉條下嘗謂：「篇末敷演聖人言畢，自攄所見，或數十字或百餘字。其後功令益密，恐有藉以自衒者，則但許言前代，不及本朝，至萬曆中，大結止謂之大結止三四句。」其後斷廢，迨乎康熙六十年始懸之禁令。乾隆十二年，楊述曾雖有復用大結之請，然經張廷玉等奏駁，以為有害無益，其議遂寢。〔註71〕若純就為文而言，大結乃全文之結論，豈可不用？苟以通關節而禁之，則全文可通關節處尚多，又何以獨禁大結乎？其謬也顯矣。陸隴其嘗論大結不可無，漢唐以下之事皆可借題立論。唐彪則更就《左傳》、《史記》、王安石經義體裁，及古代經筵進講書之法等，一一舉例以斥其誤，其言曰：

> 予觀《左傳》及《史記》，不惟篇末多斷語，如〈諸侯會於申〉篇，中幅忽於疏解經旨口氣中插入「君子謂宋左師善守先代，子產善相小國」二句；〈會於宋〉篇，忽於疏解經旨中插入「仲尼使舉是禮也，以為多文辭」，此皆斷語也。《史記·屈原列傳》「人君無智愚賢不肖」一段；〈孟荀列傳〉「昔武王以仁義伐紂而王」一段，皆突地插入斷語。又嘗觀經筵進講書之法，每講一書畢，必證以三代以後事，或證以當日時事，以為實據，令人主知書與事合一之理，庶幾不至書自書，事自事也。又宋時王安石經藝體裁，後幅必入實事作證，如此為文方顯得出士人實學。夫制藝為排偶、詞章稱為帖括也久矣。後幅略入學人口氣以為證據，猶能使學人留心實學，考究經史；且前半破承以斷語起，後竟不以斷語相應，有頭無尾，成何體裁？今必使作文者皆順口氣到底，令無學者得以文其空疏淺陋，不惟不知

〔註71〕見《制義叢話》卷一，頁14引陸隴其言。

古今文之體裁，且將使學人竟不必多讀書矣！國家用人亦何貴此無
實學之士子哉？〔註72〕

盧前於《八股文小史》第二章中曰：「八股文者雖以八比為式，而亦有六比、
十比、十二比、十四比、十六比、十八比，以至二十比者。比數之多，當有
先後層次，各別意義，方免疊牀架屋之弊。亦有雙扇題作兩大比者，三扇題
作三大比者，惟破、承、起講、領題，落下仍照式。如遇四扇、五扇題，倘
亦作四大比，五大比，便覺板滯不佳，故無四大比，五大比之文，宜總做為
有力量。但文無定格，間有單句題，亦作兩大比，每比各樹一意。如兩大比，
一橫說，一豎說；三大比，一說過去，一說現在，一說將來之類。」為能更
明瞭八股文之結構，試舉一文加以分析如下：

題目　百姓足，君孰與不足？　王鏊

一、破題　民既富於下，君自富於上。

二、承題　蓋君之富，藏於民者也。民既富矣，君豈有獨貧之理哉！

三、記講　有若深言君民一體之意，以告哀公。蓋謂公之加賦，以用之不足
也；欲足其用，盍先足其民乎？

四、起股　誠能　百畝而徹，恒存節用愛人之心；（1）

　　　　　　　　什一而征，不為屬民自養之計；（2）

　　　則　　　民力所出，不困於征求；（3）

　　　　　　　民財所有，不盡於聚斂。（4）

　　　　　　　閭閻之內，乃積乃倉，而所謂仰事俯畜者無憂矣；（5）

　　　　　　　田野之間，如茨如梁，而所謂養生送死者無憾矣。（6）

五、虛股　百姓既足，君何為而獨貧乎？

六、中股　吾知　藏之閭閻者，君皆得而有之，不必歸之府庫而後為吾財也；

　　　　　　　（7）

　　　　　　　蓄之田野者，君皆得而用之，不必積之倉廩而後為吾有也。

　　　　　　　（8）

　　　　　　　取之無窮，何憂乎有求而不得？（9）

　　　　　　　用之不竭，何患乎有事而無備？（10）

七、後股　犧牲粢盛，足以為祭祀之供；玉帛筐篚，足以資朝聘之費。借曰

〔註72〕見唐彪《讀書作文譜》卷九，頁133～134。

不足，百姓自有以給之也，其孰與不足乎？（11）

饔飧牢醴，足以供賓客之需；車馬器械，足以備征伐之用。借曰不足，百姓自有以應之也，其孰與不足乎？（12）

八、大結　吁！徹法之立，本以爲民，而國用之足乃由於此，何必加賦以求富哉？〔註73〕

此爲八股文之模式。夫八股文係代聖賢立言，自起講始即入口氣。如題爲孔子之言，或及門諸子之言，即入所言者之口氣。錢禧曰：「聖賢之言摘爲題目，不過欲使學者究心義理耳，故題止一句，文衍八股，取其能發聖賢之意，非欲其摹擬字句也。若徒泥字句，則八股何爲者耶？……不知文貴明理，理既明，則於聖賢語氣自無不合」。〔註74〕施閏章論及爲文五病曰：「夫文之八股猶人之四肢也。今或起講一直說盡，無復虛冒，是開口而臟腑具見，病一也。提比籠罩冠冕方有氣象，今或強作掀翻散行一段，頭目顛斜，病二也。虛比往往徑刪，反從中股後出題，咽頂不貫，病三也。中股宜實而虛，宜正而反，宜全發而忽半截，無復起承轉合，心腹空虛，病四也。後幅忽作二大股，或又加二小段，股大於腰，指大於臂，病五也。」〔註75〕梁天池《書香堂筆記》更云：「作制義者有題理，有題神，人皆知之，而每題各有題之形貌，文亦必與之相稱，而後爲肖題。如胡思泉〈篤恭而天下平〉句文云：『陶鎔於禮樂之中，而其相揖讓也，非爲名分；相歌詠也，非爲性惰，熙熙然各通於聖人之性而莫之知也，漸摩於刑政之中，而其爲善良也，非出於感格，無頗僻也，不待於裁成，陶陶然相遇于聖人之天而莫之識也。』方望溪先生謂『此文非徒入理深厚，幷與理之形貌亦稱』，眞知言也。」〔註76〕他如經制題，不可杜撰，不可浮著。〔註77〕典核題以爽快爲上乘，方於場屋有裨。〔註78〕聖人寄慨題，其意中之所有不可無，無則學者之見不能窺深遠也；意中之所無不可有，有則學者之見非復聖人之蘊含也。〔註79〕兩段平列題不宜平分到

〔註73〕本文爲國立清華大學中文系「明代文學與社會」研討會中鄭邦鎮先生講詞，承鄭先生同意引用之。

〔註74〕見《制義叢話》卷七，頁202。

〔註75〕同註74卷二，頁55。

〔註76〕見《制義叢話》卷五，頁149。

〔註77〕同註76，頁115引黃汝亨言。

〔註78〕同註76卷十一，頁414引張惕菴言。

〔註79〕同註76，頁124引徐存菴言。

底，必須以起結縮束之，方有精神。〔註80〕此大概也。因題之異，其格局遂變而益多，爰縷列之：

單句題　如「過則勿憚改」之類。

通節題　如「其為人也孝弟，而好犯上者鮮矣，不好犯上，而好作亂者未之有也。」之類。

通章題　如「巧言、令色、鮮矣仁。」之類。

以上皆平正之題，無特殊作法。

雙扇題　如「君子上達，小人下達」。有分作之法，有合作之法，有先分後合之法，有領題以下專作兩大比之法。

三扇題　如「視其所以，觀其所由，察其所安」之類。作法與上同。

三扇遞串題　如「一鄉之善士斯友一鄉之善士，一國之善士斯友一國之善士，天下之善士斯友天下之善士。」之類。此題望似三層，而語氣注重末一層，故不能作三扇平列。宜以兩頭一腳法行之，處處注定下節，方合題情。

四扇題　如「其行己也恭，其事上也敬，其養民也惠，其使民也義。」之類。分作合作，先分後分均可，惟無作四大比者。

五扇題　如「恭則不侮，寬則得眾，信則人任焉，敏則有功，惠則足以使人。」之類，其作法與上同。

截上題　如「則吾從先進」之類。此題最忌侵上，凡小講與各比起句，皆應從本題著筆，不可犯侵上之病，而又要融貫上文。

截下題　如「有美玉於斯」之類，此題最忌犯下，而又要照下，方不背下。

截上下題　如「是亦為政」之類。此題既忌犯上，又忌觸下。

承上題　如「若是其大乎」之類。截上題，題義半在上文，處處不可犯上。承上題，題意全在上文，通篇均應從本題起，亦不可犯上。

結上題　如「此謂知本」之類。結上題，題義全在上文，本題仍有著實處，與承上題之實義在上，本題全虛者微異，亦不可犯上。

冒下題　如「帝典曰」之類。此種題實義全在下文，要用意射定下文，而措詞不越本題之界。

〔註80〕見《制義叢話》卷二，頁68引紀昀言。

單句截下題　如「法語之言」之類。

單扇截下題　如「蕘蕘者」之類。

上截下完題　如「溫，即其言也厲。」之類。

上全神下半面題　如「論篤是與君子者乎」之類。

上偏下全題　如「執禮皆雅言也」之類。

上全下偏題　如「子所雅言詩書」之類。

上下偏中全題　如「或學而知之，或困而知之，及其知之一也，或安而
行之。」之類。

兩扇截上題　如「與命與仁」之類。

兩扇參差截作題　如「世叔討論之行人子羽修飾之」之類。

兩扇分輕重題　如「親親而仁民，仁民而愛物。」之類。

隔章無情截作題　如「而眾生共之，子曰詩三百。」之類。

隔章有情截作題　如「父母惟其疾之憂，子游問孝，子曰：今之孝者是
謂能養，至於犬馬皆能有養，不敬，何以別乎？子夏
問孝，子曰：色難。」之類。

上下偏題　如「有言責者不得其言則去，我無官守。」之類。

上下兩截題　如「儼然即之也」之類。

滾作題　如「溫故而知新，可以為師矣。」之類。

截作題　如「夫子不答，南宮適出。」之類。

半面題　如「從善」之類。

半面滾作題　如「道之以政，齊之以刑，民免而無恥。」之類。

上完下截中宜側串題　如「吾人之於人也，誰毀誰譽，如有所譽者。」
之類。

上完下截中宜消納題　如「子何尊梓析輪輿而輕為仁義者哉！日梓匠輪
輿。」之類。

兩頭一腳截作題　如「浴乎沂，風乎舞雩，詠而歸。」之類。

截搭題　如「其為仁之本與，子曰巧言令色。」之類。此為小試特殊文
格，破承小講，宜將上下兩截貫串融合。其講下不曰領題，而曰「釣下」。應
從上截之上文，串列小截之末。筆要靈敏，收處仍落到上截，此為釣下之定
法。兩提比謂之「還上」，此兩比專作上截之文。提比下不曰出題，而曰「渡
下」。應從題之上截，渡到下截。釣下要短而靈，渡下則長而緩。但均要聯合

有情，惟與書理不免背謬耳。渡下之下兩比，謂之「還下」。專作下截之文，但還上兩比中能於關合下截，還下兩比中能於關合上截，爲尤佳。還下兩比之下，不曰落下，而曰「挽上」。又要從下截，挽到上截，然後再落到下文，此其法也。〔註81〕

　　所謂「太上本無法」，「文無定法」，先正爲文，豈先訂有其法而後爲之乎？雖然，制義自有制義之體裁，猶之墨卷楷書不得兼寫篆隸。制義一道，代聖立言，本當根柢經史，闡發意蘊，不得涉于浮華詭僻，致文體駁而不醇。是以，如認題不眞，遣詞不當，誤用典故，雜湊常言，援引錯誤，連用排偶或摻雜難字，皆其大忌也。《四庫全書總目提要》曰：

> 《作義要訣》一卷，元倪士毅撰，皆當時經義之體例。明以來，科學之文實因是而引申者也。是書所論雖規莫淺狹，未究文章之本源，然如云：「第一要識得道理透徹。第二要識得經文本旨分曉。第三要識得古今治亂安危之大體。」又云：「長而轉換新意不害其爲長，短而曲折意盡不害其爲短。務高則多涉乎僻，欲前則類入乎怪。下字惡乎俗，而造太過則語澀；立意惡乎同，而搜索太甚則理背。」皆後來制義之龜鑑也。〔註82〕

經義之大旨本以闡發理道爲宗，不以修辭爲尚，是以只要遣詞自然流暢，用字高雅不冷僻，立意新奇而不怪，曲折盡意，是不必拘其長短也。

〔註81〕見盧前《八股文小史》第二章，頁13〜18。
〔註82〕見《四庫全書提要・集部九》，詩文評類，作義要訣條（四庫珍本）。

第二章　梁章鉅之生平

第一節　家　世

梁章鉅，字閎中，又字茞林，號茞鄰，晚年自號退菴。系出安定梁氏，其先世祖乃宋丞相文靖公，由泉州分居福州長樂縣南鄉之江田里，遂爲長樂人。清初復遷居福州城中，自前明以來，凡十六世皆以儒世其家，至乾隆間始顯，紀昀特以「書香世業」扁旌之。曾祖諱邦柱，福諱劍華，父諱贊圖，字斯志，又字翼齋，榜名上治，更名資政，行二，乾隆三十三年（西元 1768年）戊子舉人，官寧化縣教諭。梁章鉅，乾隆四十年乙未（西元 1775 年）七月初六日生于福州之淳仁里，道光二十九年己酉（西元 1849 年）六月二十日卒，年七十五。有弟一人，名章坦，少章鉅八歲。章鉅十歲時，母王太夫人卒。翌年，大父亦卒。嘉慶元年丙辰（西元 1796 年），年二十二而成婚，妻鄭夫人即其師鄭光策長女也，先章鉅十七年卒。嘉慶七年壬戌（西元 1802 年），年二十八，父亦卒。章鉅有子五人，女四人，孫十七人，曾孫二人。長子逢辰，道光廿一年辛丑（西元 1841 年）進士，兵部員外郎，改就江蘇候補同知。次子丁辰，道光十九年己亥（西元 1839 年）舉人，內閣中書。參子恭辰，道光十七年丁酉（西元 1837 年）舉人，浙江候補知府，署溫州府事。肆子映辰，附貢生，刑部員外郎。伍子敬辰，國學生。

第二節　爲　學

梁章鉅幼穎悟，四歲，其伯兄梁際昌即爲發蒙，母王太夫人復課之。六

歲，父亦授之書，其後數年，父授徒於各巷宅，更隨往讀書。九歲始學作小詩。年十一隨乃父遠至廈防郡丞劉公處。翌年仍留廈門廳署，始學爲八股文。年十三，從際昌伯兄學舉子業。十四歲即以第九名童生入鼇峯書院肄業，山長爲孟超然先生。十五歲隨父往金石書院，是秋，錄取長樂縣試第二名。明年復回鼇峯書院二賢祠讀書。乾隆五十六年辛亥（西元 1791 年），年十七，以第一名取入長樂縣庠。是年，隨同邑陳士偉讀於漱芳軒。其後二年皆隨鄭光策讀書，並學爲詩賦雜文，雖與壬子（乾隆五十七年）之秋試，惜卷備而不售。乾隆五十九年甲寅（西元 1794 年），隨林茂春讀於鳳池書屋，是秋鄉試，與其伯兄際昌、三兄運昌，同舉於鄉，時年二十。其後二年，連與春闈，皆不售。二十三歲乃授徒於西門街劉宅。而後四年，雖二與禮闈，亦皆不售，復授徒以維生。嘉慶七年壬戌（西元 1802 年）會試，以二甲第九名成進士，時年二十有八。朝考，入選第二名。是秋，父卒，遂回籍。年三十一，服闋，進京。散館，以第二等第五名引見得官。其入仕蓋始于此矣。秋，復因病告假回籍。家居，以輯書爲樂。自嘉慶十二年丁卯（西元 1807 年）三十三歲始，至十八年癸酉（西元 1813 年）冬止，先後七年皆主講於浦城之南浦書院，或課徒，或輯書。三十八歲時更於里中開藤花吟館，集里中諸名流觴詠其中。嘉慶二十年乙亥（西元 1815 年），年四十一，與劉嗣綰、吳嵩梁、陳用光、李彥章等同謁翁方網，爲方綱弟子者三年。四十二歲秋，考選軍機章京，以第一卷引見，記名。冬，乃入宣南詩社。此後仕途一帆風順。

先生雖歷中外垂四十年，然進退以禮，政事及物，此蓋其虛心勤學有以致之。

第三節　交　遊

梁章鉅性喜山水，故雖久宦東南，乃數竊會計之餘功，與三五好友，共訪名山勝景，是以其著作不乏山水遊記及酬唱之詩、文與畫卷。或與同年友朋共謁師長，齊研學問；或與同寅僚友共商吏事，故亦多文獻經史之撰述。

乾隆五十一年丙午（西元 1786 年），十二歲時，即隨乃父偕同里先達鄭光策、何西泰、林雨化、張經邦諸人徧遊廈島各巖洞，復泛海覽鼓浪嶼之勝。其中尤以鄭光策與先生關係更密。五十七年壬子（西元 1792 年），先生十八歲時嘗隨之讀於紅玉齋，翌年，更隨之學作詩賦雜文。嘉慶元年丙午（西元

1796 年），先生二十二歲而有婦，其夫人乃光策長女也。其後數年，先生屢試不第，多在乃師館中課文，是以九年甲子（西元 1804 年），其師卒，先生遂與同門友沙縣陳名世同校刊乃師之遺文成西霞文鈔二卷，此亦可知先生受知於乃師及其篤於師門之一斑。

至其長房伯兄虛白與先生之交，可謂兄長兼師友，先生四歲即由虛白爲之啓蒙，十三歲時更從之習舉子業，先生入鼇峯書院肄業時，都講亦爲虛白，二十歲時，更同舉於鄉。餘如三兄曼雲，四兄澤卿與先生之交往亦至爲密切。其得之於父兄之指授者，可謂深且大矣。

嘉慶十三年戊辰（西元 1808 年），秋，先生爲閩省撫部張師誠延入幕中，爲撰擬頌冊及奏御文字，並校勘所進遺書數十種。十六年辛未（西元 1811 年），復入張撫部幕，與陳壽祺分纂御製全史詩註，是知先生受知於張撫部實以文辭故也。

十二年丁卯（西元 1807 年），秋，挈季肇文遊武彝。十八年癸酉（西元 1813 年），與鄭鵬程、林軒開重遊武彝，復與全徵蘭遊漁梁萬葉寺，志乘所謂天下十大名山之一也。二十二年丁丑（西元 1817 年），秋，與顧蒓、龔守正二同年遊西山，又與陳用光、陶澍、王萱齡遊昌平，皆有詩文以紀之。二十四年己卯（西元 1819 年），三月，扈蹕東陵、南苑，公餘偕同人登雲峯寺，又於月夜上古中盤。

道光七年丁亥（西元 1827 年），由山東按察使轉任江蘇布政使，途中登泰山以覽勝。十年庚寅（西元 1830 年）始徧遊吳下諸山。十五年乙未（西元 1835 年），由京赴甘肅布政使，順途遊華山。次年，由京赴廣西，途中舟過衡山，於舟中飽觀一日。十九年己亥（西元 1839 年）秋，與蜀東江國森，同遊風洞李園諸勝。六十六歲，監臨廣西文武鄉闈，始遊桂林諸山。二十一年辛丑（西元 1841 年）二月，由梧州回桂林，於百忙中順道飽看陽朔山水。二十七年丁未（西元 1847 年），賃居杭城，西湖湖光山色又得朝夕晤對。二十八年戊申（西元 1848 年）三月，與其次子丁辰、三子敬辰同遊雁宕，以補生平屐齒所未到。

綜計先生平生所交師友無數，遊歷所及幾徧各地名山勝景，可謂不乏登覽自廣之資；更得良師益友之切磋琢磨，以激發其志氣，故其文章政事皆能卓然有成，豈偶然哉？

第四節　仕　宦

　　梁章鉅自乾隆五十九年甲寅（西元 1794 年），鄉試中舉後，次年即考取景山官學教習，二十三歲，授徒於西門街劉宅，是年並於其師鄭光策館中課文，至嘉慶六年辛酉（西元 1801 年），再補景山教習。七年壬戌（西元 1802 年）通籍以還，其中除因病及丁父憂外，嘗徧歷禮曹四司，四權撫篆，兩官山東，六任江蘇。道光二十一年辛丑（西元 1841 年），更高居兩江總督，宦途可謂一帆風順，平步青雲，茲略述其宦跡如下：

　　嘉慶七年壬戌（西元 1802 年），二十八歲，中進士第，以翰林院庶吉士用教習，旋丁內艱。十年乙丑（西元 1805 年），散館，以二等第五名改禮部主事，入儀制司行走。秋，病，乞假旋里，掌南浦書院講席者七年。十九年甲戌（西元 1814 年）入都銷假，仍在儀制司行走。二十一年丙子（西元 1816 年），秋，考取軍機章京，旋入直軍機。二十五年庚辰（西元 1820 年）九月，回京，兼祠祭司行走。道光元年（西元 1821 年）辛巳，補主客司主事，尋擢儀制司員外郎，充通禮館、方略館纂修。二年壬午（西元 1822 年），京察一等，引見、記名，以道府用，授湖北荊州府知府，奉檄兼護荊宜施道，兼管荊州鈔關監督。三年癸未（西元 1823 年），擢江南淮海河務兵備道。四年甲申（西元 1824 年），調署江蘇按察使，駐滄浪亭行館。五年乙酉（西元 1825 年），春，管理盤運漕糧總局，五月，調署江蘇按察使，七月，又調回盤運漕糧總局，九月，以運糧有功，擢山東按察使。六年丙戌（西元 1826 年），調補江西按察使，未行，兼署山東布政使，擢江蘇布政使。九年己丑（西元 1829 年），護理江蘇巡撫。十年庚寅（西元 1830 年），兩次護理江蘇巡撫。十二年壬辰（西元 1832 年），再護理江蘇巡撫，四月，因病奏請開缺，有旨「俟林則徐到任後再行開缺回籍調理」，六月，卸撫篆。越三載，奉召入都，授甘肅布政使。十六年丙申（西元 1836 年），正月，調直隸布政使，途次拜擢撫廣西之命，兼署廣西學政。十七年丁酉（西元 1837 年），秋，監臨廣西文武兩闈。至二十一年辛丑（西元 1841 年）調江蘇巡撫，適以總督出缺，遂兼署兩江總督及兩淮鹽政，旋回蘇州辦理糧臺，十一月，疾，陳請開缺調理。二十二年壬寅（西元 1842 年），正月，奉准開缺調理，先生從此不復仕矣。

第五節　政　績

　　梁章鉅精通吏事，所至有善政，所拔薦多偉人；屢修水利，澤及黎民，

尤以宅心仁厚，捐衣賑災，功德在人，於是爲大矣。至其撫江蘇，縱商民船舶入港，不拒以資敵，更見其爲政經營有方，擘畫周詳，不以科條擾民之一斑。茲就所知略述其政績之大者如下：

道光二年壬午（西元 1922 年），先生初守荊州，所屬監利縣與沔陽縣州民以爭水相仇殺，官不能治，大府遂檄其往理其事，乃先以詩歌代爲文告，勸諭之，且親詣水濱議清界址，兩境輿情胥協，其患遂平。政事文章相輔相成，洵不誣也。

道光四年甲申（西元 1824 年），夏，重運漕艘既北渡，禦黃壩未即堵閉，黃流灌入河底積淤，洪澤湖水蓄至二丈餘，無緣宣洩，高家堰危甚，時其方署江蘇按察使，奉大府飛調飭司盤運漕糧總局，次年九月，將滯漕二百萬石全數盤運北上，節省銀三十二萬兩。時大府銳意治河，方議挑關孟兩灘以取直，又議改上游海口以利運，並欲開王營減壩以洩漲，是皆淮海道所轄之地，先生力陳其不可，至以去就爭之，乃止，而所全尤多，故知先生進退有度，有「自反而縮，雖千萬人吾往矣」之概。

道光七年丁亥（西元 1827 年），擢江蘇布政使，此爲其三至江蘇，地方利弊了然胸中，故用人理財，舉措悉愜，爲政獨特大體，思東南財富綦重，水利不可不修，因此首治泖湖，續濬吳淞江，戊子夏竣事，商民咸利賴焉，此其爲政實事求是，非徒托空言之證也。

道光十一年辛卯（西元 1831 年），江淮大水成災，流民塞道，先生率屬各捐養廉銀，并令士紳勸諭，一面給船資送，一面設廠留養，復自損棉衣萬襲以禦寒，凡活六十餘萬人，是以遠近歌頌載道。先生官江蘇之德政，此爲第一。至於修復練湖腷壩乃其餘事。籌款興挑孟瀆、德勝、澡港三河，雖未竣事即去，而繼任者乃踵成之。其不存五日京兆之心，及其實心實政大概類此。

道光十二年壬辰（西元 1832 年），四權江蘇撫篆，前後八年有餘，薦學人才，培植士類，眾善畢舉，百廢俱興。八月，告病歸福州，適其鄉秋禾歉收，而臺米又不能內運，即奏請借撥江南漕米十萬石以濟急。其重視人才，造福鄉梓之學，足爲後人讚頌矣。

道光十六年丙申（西元 1836 年），兼署廣西學政，奉令密查太僕寺卿馮贊勳劾奏廣西宣化縣知縣楊時行濫刑斃命一案，據實奉覆，議敘加一級。此其發姦摘伏，吏治清明之舉也。

道光十七年丁酉（西元 1837 年），廣西文闈積弊多端，其最甚者，每科，

闈中輒派兵六十名列坐于明遠樓之上下前後，名爲稽查彈壓，而鎗替傳遞之弊即伏其中，甚至有能文之舉人身穿號掛于樓上，起草交他兵順遞號舍中，先生既訪明確，乃排眾議革除之，並附片奏明立案，士林感之。

道光二十一年辛丑（西元 1841 年），奧東英夷滋事，先生帶兵至梧州防堵，力行團練之法，奉旨選將調兵送砲協濟東省。七月，復帶兵赴上海縣防堵，時裕謙奏准寶山口商船一概不准進港，以防夷匪混入，合縣商民洶洶，幾成事變，縣令束手無策，先生稔知各船皆有行戶專管，親至海口按船查點，批准進港，同時附片奏聞，因此上海、寶山二縣商民歡聲雷動，人心大安，遂同心外禦，英夷遂望而卻步。

先生爲政獨識大體，不以科條繳繞，其卓識定見超絕群倫，每當眾議紛出之時，徐發一言，輒中窾要。雖位躋通顯，卻處之淡然。劉鴻翔於其七十壽辰時嘗成七律賀之，其一云：「廿四中書比昔賢，關心民瘼食爲天。救荒最著江南策，達變能歸海上船。論報自應仁者壽，辭榮早占福之全。師門此日瞻依近，願附耆英拜綺筵。」此蓋先生一生爲政之寫照。〔註1〕

第六節　著　作

先生嘗言：「網羅舊聞，表揚前哲，本爲性之所喜。」〔註2〕又云：「既通籍，官京師，日與通儒碩士上下其議論，又京秩清暇，非書籍無以自娛。即外宦後，案牘餘閒，別無聲色之好，亦惟甄微闡幽，抱殘守缺是務。歲月既積，卷帙遂多，……今年踰七十，筆硯久荒，料檢陳編，皆數十年心血所存，不忍盡棄，中有已刻問世者，有尚未能付梓者。自憐享帚之愚，難免覆瓿之誚，姑存其目，付後人知之，俾無失散云爾。」，〔註3〕可知著述乃其所好。不惟如此，先生與謝蘭生、吳嵩梁俱有書名，書兼歐董，工詩，〔註4〕而又博聞強識，達於國家掌故。故其居鄉，以文獻爲己任，于經史皆有譔述。尤精文選，旁及藝文雜記，所著不下七八十種，蓋仕宦中著述之富者無出其右，誠所謂仕學兼之之士也。爰就其《退菴自訂年譜》、《國朝耆獻類徵初編》、《碑

〔註1〕見梁章鉅撰《歸田瑣記》，頁38（台北、木鐸出版社、民國71年4月）。
〔註2〕見梁章鉅撰《南浦詩話例言》頁1（台北、廣文書局、民國66年）。
〔註3〕同註1，頁119。
〔註4〕見清、竇鎮撰《國朝書畫家筆錄》卷三，頁312（台北、文史哲出版社、民國60年）。

傳集補》中林則徐所撰之〈墓誌銘〉及《歸田瑣記》中《已刻未刻書目》等所錄之書目，詳加參對，表列如下：

梁章鉅先生著作表

	退菴自訂年譜	國朝耆獻類徵初編	林則徐撰〈墓誌銘〉	已刻未刻書目
嘉慶庚申（26歲）	輯《東南嶠外書畫錄》二十卷	《東南嶠外書畫錄》二十卷	《東南嶠外書畫錄》二十卷	*《東南嶠外書畫錄》二十卷
嘉慶辛酉（27歲）				
嘉慶壬戌（28歲）				
嘉慶癸亥（29歲）	輯《翼齋公遺詩文》兩卷，行狀一卷			
嘉慶癸亥（29歲）	輯《家譜》四卷		《梁氏家譜》四卷	
嘉慶甲子（30歲）	與同門友陳名世同校刊其師鄭蘇年《西霞文鈔》兩卷		校刊其師鄭蘇年《西霞文鈔》	
嘉慶乙丑（31歲）	輯《南省公餘錄》四卷，嗣復拓為八卷，付梓	《南省公餘錄》八卷	《南省公餘錄》八卷	#《南省公餘錄》八卷
嘉慶丙寅（32歲）	輯《長樂詩話》八卷	《長樂詩話》八卷	《長樂詩話》八卷	*《長樂詩話》八卷
嘉慶丁卯（33歲）	輯《武彝遊記》		《武彝遊記》二卷	
嘉慶戊辰（34歲）	為張蘭渚撰《擬頌冊》及奏御文字並校勘所進遺書數十種			
嘉慶乙巳（35歲）（見說明5）	輯《東南嶠外詩文鈔》若干卷	《東南嶠外詩文鈔》三十卷	《東南嶠外詩文鈔》三十卷	*《東南嶠外詩文鈔》三十卷
嘉慶庚午（36歲）	輯《夏小正通釋》四卷	《夏小正經傳通釋》四卷	《夏小正經傳通釋》四卷	*《夏小正經傳通釋》四卷
嘉慶辛未（37歲）	與陳恭甫分纂《御制全史詩註》六十四卷	《倉頡篇校證》三卷	《倉頡篇校證》三卷	*《倉頡篇校證》三卷

	校補《倉頡篇》三卷			
	選輯《閩文典制鈔》四卷	《閩文典制鈔》四卷	《閩文典制鈔》四卷	#《閩文典制鈔》四卷
嘉慶壬申（38歲）	《藤花吟館畫卷》		《藤花吟館詩鈔》十二卷	
嘉慶癸酉（39歲）				
嘉慶甲戌（40歲）	始編《文選旁證》			
嘉慶乙亥（41歲）				
嘉慶丙子（42歲）	輯《春曹題名錄》六卷	《春曹題名錄》六卷	《春曹題名錄》六卷	*《春曹題名錄》六卷
嘉慶丁丑（43歲）				
嘉慶戊寅（44歲）				
嘉慶己卯（45歲）				
嘉慶庚辰（46歲）				
道光元年辛巳（47歲）	分校《金史》，分纂《西域圖志》未成書			
道光壬午（48歲）	輯《樞垣紀略》十六卷	《樞垣紀略》十六卷	《樞垣紀略》十六卷	#《樞垣紀略》十六卷
道光癸未（49歲）	輯《江漢贈言》二卷	《江漢贈言》二卷	《江漢贈言》二卷	#《江漢贈言》二卷
道光甲申（50歲）	撰《滄浪亭題詠》兩卷	《滄浪題詠》兩卷	《滄浪題咏》二卷	#《滄浪題詠》兩卷
道光乙酉（51歲）				
道光丙戌（52歲）	輯《古格言》十二卷	《古格言》十二卷	《古格言》十二卷	#《古格言》十二卷
道光丁亥（53歲）	輯《東南棠蔭圖詠》三卷	《東南棠蔭圖詠》三卷	《東南棠蔭圖詠》三卷	#《東南棠蔭圖詠》三卷
道光戊子（54歲）	輯《滄浪亭志》四卷	《滄浪亭志》四卷	《滄浪亭志》四卷	#《滄浪亭志》四卷
	輯《梁祠紀略》二卷	《梁祠紀略》二卷	《梁祠輯略》二卷	#《梁祠輯略》二卷
道光己丑（55歲）	輯《吳中唱和集》八卷	《吳中唱和集》八卷	《吳中唱和集》八卷	#《吳中唱和集》八卷
	作《小滄浪七友畫卷》		《小滄浪七友圖畫卷》	
道光庚寅（56歲）				
道光辛卯（57歲）				

道光壬辰（58歲）	輯《蔎江別話》四卷、輯《三山唱和集》十卷	《蔎江別話》四卷、《三山唱和集》十卷	《蔎江別話》四卷、《三山唱和集》十卷	*《蔎江別話》四卷、*《三山唱和詩》十卷
道光癸巳（59歲）	輯《江田梁氏詩存》九卷	《江田梁氏詩存》九卷	《江田梁氏詩存》九卷	#《江田梁氏詩存》九卷
道光甲午（60歲）	輯《退菴隨筆》二十卷，後擴爲二十四卷	《退庵隨筆》二十四卷	《退庵隨筆》二十四卷	#《退菴隨筆》二十四卷
道光乙未（61歲）	輯《北行酬唱集》四卷	《北行酬唱集》四卷	《北行酬唱集》四卷	#《北行酬唱集》四卷
道光丙申（62歲）	輯《宣南贈言》二卷		《宣南贈言》二卷	
道光丁酉（63歲）	輯《論語集註旁證》二十卷	《論語集註旁證》二十卷	《論語集註旁證》二十卷	*《論語集註旁證》二十卷
	輯《孟子集註》十四卷	《孟子集註旁證》十四卷	《孟子集註旁證》十四卷	*《孟子集註旁證》十四卷
	輯《銅鼓聯吟集》二卷		《銅鼓聯吟集》二卷	
道光戊戌（64歲）	校梓《文選旁證》四十六卷	《文選旁證》四十六卷	《文選考證》四十六卷	#《文選旁證》四十六卷
	輯《國朝臣工言行記》十二卷	《國朝臣工言行記》十二卷	《國朝臣工言行記》十二卷	*《國朝臣工言行記》十二卷
道光己亥（65歲）	輯《制藝叢話》二十四卷	《制藝叢話》二十四卷	《制藝叢話》二十四卷	*《制藝叢話》二十四卷
道光庚子（66歲）	輯《楹聯叢話》十二卷	《楹聯叢話》十二卷	《楹聯叢話》十二卷	#《楹聯叢話》十二卷
道光辛丑（67歲）				
道光壬寅（68歲）	輯《楹聯續話》四卷	《楹聯續話》四卷	《楹聯續話》四卷	#《楹聯續話》四卷
	輯《巧對錄》四卷	《巧對錄》四卷	《巧對錄》四卷	#《巧對錄》四卷
道光癸卯（69歲）				
道光甲辰（70歲）	自訂年譜			
	輯《稱謂拾遺》十卷	《稱謂拾遺》十卷	《稱謂錄》十卷	*《稱謂拾遺》十卷
		《三國志旁證》二十四卷	《三國志旁證》三十卷	*《三國志旁證》二十四卷
		《玉臺新詠讀本》十卷	《玉臺新詠讀本》十卷	*《玉臺新詠讀本》十卷
		《試律叢話》十卷	《試律叢話》十卷	*《試律叢話》十卷

	《南浦詩話》四卷	《南浦詩話》四卷	#《南浦詩話》四卷
	《閩詩鈔》五十卷	《閩詩鈔》五十卷	*《閩詩鈔》五十卷
	《三管詩鈔》五十八卷	《楹聯賸話》二卷	#《三管詩鈔》五十八卷
	《三管詩話》四卷	《三管詩話》四卷	#《三管詩話》四卷
	《東南嶠外詩話》二十卷	《東南嶠外詩話》三十卷	*《東南嶠外詩話》二十卷
	《退庵詩存》二十四卷	《退庵詩存》二十四卷	#《退庵詩存》二十四卷
	《退庵詩續存》八卷	《退庵詩續存》八卷	#《退庵詩續存》八卷
	《閩文復古編》六卷	《閩文復古編》六卷	#《閩文復古編》四卷
		《雁宕詩話》二卷	
		《閩中閨秀詩話》二卷	
		《吉安氏書錄》十六卷	
		《退庵題跋》二十卷	
		《退庵續跋》二卷	
	《歸田瑣記》十卷	《歸田瑣記》十卷	
	《浪跡叢談》十一卷	《浪跡叢談》十一卷	
	《浪跡續談》八卷	《浪跡續談》八卷	
		《浪跡三談》六卷	
		《退庵文存》二十四卷	
		《農家占驗》四卷	
		《隨園詩話隨筆》二卷	
		《師友集》八卷	
		《寒縶雜咏》一卷	
		《藤花吟館試帖》二卷	
		《經塵》八卷	

		《閩川文選》五十卷	
		《三管靈英集》五十八卷	
		《戲綵亭唱和集》一卷	
		《讀漁洋詩隨筆》二卷	
		《師友文鈔》二十四卷	
		《八家師友文鈔》十二卷	
		校刊《程同文、吳慈鶴遺集》	

說明：

1、本表以臺灣商務印書館《新編中國名人年譜集成》第 17 輯《清梁退菴先生章鉅自訂年譜》爲主，參以《國朝耆獻類徵初編》、林則徐撰〈墓誌銘〉及「已刻未刻書目」，其中書名、卷數或字體與之有異者，分別以斜體字表示。

2、《國朝耆獻類徵初編》清，李桓輯，收入於《清代傳記叢刊》，台北：明文書局。

3、林則徐撰〈墓誌銘〉見閔爾昌纂錄《碑傳集補》十四卷，收入於《清代傳記叢刊》，台北：明文書局。

4、「已刻未刻書目」見於《歸田瑣記》卷六，台北：木鐸出版社，71 年 4 月初版。「已刻未刻書目」中書名前「#」號代表已刻，「*」號代表未刻。

5、嘉慶「乙巳」35 歲，當爲「己巳」之誤。

第三章 《制義叢話》之內容與編輯體例

　　《退菴自訂年譜》道光十九年己亥，六十五歲條下載曰：「監臨粵西文武兩闈。是歲，次兒丁辰與胞姪齊辰同舉於鄉。四兒映辰入縣庠。輯《制藝叢話》〔註1〕二十四卷，朱蘭坡及楊芸士（文蓀）明經各爲之序。」又《制義叢話》卷一載云：「按此吾師所自作〈四書文話序〉，已刻入《研經室集》中，而其實《文話》尚未成書。余以道光丙申（即六十二歲）入覲京師，曾向師乞讀此書，師曰：此書初稿有兩本，一存揚州家塾，一留廣州學海堂，君此去廣西可就近索閱耳。適余草創《叢話》亦已具初稿，急欲得吾師書印證之。」同書卷十一道光己亥條下，梁氏案語曰：「今年以引疾寓居浦城，適增訂此書。」（案：《退菴自訂年譜》道光己亥條，並無引疾之事，而道光辛丑，六十七歲條下曰：「十一月，疾，即專摺陳請開缺調理。」壬寅，六十八歲條下又曰：「正月，引疾摺回，奉旨，准其開缺調理，……二月，挈家登舟，……六月杪抵浦城。」）《歸田瑣記・已刻未刻書目》條下載「《制義叢話》二十四卷，朱蘭坡侍講序，楊芸士明經序，未刻。」今所見者〔註2〕乃咸豐九年己未（西元 1859 年）廣州重刊本之翻印本，江國霖序云：「華樵雲刺史以其舊版燬於揚，重爲梓行於廣州，出鈔本相示，亟爲慫恿，以速其成。」由以上所載，可知《制義叢話》當于道光十六年丙申，六十二歲時草成，道光十九年己亥，

〔註 1〕通作《制義叢話》。
〔註 2〕民國 65 年 3 月初版，廣文書局出版。另有東海大學所藏「知足知不足齋」本。本論文所採用者爲前者。

六十五歲時書成，道光二十二年壬寅，六十八歲時增訂，道光二十四年甲辰，七十歲以後方始出版，〔註3〕咸豐九年己未重刊。

江國霖序曰：「閩中梁茝林先生，以阮文達公《四書文話》屬草未成，乃作《制義叢話》二十四卷。權輿於宋代，美備於前明，極盛於本朝，抉其精華，綜其同異，如貫珠，如纂組，其用心蓋亦勤矣。」《制義叢話》卷一又載：「（道光）辛丑，移撫吳中。旋以引疾，就醫邗上，乃得從吾師借觀所存家塾稿本，凡分二十四門。〔註4〕援據浩博，閒有余稿中所未及採入者，因窮旬日之力，目營手繕，計增入余稿者十之一二。」故知梁氏之作乃承其師阮元所編之《四書文話》，其相異之處乃在「余稿不細分門類，專標舉名篇俊句，旁及瑣聞諧語」〔註5〕耳。

朱琦《制義叢話‧序》曰：「考往昔制義未興，雜說家多作詩話或詞話，洪容齋《四六叢談》僅屬駢體，而他不及。唯元陳繹曾《文說》，因延祐復行科舉，示程試之式。倪士毅《作義要訣》，指陳諸弊，足資龜鑑，君書實沿厥例，前敘掌故，後綴瑣事，中數門撮舉心賞之文，擷其菁華，開其奧窔，欲求精於理，深於意，偉於辭，殫于經術。」此論其內容之大概也。梁章鉅更有〈制義叢話例言〉言其大要，以下試就〈例言〉及全書二十四卷所記論其詳焉：

首卷：分類採擷有關制義之格式、宗旨、源流之記述，並附釋《行遠集》、《天鏗》、《龍彎集》等書之內容，以爲後學之步趨。

二卷：詳論時文之作法，並略論停科始末，及科舉不可廢之由。屬總論性質。

三卷：評騭俞長城《可儀堂一百二十名家制義》首卷所錄：王半山、蘇穎濱、楊誠齋、陸象山、陳君舉、汪六安、文文山等有宋七家制義之風格。

四卷：引俞桐川、楊廷樞、李光地及其先祖、先父之《書香堂筆記》、《四勿齋隨筆》等，略論洪武至宏治間，各家文風。

五卷：引俞桐川、吳觀東、何焯、陳名夏、錢禧、方苞諸人及《四勿齋

〔註3〕 《已刻未刻書目》前序文，有「今年踰七十」，且云「未刻」，故知其付梓當在七十歲以後。
〔註4〕 見阮元《四書文話序》，二十四門爲：原始、功令、格式、法律、體裁、命題、程文、稿本、選本、墨卷、社稿、元鐙、名譽、考核、師承、風氣、興廢、流弊、起衰、假借、咎毀、談藪、軼事、五經文等。（收入《研經室集》卷三）
〔註5〕 見《制義叢話》卷一，頁22。

隨筆》等，評論正德至萬曆中各家之文風。此期所述極為混亂，如馮夢禎、張元、周田兼等家文中雖敘及，而題名卻未收。而王慎中、林春、呂本、高拱、林爆、楊繼盛、章禮、蘇濬等家題名已收，而本卷中却未論及。他如汪應軫、王錫爵、黃洪憲、田一儁、楊起元、鄧以讚、孫鑛等，其時代雖早於吳默，卻不收入此卷。

六卷：引鄭光策、林茂春、李調元、王步青、張甄陶、俞桐川等人之言，評論萬曆至天啓間等明季諸家文風，其中題名所錄者，如魏允中、吳道明、王衡、吳化、曹學佺等，書中亦未敘及，而金聲、左懋弟等人更在譚元春、夏日瑚等人之前，卻置於譚、夏之後始論之，王毓蓍更誤爲王敏耆。〔註6〕

七卷：自凌義渠以下，凡三十餘家，皆入此卷，乃其所謂順治初期作者，引方苞、俞桐川、梁上國及諸多清時制義名家言以評論之。

八卷：引紀昀、王步青、孟超然、俞桐川、何忠相、鄭光策等人之言，就清初諸大家，若劉思敬、熊伯龍、劉子壯等二十餘家加以論斷之。其中亦不乏題名收錄，而文中不論及之者。

九卷：評論清初至道光間，逝而得諡之名臣兼時文名家，共三十二人之文風特色。

十卷：就方苞、方舟、方槃如、王步青、張江、儲在文、王汝驤、任啓運、陳兆崙等，康雍間名家，引前人及時人之言，加以評騭焉。

十一卷：引袁枚、楊文蓀、孟超然等人之言，評論乾嘉間周振采、翁方綱等二十餘家制義之風格優劣。

十二卷：彙錄明清兩朝有關制義之遺聞軼事，並就有明諸家之傳承及其異同略加比較。

十三、十四、十五等三卷：皆彙錄明清兩朝，名家之文有與朱注兩歧，而轉與古注相符，於古書有證之文，及見解奇特，格局岸異，與舊時講章亦迥異者，以翼傳注之闕遺，裨使學者一新耳目。

十六、十七兩卷：甄錄乾隆以降，閩省師長如張甄陶、孟超然等人名篇俊句。中有鄭方坤「〈寄長姪天錦論時文〉七古一首」，乃合明清諸名家體裁，而抉其要領，可謂擇之精而語之詳矣。

十八、十九兩卷：集錄梁氏同門益友，平時切磨之作，並乃其時單微枯槁之士之名文。

〔註6〕詳見本論文第八章《制義叢話題名正補》。

二十卷：編錄其先祖、先父及其伯叔、群從輩等遺文有話可述者。

二十一卷：乃錄其本人自入書院，以迄監臨粵西鄉闈之所作，附以其子逢辰鄉會試之作。以上兩卷皆存其家制義梗概，蓋欲以傳世不朽也。

二十二卷：網羅有關制義命題各事之掌故，錄之以爲談資，以明其要，以利爲文之助。

二十三卷：敘述有關破題、承題、起講之要，及其佚聞瑣事，藉以爲時文之資。

二十四卷：略論尤王體，且夫調之始末，及其影響，並雜以諧語佚聞。

末附題名，有宋七家，明一百五十二家，清一百八十四家，共有三百四十三家，更以其家集附焉。

楊文蓀謂：「今大中丞梁茝鄰先生輯《制義叢話》二十四卷，凡程式之一定，流派之互異，明宗旨，紀遇合，別體裁，攷典制，參稽史傳，旁及軼事，與夫諸家之名篇隽句，無不備載。」良有以也。

而其編輯體例乃爲對前人論述之匯編整理，正如江國霖序中所云：「抉甚精華，綜其同異，如貫珠，如纂組。」唯文中又要時亦附有編者按語，表示其個人看法。

第四章　八股文之沿革與分期

第一節　八股文之沿革

　　八股文權輿於《四書》，[註 1] 歷經唐、宋、元等朝之不斷經營，至明始臻成熟。其後名家輩出，爭奇鬥勝，故能造其峰極，清代因之。故後世論八股文者，多以明清兩代為主。以下試就各家之說略述其概：

甲、明　代

　　清‧方苞曰：

> 明人制義，體凡屢變，自洪永至化治，百餘年中，皆恪遵傳注，體會語氣，謹守繩墨，尺寸不踰。至正嘉作者，始能以古文為時文，融液經史，使題之義蘊，隱顯曲暢，為明文之極盛。隆萬間，兼講機法，務為靈變，雖巧密有加，而氣體苶然矣。至啓禎諸家，則窮思畢精，務為奇特，包絡載籍，刻雕物情，凡胸中所欲言者，皆借題以發之，就其善者可興可觀，光氣自不可泯。凡此數種，各有所長，亦各有其蔽。故化治以前，擇簡要親切稍有精彩者；其直寫傳注，寥寥數語；及對比改換字面，而意義無別者不與焉。正嘉則專取氣息醇古，實有發揮者；其規模雖具，精義無存，及剽襲先儒語錄，膚廓平衍者不正焉。隆萬為明文之衰，必氣質端重，間架渾成，巧不傷雅，乃無流弊；其專事凌駕，輕剽促隘，雖有機趣，而按之

〔註 1〕見本論文第一章第三節「八股文之起源。」

無實理眞氣者不與焉。至啓禎名家之傑特者，其思力所造，塗徑所開，或爲前輩所不能到，其餘雜家，則佪棄規矩以爲新奇，剽剝經子以爲古奧，雕琢字句以爲工雅，書卷雖富，辭氣雖豐，而聖經賢傳本義轉爲所蔽蝕。故別而去之，不使與卓然名家者相混也。〔註2〕

此就其作風演變詳論之也。而其體制格調，亦因時而異，前人或將之喻爲唐詩之四期。蘇翔鳳曰：

文（指八股文）之在明，猶詩之在唐也：初唐渾穆，盛唐昌明，中唐名秀，至晚唐而憂時憫俗之意發而爲言，感激淋漓，動人也易。洪（武）宣（德）之文，初唐也，成弘、正嘉之文，盛唐也，隆萬之文，中唐也。……啓禎則晚唐矣。〔註3〕

乙、清 代

入清以後，因聖祖之倡導，文章雖不足以超越明代，而于義理上則實有進步。《制義叢話》朱琦序曰：

唐宋以詩賦取士，似專尚浮藻，然名卿往往出其中。有明改用制義，則託體甚高，盛衰升降，前人已言之。逮本朝初，屏除天崇險詭之習，而出於渾雄博大，蔚然見開國規模，如熊次侯、劉克猷、張素存，其最著也。康熙後，益軌於正，而李厚菴、韓慕廬爲之宗，尋桐城二方相與輔翊，以古文爲時文，允稱極則，外若金壇王氏、宜興儲氏，並堪驂靳焉。雍正乾隆間，墨藝喜排偶而魄力芒厚，頗難猝辨，擇其醇者，即獨出冠時。至嘉慶，當路諸臣研覃典籍，士子競援僻簡，以希弋獲。近稍厭棄，又未免漸趨萎弱。蓋二百年來，文之遷變，大概在斯。

此論有清一朝八股文演變之跡蓋亦詳矣。

以上乃就八股文之作風演變、體制格調而言，若論其制度之沿革則今人鄧嗣禹之《中國考試制度史》言之已詳矣，故此從略。

第二節　八股文之分期

由於對八股文之起源，各家說法頗不一致，是以對於八股文之分期亦難

〔註2〕見方苞《欽定四書文》凡例一。
〔註3〕見《制義叢話》卷二引《甲癸集自序》，頁61。

免有異，歷來有關八股文之分期，當以俞長城《可儀堂一百二十名家制義》，方苞《欽定四書文》及梁章鉅《制義叢話》題名等為完善。俞氏以為八股文始自宋經義，故其著錄與題詞始自北宋王安石，以迄清初諸家，「人各序其出處梗概於簡首，至於忠孝廉節，成仁取義之事尤欷歔感歎，不能去諸其懷」。〔註4〕且「以史法論文」〔註5〕為其特色，可謂用心良苦矣。其書初刻於康熙間，今所見者乃為台灣大學研究圖書館所藏乾隆間之重刊本，為國內僅見之孤本，海外則日本內閣文庫亦著錄。梁章鉅《制義叢話》評論明代至清初八股名家之作品多取資於此。其次乃方氏奉敕編纂之《欽定四書文》，乃當時主司衡文之繩尺，士子為文之矩矱。其書分為明文四集，清文一集，共四十一卷，〔註6〕所錄凡二百七十一家，文七百八十三篇。而梁氏《制義叢話》之作，旨在考證舊聞，觸發新意，明宗旨，紀遇合，性質上與二書有別，唯其編末所附《制義叢話題名》著錄由宋至清道光之八股名家，共計三百四十三家，〔註7〕可云備矣，以下試詳論之：

一、宋　代

《四勿齋隨筆》云：

> 俞桐川所錄百二十名家，於有宋存七家，一為王半山（安石）、一為蘇潁濱（轍），皆在嘉祐朝；一為楊誠齋（萬里），在紹興朝；一為陸象山（九淵），在乾道朝；一為陳君舉（傅良），在淳熙朝；一為汪六安（立信），一為文文山（天祥），皆在淳祐朝。大約亦就所見而甄錄之。即如朱良矩所錄張才叔、姚孝寧、吳師孟、張孝四家文，凡十餘篇，俞錄皆未之及，而俞錄所存七家之文，又不言所出何書，故紀文達師頗疑之，於編纂《四庫全書總目》中微露其意。然學者自為論文起見，但取其初體具在，足資考論，固不必別事深求也。
>
> 〔註8〕

俞錄雖不言所出何書，然以其「初體具在」，固亦不可略也。

〔註4〕見《可儀堂一百二十名家制義・張希良序》。
〔註5〕同上註。
〔註6〕內分《化治文》六卷，《正嘉文》六卷，《隆萬文》六卷，《啟禎文》九卷，《清文》十四卷。
〔註7〕宋七家，明一百五十二家，清一百八十四家。不包括其家集。
〔註8〕見《制義叢話》卷三，頁80～81。

又《書香堂筆記》云：

> 俞桐川謂制義創自王安石，方望溪則謂昉於吳才叔（案：「吳」字應
> 為「張」字之誤），皆北宋人也。……蓋荊公創立制義，原與論體相
> 仿，不過以經言命題，令天下之文體出於正，且為法較嚴耳。然當
> 時對仗不必整，證喻不必廢；侵下文不必忌。自後人踵事增華，文
> 愈工而體愈降，法愈密而理愈疏。〔註9〕

其所云荊公創立制義，雖未必然，而當時文體尚能以明理為主，不以修辭相
尚，此實任何文體萌芽階段必然之現象，惟制義亦然。更何況《書香堂筆記》
又云：

> 考論制義，本應斷自前明，然自俞桐川長城有《百二十名家》之選，
> 託始于北宋諸公，則不得竟置大輅椎輪於不問。〔註10〕

是以乃「就六家〔註11〕而評騭之，別為一卷，以著制義之權輿焉」。〔註12〕以
下就《制義叢話》題名所敘述其大要焉：

王安石，字介甫，又字半山，臨川人。慶曆二年進士。俞桐川於《可儀
堂一百二十名家制義》一書中首列《王半山稿》，並題序曰：

> 制義之興始於半山，半山之文，其體有二：或謹嚴峭勁，附題詮
> 釋；或震蕩排奡，獨舒己見。一則時文之祖也，一則古文之遺也。
> 宗時文者，流為王、錢，終於楊、艾。宗古文者，流為周、歸，
> 終於金、陳。夫奇偶配合，乃成天地；正變乘除，乃成古今，道
> 術源流，人才升降，物各有兩，惟文亦然，半山兼之，故能讀半
> 山文，斯可以讀《一百二十家》之文矣！嗚呼！新法之行，敗壞
> 宋室，貽古今口實，而經義一道，行之五百年而不變，乃知文章
> 之運天附人而開，非人代天而作也。學者窮年皓首而不達於天人
> 之故，其孰能與於斯。〔註13〕

〔註9〕 見《制義叢話》卷三，頁79。並見盧前《八股文小史》頁4引黃人《文學史
明人制義章》。

〔註10〕 同註9，頁79。

〔註11〕 當為「七家」之誤。（見《制義叢話》題名所錄及《俞長城一百二十名家制義》
所錄皆為七家）。

〔註12〕 見《制義叢話》例言。頁2。

〔註13〕 見《可儀堂一百二十名家制義》卷一〈題王半山稿〉。並見《制義叢話》卷三
頁81，其所引與原文稍異。蓋梁章鉅所引俞輯每多刪略。而本論文所引皆俞
輯原文。

且錄其文〈里仁爲美〉等十篇以附之。可知宋時之文不如後世之工於對仗，但求自然流暢，說理透闢即可。茲錄王安石〈里仁爲美〉一文並加分析，以明其理：

破題　爲善必愼其習，故所居必擇其地。

承題　善在我耳，人何損焉？而君子必擇所居之地者，蓋愼其習也。孔子曰：「里仁爲美」，意以此與！

起講　一薰一蕕，十年有臭，非以其化之之故耶？一日暴，十日寒，無復能生之物。傅者寡，而咻者眾，雖日撻不可爲齊語，非以其害之之故耶？

起股　善不勝惡舊矣！爲善而不求善之資，在我未保其全，而惡習固已亂之矣。此擇不處仁，所以謂之不智，而里仁所以爲美也。

虛股　夫苟處仁，則朝夕之所親，無非仁也。議論之所契，無非仁也。耳之所聞，皆仁人之言，目之所覩，皆仁人之事。相與磨礱，相與漸漬，日加益而不知矣，不亦美乎？

中股　夷之里，貪夫可以廉；惠之里，鄙夫可以寬。既居仁之里矣，雖欲不仁，得乎？

後股　以墨氏而已有所不及，以孟氏之家，爲之數遷，何以餘人而不擇其地乎？

大結　然至賢者不能渝，至潔者不能污。彼誠仁者，性之而非假也，安之而非強也。動與仁俱行，靜與仁俱至，蓋無往而不存，尚何以擇爲哉？〔註14〕

本篇殆爲安石所作之經義示範之文，言八股文源流者，推爲祖師。其中起講與後股之對仗皆不工整，尤以起講一段，長短相差極爲懸殊。且文中引伯夷、柳下惠、墨子、孟子之事以爲證。故俞桐川于文後評曰：「讀明文而以宋文參之，可以得文質之中矣」。〔註15〕李光地亦曰：「王安石、陳傅良的八股，似對不對，甚古，所謂八股宗者，不可不看，如詩有古歌謠之類是也。」〔註16〕

　　蘇轍，字子由，又字穎濱，眉山人。嘉祐丁酉進士。俞桐川曰：

　　三蘇皆有四書傳文，而次公（穎濱）獨富，亦其體之沖夷淡泊有以近之。蓋經義與論同原。論才氣勝者也；經義理法勝者也。穎濱之

〔註14〕見《可儀堂一百二十名家制義》卷一。
〔註15〕同上註。
〔註16〕見《制義叢話》卷三，頁82。

文亦論也，而其理較醇，其法較密，則論也實爲經義之祖焉。夫熙
寧、元祐，類聚群分，迭爲負勝，然眉山與臨川，既以古文爭雄；
潁濱與半山，復以經義對峙。〔註17〕

蘇轍之文，雖獨擅偉論，然不沾沾於代古人語氣；其代古人語氣者，似自南
宋楊萬里始。〔註18〕

　楊萬里，字廷秀，又字誠齋，吉水人。紹興甲戌進士。俞桐川〈題楊誠
齋稿〉曰：

誠齋指陳時事，激切詳明。……間考遺集，得制義三首〔註19〕，文
雖不多，而秦漢雄勁，魏晉藻麗，合成鉅觀，後人鮮及之者。嗚呼！
先生之志節文章，獨高千古，單詞隻字，傳爲世寶，乃當日洋洋千
百言，聽之者，如聾如瞶，誨爾諄諄，聽我藐藐，自古已然，豈不
悲哉！〔註20〕

或謂其「國家將興」二句文，起二股截上句，轉出下句，已開成宏截講法。
中用一反一正，已開隆萬開闔之法。〔註21〕

　陸九淵，字子靜，又字象山，金溪人。乾道辛巳〔註22〕進士。俞桐川曰：

世詆象山之學，惡其近禪，……且所惡於禪學者，謂其虛無寂滅，
率天下於無用耳。今象山志在復讐，談兵精妙，片言折獄，民畏若
神，有體有用，又何惡焉？……象山制義數首，清空辨析，如其所
學，是可傳也。〔註23〕

其「好學近乎知」句文，文筆奇快處可爲俗儒鍼砭，「里仁爲美」句文，則以
古文爲時文。

　陳傳良，字君舉，又字止齋，瑞安人。乾道辛巳進士。俞桐川謂其：「工
於文章制義，所傳幾三十首，於宋文最富」。〔註24〕所作皆原本經術，取鎔經

〔註17〕見《可儀堂一百二十名家制義》卷一，題〈蘇潁濱稿〉。
〔註18〕見《制義叢話》卷一，頁11。
〔註19〕指〈國家將興〉二句，〈至于治國家至從我〉，〈楊墨之道〉二句三篇而言。（見
　　　《可儀堂一百二十名家制義》卷一），〈題楊誠齋稿〉。
〔註20〕同上註。
〔註21〕見周以清〈四書文源流考〉一文，（已收入阮元《學海堂集》卷八）。
〔註22〕《宋史》卷四三四〈儒林傳〉作「登乾道八年進士」，（案：乾道八年，當爲
　　　「壬辰」，非「辛巳」。）
〔註23〕同註17，〈題陸象山稿〉。
〔註24〕同上註卷二〈題陳君舉稿〉。

義，自鑄偉辭。或謂其「保民而王」文，一比保民，一比王用，截講法已開明人之先。〔註 25〕俞桐川謂其「亦可以即戎矣」文，從「亦可」二字探出聖人佳兵不祥之旨，具有遠識。〔註 26〕《書香堂筆記》謂其「經籍紛綸處，已開後人門徑。」

　　汪立信，字誠甫，又字紫源，六安人。淳祐丙午進士。俞桐川謂其「文而且武，忠而且智，禦元二策，雖伯顏猶為心折，而況舉忠義之儔乎？……先生傳文數首，皆感慨時事之言」。〔註 27〕且評其「躬自厚」一節文曰：「確實純正，清澈細淨，絕似成宏集中近時舉業。」又評「天下有道」二句文，曰：「精神內結，光彩外射，絕不似明初文字」。〔註 28〕

　　文天祥，字履善，又字宋瑞，吉水人。淳祐〔註 29〕丙辰進士。俞桐川謂云：

> 傳文數首，率皆忠義之言，且其體已近明人。似當日未應有此，既而疑其贗作，然文實一律，卓然成家，無論真與不真，余固不忍棄也。文山〈正氣歌〉炳天壤，薄日月，村童宿腐皆知嗜之，今經義實與相垺，君子於古人一器一物，猶加愛惜，若其人已傳，其文已傳，而必曰是贗也，非真也而棄之，其可乎？〔註 30〕

其「事君能致其身」題文，有云：「不為不忘溝壑之志士，則為不忘喪元之勇夫；不為殺身成仁之仁人，則為捨身取義之義士。」絕似後來八股文者。〔註 31〕又評其「願比死者一洒之」題文，曰：「順題氣，按題位已開明人風味」。〔註 32〕此所謂有開必先也。

二、明 代

　　陳柱於其《中國散文史》中嘗云：「明之文學，詩與散文多不外因襲前人，不特不能過之，且遠不相及。唯傳奇、八股為其所創造，而八股尤為普

〔註 25〕　同註 21。
〔註 26〕　同註 24。
〔註 27〕　同註 26 卷二〈題汪六安稿〉。
〔註 28〕　同上註。
〔註 29〕　《宋史》卷四一八，云「二十舉進士」，故知當為「寶祐」四年丙辰，非「淳祐」。（案：淳祐四年為甲辰，非丙辰）
〔註 30〕　同註 27〈題文文山稿〉。
〔註 31〕　同註 27。
〔註 32〕　同註 30。

編」。〔註33〕明代乃八股文之成熟時期，三百年中，各期之體制風格，頗不相類。《四庫全書總目》云：

> 有明二百餘年，自洪永以迄化治，風氣初開，文多簡樸。逮於正嘉，
> 號為極盛。隆萬以機法為貴，漸趨佻巧。至於啟禎，警闢奇傑之氣
> 日勝，而駁雜不純，猖狂自恣者亦遂錯出於其間。於是啟橫議之風，
> 長傾詖之習，文體蠹而士習彌壞，士習壞而國運亦隨之矣。〔註34〕

方苞進《欽定四書文》表中，於各期之作風，言之甚詳〔註35〕，今依《制義叢話》題名所錄各家，按其成進士之先後，分為初期、中期、晚期等三期敘述之：

（一）初　期

所謂初期乃指洪武十八年（西元 1385 年）乙丑科始，至弘治止。此期之制藝，其體未備，率多簡古平淡，且傳文不多。俞長城曰：「明自洪武乙丑逮建文之末，其間劉、方、黃、解諸君子，皆有傳文，然率不多覯，非獨風氣之樸，亦由靖難兵起，散佚者多也」。〔註36〕顧炎武所謂：「天順以前經義之文，不過敷演傳注，或對或散，初無定式」。〔註37〕方苞亦曰：「自洪永至化治，百餘年中，皆恪遵傳注，體會語氣，謹守繩墨，尺寸不踰」。〔註38〕此即制義之初軌，與宋陳傅良、楊萬里所傳不異。洪武（十八年）乙丑、（三十年）丁丑及建文二年庚辰，三科會試皆以〈天下有道，則禮樂征伐自天子出〉為題，其旨蓋在求真才，非以難士子也。世或以劉基〈敬事而信〉題文，為有明制義之祖，然是初體之尤者，故《制義叢話》捨之，而以洪武乙丑黃子澄之元墨為始。

黃子澄，初名湜，以字行，更字伯淵，分宜人。洪武乙丑會元，官太常寺卿兼翰林學士，明史有傳。為文簡古，一以正大潔淨為宗。其乙丑科元墨，解大紳批云：「莊重典雅，臺閣文字。」徐存菴曰：「時未立闈牘科條，行文尚涉頌體；而收縱之機，浩蕩之氣，已辟易群英。」故錄之以存制義之河源，

〔註33〕見《中國散文史》第五篇以八股為文化時代之散文第一章總論。（台灣商務印書館）

〔註34〕見《制義叢話》卷一，頁 5。

〔註35〕詳見本章第一節「八股文之沿革」。

〔註36〕見《可儀堂一百二十名家制義》卷二〈題于廷益稿〉。

〔註37〕見《原抄本日知錄》卷十九「試文格式」。

〔註38〕見方苞〈進欽定四書文表凡例一〉。

惜《俞桐川百二十名家制義》未收。茲就其文分析如下：

題目 天下有道，則禮樂征伐自天子出 黃子澄。〔註39〕

一、破題 治道隆於一世，政柄統于一人。

二、承題 夫政之所在，治之所在也。禮樂征伐。
　　　　　皆統于天子，非天下有道之世而何哉？

三、起講 昔聖人通論天下之勢，首舉其盛爲言。

四、起股 若曰 天下大政，固非一端；
　　　　　　　　 天子至尊，實無二上。

五、虛股 是故 民安物阜，群黎樂四海之無虞；
　　　　　　　　 天開日明，萬國仰一人之有慶。
　　　　　　　　 主聖而明，臣賢而良，朝廷有穆皇之美也；
　　　　　　　　 治隆於上，俗美于下，海內皆熙皞之休也。
　　　　　　　　 非天下有道之時乎？

六、中股 當斯時也 語離明，則一人所獨居也；
　　　　　　　　　　 語乾綱，則一人所獨斷也。
　　　　　　　　　　 若禮若樂，國之大柄，則以天子操之，而掌於宗伯；
　　　　　　　　　　 若征若伐，國之大權，則以天子主之，而掌於司馬。
　　　　　　　　　　 一制度，一聲容，議之者天子，不聞以諸侯而變之也；
　　　　　　　　　　 一生殺，一予奪，制之者天子，不聞以大夫而擅之也。

七、後股 皇靈丕振，而堯封之內，咸懍聖主之威嚴；
　　　　　王綱獨握，而禹甸之中，皆仰一王之制度。

八、大結 信乎！非天下有道之盛世，熟能若此哉？

文中直射下文「諸侯」與「大夫」，顯已侵下，而猶可以爲元，可見當日格式尚寬也。

　　姚廣孝，初爲僧，名道衍，字斯道，長洲人。永樂初復姓，賜今名，封榮國公，謚恭靖，明史有傳。與高啓爲北郭十友之一。《明史》本傳謂其嘗以通儒書僧試禮部，入格，不願爲官，仍賜僧衣。其《類稿補遺》，清新婉約，頗存古調，然爲儒者所羞稱。有「所謂誠其意者」二節文，英傑不醇之氣蘊於是。〔註40〕

〔註39〕見《制義叢話》卷四，頁89～90。
〔註40〕略引《制義叢話》卷四，頁92～94梁章鉅言。

楊慈，永樂九年辛卯會試第二，甫選庶常即卒，年僅三十，所傳唯「武王纘太王王季文王之緒」一文，方望溪最稱之，以為明文始基，一代作者正變源流之法靡不包孕，其文炳蔚，確有開國氣象。

以上兩人亦為俞錄所不收。

于謙，字廷益，錢塘人，永樂辛丑進士〔註41〕，官兵部尚書加少保，諡忠肅，《明史》有傳。傳文僅四首，或論相，或談兵，或誅佞討罪，每篇可當古文一則。俞桐川曰：「忠肅古文列之《三異人集》，時文獨成家，受冤雖慘，即此亦可瞑目，至其文英風勁節，躍露楮間，殺機已見，亦不必怨群小也。夫文山有忠肅之志，而功不克成；忠肅有文山之功，而志不見諒，皆千古遺恨。然而立德，立言，允文允武，曠世合轍，余故以文山殿宋，以忠肅冠明，比而屬之，諒九原亦為稱快爾。」〔註42〕

商輅，字弘載，淳安人，正統乙丑會元、狀元，謹身殿大學士，諡文毅，明史有傳。〔註43〕功業、科名與文章，三者並稱於世。俞桐川謂：「文毅生平，前有以安社稷，後有以格君心，不謂之大臣不可也，……，夫科名何足重，顧問其功業文章耳。讀文毅斯稿，其必有所取法焉」。〔註44〕故知其文學與為人相合，誠所謂文如其人矣。

陳獻章，字公甫，正統學人。俞桐川曰：「言道學者絀風流，言風流者絀道學，……，陳白沙先生倡學東南，為世儒宗，吾疑其文必方正嚴肅，確不可犯。今誦其集，瀟灑有度，顧盼生姿，腐風為之一洗。……道學絕者兼風流，吾求其人，合其文，其陳白沙乎？」〔註45〕《制義叢話題》名未收。

邱（或作丘）濬，字仲深，景泰甲戌進士。俞桐川謂其所著「《世史正綱》、《大學衍義補》諸書，廣博浩翰，然皆明義理，切時務，縱橫上下，以經以緯，非才與學兼具，其孰能之？」〔註46〕「其制義，謹嚴深厚，不踰繩尺。當其主南畿鄉試，分考會試，痛抑經生尚險怪之文；課國學，尤諄切告誡，返文體於正」。〔註47〕故俞桐川曰：「當明之初，文章古樸，草昧未開，公教習國子，斐

〔註41〕 《制義叢話題名》作「永樂辛進士」，（案：「辛」字下漏一「丑」字，今補）。
〔註42〕 見《可儀堂一百二十名家制義》卷二〈題于廷益稿〉。
〔註43〕 《制義叢話題名》列於邱濬之後，今正。
〔註44〕 同註42，〈題商素菴稿〉。
〔註45〕 同註42卷三〈題陳白沙稿〉。
〔註46〕 同註42卷三〈題丘仲深稿〉。
〔註47〕 見《明史》卷一百八十一〈邱濬傳〉。

然成章，乙未主試，得文恪以冠南宮，得文正以魁大廷，雲漢昭回，光華復旦，《易》曰：『觀乎人文，以化成天下。』丘瓊山其近之矣」。〔註48〕廖道南亦以其能載移文運，媲美於歐陽永叔。

林瀚，字亨大，成化丙戌進士。俞桐川稱其文「談理真實，而行之以繁重紆曲，凡雋快尖利語屏置不尚」。〔註49〕開三代五尚書之門風，倡學得喫虧之庭訓。故其篤行之風，實可想見。

吳寬，字原博，又字匏菴，長洲人，成化壬辰會元、狀元，禮部尚書，諡文定，《明史》有傳。俞桐川謂其文「舂容爾雅，不動聲色，文之以養勝者。」又云其「始困於試事，終阻於仕路，而聞寵若驚，見辱不怒，生平之養亦驗於文。」〔註50〕

王鏊，字濟之，又字守溪，吳縣人，成化乙未會元、探花，武英殿大學士，諡文恪，《明史》有傳，有《王守溪文稿》。俞桐川曰：

> 制義之有守溪，猶史之有龍門，詩之有少陵，書法之有右軍，更百世而莫並者也。前此風會未開，守溪無所不有，後此時流屢變，守溪無所不包。理至守溪而實，氣至守溪而舒，神至守溪而完，法至守溪而備。蓋千子、大力、維斗、吉士莫不奉為尸祝；而或惡其雕鏤，疵其圓熟，則亦過高之論矣。運值天地之和，居得山川之秀，夾輔盛明，大有而不溺，遭逢疑貳，明夷而不傷；於理學為賢，於文章為聖，於六經為臣，於諸家為相，豈非一代之俊英，斯文之宗主矣。〔註51〕

李光地稱其文「體制樸實，書理純密」。自少即善制義，後數典鄉試，程文魁一代。高古精深為錢福所不及，為時文正宗。明代舉業最擅名著，前者王鏊、唐順之，後則震川、思泉，誠然。其「百姓足君孰與不足」程文最為人稱道。（程文見第一章第四節）

錢福，字子謙，又字鶴灘，弘治庚戌會元、狀元。王船山曰：「錢鶴灘與守溪齊名，謂之曰錢王兩大家。……，緣國初人文字止用平淡點綴，初學小生，無能仿佛，錢王出以鈍斧劈堅木手筆，用俗情腐詞，著死力講題面，陋人始有

〔註48〕見《可儀堂一百二十名家制義》卷三，〈題丘仲深稿〉。
〔註49〕同註48，〈題林亨大稿〉。
〔註50〕同註48卷四〈題吳匏菴稿〉。
〔註51〕同上註。〈題王守溪稿〉。

津濟，翕然推奉，譽爲大家，而一代制作，至成弘而掃地盡矣」。〔註52〕然俞桐川乃曰：

> 錢鶴灘少負異才，科名鼎盛，文章衣被天下，爲制義極則。……，鶴灘之文，發明義理，敷揚治道，正大醇確，典則深嚴，即至名物度數之繁，聲音笑貌之末，皆考據精詳，摹畫刻肖，中才所不屑經意者，無不以全力赴之。〔註53〕

其鄉黨題文甚多，其中尤以「非帷裳必殺之」一文，最爲後人傳誦，然江永乃謂此文有六失。弘治三年庚戌，南宮第一，因而王（鏊）錢並稱。王長于議論，錢善于刻畫，而體皆正大。

顧清，字士廉，弘治癸丑進士。俞桐川曰：

> 東江潔己奉公，恬淡樂道，文有高峻之風，凡在科第者，以受知大賢爲榮，以識拔多才爲雋，一不可得，況於能兼。東江登賢書，主司爲王文恪，捷南宮，主司爲李文正，……余輯其文而記其事，蓋科目之華，館閣之盛，均有取焉，非徒以文而已。〔註54〕

唐寅，字伯虎，又字子畏，弘治戊午解元。俞桐川稱其「所作制義，方正嚴潔，近於老師宿儒。蓋玩世不恭，非子畏之本心也，風流放達所以待流俗，方正嚴潔所以待聖賢。」〔註55〕

倫文敘，字伯疇，南海人，弘治己未會元、狀元。父子四元，中土未之及也，其文高潔簡貴。

王守仁，字伯安。〔註56〕又字陽明，餘姚人，弘治己未進士，兵部尚書，封新建伯，諡文成，《明史》有傳。俞桐川稱其氣節、事業、文章三不朽。其文謹守傳注，極醇無疵，有豪傑氣象。〔註57〕陳名夏曰：「先生之句醇字核，法律細密，萬曆家派兆于此。」楊廷樞亦曰：「一句一轉，一轉一意，此法先輩所無，王守仁開之。」

（二）中　期

所謂中期乃指正德至萬曆之百餘年間而言。洪武初年定科舉之法，以八

〔註52〕見盧前《八股文小史》頁29引王船山言。（上海商務印書館）
〔註53〕見《可儀堂一百二十名家制義》卷五〈題錢鶴灘稿〉。
〔註54〕同上註卷六〈題顧東江稿〉。
〔註55〕同上註〈題唐伯虎稿〉。
〔註56〕「伯安」《制義叢話題名》誤爲「伯守」，今正。
〔註57〕同註54〈題王陽明稿〉。

股試士，士多與焉。自洪永以迄化治，風氣初開，文多簡樸。逮於正嘉，號為極盛，隆萬以機法為貴，乃漸趨佻巧。方苞嘗云：

> 明人制義，體凡屢變，⋯⋯，至正嘉作者，始能以古文為時文，融液經史，使題之義蘊，隱顯曲暢，為明文之極盛。隆萬間，兼講機法，務為靈變，雖巧密有加，而氣體荼然矣。〔註58〕

此期名手輩出，逮乎嘉靖之末此道大衰，古法蕩析，文尚冗長。江陵主試，首拔鄧（以讚）黃（葵陽），巨製鳴裁，卓然一代，可謂文運中興。隆慶改元，而後去繁蕪以歸雅正。萬曆以後，風氣漸降，蕪穢彌甚，其尤悖理者，南華、楞嚴之浮詞盡入文字。故其文運盛衰，可得而言者如下：

邵銳，字士仰，仁和人，正德戊辰會元，太僕寺卿，諡康僖。為文以考覈見長，其〈夏后氏五十而貢〉節文，後二比云：「夏人之貢法，固以十分之一為常數也。商制則於公田七十畝之中，以十四畝為廬舍，每夫實助公田七畝，並私田七十畝，為十分而取其一，則雖輕於什一，是亦不過什一也。周之鄉，遂固用貢法以為常例也，而都鄙於公田百畝之中，以二十畝為廬舍，每夫實耘公田十畝，并私田百畝，為什一分而征其一，則雖過於什一，是亦不越什一也。」不杜撰，不浮著，黃貞父稱其為老箏手，真作家。〔註59〕

唐皋，字心菴，又字守之，正德癸酉舉人，甲戌進士、狀元。襟懷灑脫，才思敏捷，文不加點，若中有所改動，即別構一篇。少負才，自以為必售，及屢困場屋，時人嘲之曰：「徽州有個唐皋哥，一氣鄉闈走十科，解元收拾荷包裡，其奈京城剪絡多。」皋聞之，志益壯，自署齋壁曰：「愈讀愈不中，唐皋其如命何！愈不中愈讀，命其如唐皋何！」及中進士，年四十六歲矣。〔註60〕乃八股文壇之佳話也。

以上二人皆俞錄所不收。

汪應軫，字子宿，又字青湖，正德丁酉進士。文以宏大稱，理精局大，光明俊偉，為歸有光、胡友信開先路。

季本，字明德，又字彭山，山陰人，正德丁丑進士，長沙知府。「師承陽明，著書數百萬言，皆行於世。⋯⋯，其制義恪守傳注，謹嚴法度，陽儒陰釋之語無能涉其筆端。」〔註61〕

〔註58〕見方苞〈進欽定四書文表凡例一〉。
〔註59〕見《制義叢話》卷五，頁114～115。
〔註60〕事見李調元《制義科瑣記》。
〔註61〕見《可儀堂一百二十名家制義》卷八〈題季彭山稿〉。

　　張經，寄姓蔡，字廷彝，侯官人，正德丁丑進士，以兵部尙書兼都御史，總制南直隸、湖廣、江西、閩浙、山東、兩廣七省，爲趙文華所誣，論死，諡襄愍，《明史》有傳。文集未見，《甲葵集》中僅得〈禹吾無間〉章一文，蓋爲儲在文此題文所自出。〔註62〕

　　王愼中，字道思，又字遵巖，晉江人。嘉靖丙戌進士，河南參政，《明史》入〈文苑傳〉。時文意氣風格無大過人之處，以曾治古文，故氣體不俗耳。

　　羅洪先，字達夫，又字念菴，吉水人，嘉靖己丑進士、狀元，官至春坊左贊善，諡文莊，《明史》入〈儒林傳〉。林喬蔭自謂少承庭訓，令熟讀羅念菴〈後生可畏〉文，而覺使人神旺。俞桐川曰：

> 羅念菴澹於仕宦，講學論文，制義所傳不多，……，當其衣敝糧絕，室有鳴琴，相對惟及門諸子，迴視五陵衣馬，風景各殊，世人不笑爲迂，必疑其拙矣，烏知甕牖繩樞之下，別自有不與勢炎，不隨時歇者，可以聲施後世哉！〔註63〕

　　唐順之，字應德，又字義修，又稱荊川，嘉靖己丑會元，諡襄文。其制義冠絕諸家，於經史子集，靡不貫通，而融裁之以八股文字。渾灝流轉，品獨絕高。嘉靖時文古法蕩析，荊川始以古文爲時文。其文內堅凝而外渾厚，如一筆書成，而曲折相生，反正相顧，平舒疊幻，如山川之出雲，而其實熟極生巧，如〈不揣其本而齊其末〉兩節，疊下兩比，一反一正，文氣流走不齊，於明代八股文中實別具一格。故能神明於王鏊之矩矱以自出變化。錢禧謂其文似東坡，張羅峰則以爲其文冲雅典則，力追成弘風度。而俞桐川謂其文識高養到仁熟義精，出自天授，不盡關乎學力。舉業之文，體氣至王鏊而止；規模至順之乃大。故茅坤推其文爲明朝第一。

　　梁懷仁，字宅之，嘉靖己丑進士。尙志好學，甫通經籍，即赴修文。其己丑會墨〈孔子聖之時者也〉，梁章鉅以爲超凡入聖之語。〔註64〕

　　鄭晉，〔註65〕字汝德，號海亭，〔註66〕嘉靖壬辰進士。錢吉士以爲其辛卯〈堯舜帥下以仁〉墨，單就齊家說最合。

〔註62〕見《制義叢話》卷五，頁141。
〔註63〕同註61，卷十〈題羅念庵稿〉。
〔註64〕同註62，頁126。
〔註65〕案《制義叢話》卷五，頁148作「鄭普」，《明人傳記資料索引》亦作「鄭普」，今正。
〔註66〕案《制義叢話題名》中字號均付闕如，今依《明人傳記資料索引》補。

葉經，字東園。〔註67〕《四勿齋隨筆》謂其嘉靖癸卯巡按山東，作鄉試
〈無為而治〉一節題程文，大結內有「繼體之君，未嘗無可承之法，但德非
至聖，未免作聰明以亂舊章。」等語，世宗見之大怒，以為譏訕，逮訊，斃
于杖下。文字痛快之極，其受禍乃至於此，亦明哲之所譏矣。〔註68〕

許穀，字仲貽，嘉靖乙未進士。與薛方山同為蔡鶴江所得士，所著諸稿，
士林爭購之。其〈禮之用〉全章題文，通篇全用「也」字，精神聲吻，引人
入勝。

薛應旂，字仲常，又字方山，嘉靖乙未會元。精于史學，「貫通六經，發而
為文，如金出冶，如玉離璞，光芒煥然」。〔註69〕周以清稱其文能密而不能疏。
周介生則曰：「方山文無數轉接，筆復峻峭，法脈當自王荊公來。」〔註70〕

諸燮，字理齋，嘉靖乙未進士。其文淡雋而法奇，「傾敧偏側，游衍散淡，
無意於工，而不詭於理，不越於法，後人拗管摹之，愈摹愈遠，非文不及理
齋，乃俗病之不可除也」。〔註71〕「集中好立雙柱，層翻疊折，逐段分應，又
似不經意，其法本守溪而化為疏散之筆」。〔註72〕「文體方而義備，不效先輩
之含蓄，已開胡友信之蹊徑，在歸（有光）唐（順之）外自樹一幟，非瞿（景
淳）薛（應旂）二家能肩隨也。昔人評其文曰：「不衫不履，物外遺人。求理
齋者，當求其所以不俗之故，則幾矣。」〔註73〕

嵇世臣，字思南嘉靖乙未進士。文境甚奇而盡于辣之境〔註74〕，熟于周
秦之文，故其文雖參差而不亂。周以清謂其文神逸。

茅坤，字順甫，又字鹿門，嘉靖戊進士。「貫通經籍，善抉古人之奧，以
龍門為師，以韓柳歐蘇為友，於明之古文則取陽明，時文則取荊川，餘無當
意者」。〔註75〕其制義清空流利，首尾一氣旋轉，落筆灑然而少現實，真可謂
別調獨彈。艾南英論文首推歸震川，繼之又以茅鹿門為上，二說相持未定，

〔註67〕《明史》卷二百十云「葉經，字叔明，嘉靖十一年進士，除常州推官，擢御
史」《制義叢話題名》皆闕如，且置于茅坤之後，今補且正焉。
〔註68〕見《制義叢話》卷五，頁123。
〔註69〕見俞長城《可儀堂一百二十名家制義》卷十〈題薛方山稿〉。
〔註70〕見周以清〈四書文源流考〉一文（收入《學海堂集》卷八）。
〔註71〕同註69〈題諸理齋稿〉。
〔註72〕同註70，頁35。
〔註73〕同註71。
〔註74〕俞桐川謂「文之理足則達，理盡則止，直而不支，橫而不溢，是之謂辣。」
見《制義叢話》卷五，頁124。
〔註75〕見俞長城《可儀堂一百二十名家制義》卷十二〈題茅鹿門稿〉。

要之，有光文固涵蓋一世，而古雅溫醇，鹿門亦不相下也。

瞿景淳，字師道，又字昆湖，嘉靖甲辰會元，諡文懿。其時文以精確冲夷，別樹一幟，與王鏊、錢福、唐順之並稱四家。王耘渠稱其〈天子一位〉六節文，鍊格鍊意，著一詞以障其間，故格整而意自圓，意密而氣愈渾。惜其趨向圓美，過於成熟，以會元爲風氣之歸，使後人揣摩利便，遂于斯道別成一小宗。梁章鉅謂其〈事君敬其事而後其食〉一文，檃括群言，似淡而實濃，似輕而實重，在當日尙是揣摩科舉文字，雖未離化治矩矱，而易方爲圓，已漸成談機法者導乎先路。〔註76〕

王任用，字汝欽，嘉靖丁未進士。其〈固天縱之將聖〉二句文，梁章鉅謂其後幅數語，清空如話，題妙畢該。

海瑞，字汝賢，又字剛峰，嘉靖己酉舉人〔註77〕，諡忠介，《明史》有傳。衛壯謀云：「先生清風勁節，名重天下，制義不事揣摩，亦自成一家言。屢躓公車，隆慶辛未會試時，先生已官僉部，出撫應天，擬四書程文三篇，得上聞，遂賜進士」。〔註78〕俞長城以爲其文違俗，故墨選闕如也。

邵圭潔，字伯如，一字茂齋，又稱北虞，嘉靖己酉舉人。其文游揚靜致，董其昌稱其〈五就湯五就桀〉一文，縱橫逸宕勝王鏊。

孫溥，字溥清，嘉靖壬子解元。賀長齡謂其〈君子不可小知，而可大受〉文，筆補造化，妙於斡旋，故能弁冕群英。

以上三人，俞錄皆未收。

胡定，字二溪，嘉丙辰進士。俞桐川謂其「雋於嘉靖之季。文尙博大，其勢固然，而間出其樸淡之筆，則屈曲變化，致不可測。余嘗謂薛方山文能密而不能疏，諸理齋文能疏而不能密，惟胡二溪兼之，文雖不多，可以傳矣。」〔註79〕

許孚遠，字孟中，又字敬菴，嘉靖壬戌進士。朱梅崖論其文，以爲清切純懿，中邊俱澈，理熟詞快，非淺學可幾也。其〈夫子爲衛君〉章，通幅安閒恬靜，方望溪以爲後來名作俱不能及。

歸有光，字熙甫，又字震川，嘉靖庚子舉人，乙丑進士。制舉業湛深，

〔註76〕見《制義叢話》卷五，頁143～145。
〔註77〕中舉年代，《制義叢話題名》缺，今依《明人傳記資料索引》（中央圖書館印）頁385補。
〔註78〕同註76，頁145。
〔註79〕同註75，卷十五〈題胡二溪稿〉。

為嘉靖大家，力挽頹風，使天下人復見宋人經義之舊，實中興之臣。經術卓然成大家。方苞謂：「化治以前，先輩多以經語詁題，而精神之流通，氣象之高遠，未有若歸震川者。」〔註80〕汪琬亦曰：「先正之文，皆有授受淵源，獨歸震川少負盛名，其古文詞取徑於盧陵，舉業取徑於眉山，與時迴別，是以晚售」。〔註81〕楊懋建論之尤詳，曰：

> 正嘉之間，名手輩出，歸、唐皆以古文為時文。唐則指事類情，曲折盡意，使人望而心開；歸則精理內蘊，灝氣流轉，使人入其中而茫然；蓋由一深透史事，一兼達於經義也。以古文為時文，自唐荊川始，歸震川又恢之以閎肆，實能以歐蘇之氣，達程朱之理，而胳合于當年之語意。其議論則引星辰而上也，其氣勢則決江河而下也，其根本則稽經而諏史也，文之疏達者，不能道厚，矜重者不能優閒，惟震川兼而有之。嘗論震川文有二類，皆不可高攀；一則醇古疏宕，運《史記》歐、曾之議法而與題相會。一則樸實發揮，明白純粹如道家常事，人人通曉。自有震川之文，制藝一術，可以百世不湮。」

〔註82〕

此所以王耘渠稱其文為以理勝之極品也。

陳棟，字隆之，嘉靖乙丑會元、探花。其文含華于樸，字字清新。《文行集》謂其當浮蔓之餘，以冲夷細密，穎然獨見，當頡頏瞿許。〔註83〕

胡友信，字思泉，隆慶戊辰進士。博通經史，學有根柢，為文雄深博大，莊重不佻，理真法老，神旺氣充，布局宏敞，股法次第相承，題意盡，文事亦畢，而又出以浩氣，發揚王（鏊）唐（順之）以來之蘊蓄不洩，實不可多見也。明代舉業最擅名者，前則王鏊、唐順之，後則歸震川、胡思泉，所謂王、唐、歸、胡是也。〔註84〕

田一儁，字德萬，隆慶戊辰進士。徐存菴曰：「嘉靖以前，文以實勝，隆萬以後，文以虛勝。嘉靖文轉處皆折，隆萬始圓，圓機，田鄧開之也，後漸趨於薄矣。」〔註85〕

〔註80〕見《制義叢話》卷五，頁146。
〔註81〕同上註，頁147。
〔註82〕見盧前《八股文小史》第三章正嘉以前之演進，頁38。
〔註83〕同註80卷十二，頁482～483。
〔註84〕《制義叢話題名》將其歸入嘉靖，且列於邵圭潔之前，而俞長城及方苞皆將之歸入隆慶朝，考其成進士為隆慶二年，故今將之列於隆慶朝之首焉。
〔註85〕見《制義叢話》卷六，頁166。

　　黃洪憲，字懋中，又字葵陽，隆慶辛未進士。葵陽與鄧定宇皆受知于江陵，江陵主試，既抑葵陽而元定宇，復盡刊葵陽行卷，程式天下。是知其文實足與江陵相匹。俞桐川曰：「慶歷間，浙中有二黃，嘉禾黃葵陽、武林黃貞父並堪爲制義正宗，葵陽文矜貴警卓，詞意相稱」。〔註86〕鄭光策曰：「讀隆萬時文，由淡而濃，而其淡處愈有味，黃葵陽『君子和而不同』文，措語雖淡，而樹義却極精深，……言皆有物，不知者但以爲淡也。」〔註87〕

　　鄧以讚，字汝德，又字定宇，隆慶辛未會元、探花，諡文潔。其文融貫六經，深厚爾雅，步驟法律絲毫不亂，無一語書生氣，却無一語宦稿氣。評者云：「黃有意於奇，鄧無心於巧。」俞長城謂：「讀定宇傳，所學在於能養，……生平出處進退，皆以養勝。」〔註88〕

　　孫鑛，字文融，又字月峰，萬歷甲戌進士。王耘渠謂其所評經史古文逾萬，惟〈子張問十世〉章文，波瀾起伏，波勢雄奇，足徵所自，而他作多不稱此，反開軟熟法門。周以清曰：「孫月峰，高渾老到，善學西漢之文，其局法氣度，則逼眞鄧（以讚）黃（葵陽）矣，夫文至月峰，乃古今升降之關，講局講度于此始備。」〔註89〕

　　趙南星，字夢白，又字儕鶴，萬曆甲戌進士，諡忠毅。爲文矯異峭拔，高視闊步。俞桐川謂其賦性剛介，不能容物，悲時憫俗，惡佞嫉邪之旨盡發之於文。〔註90〕朱梅崖以其〈非其鬼而祭之，諂也〉文，最得聖人言表之意，文字淋漓噴薄，入神至極。方苞則稱其〈鄙夫可與事君〉文，可當時文史矣。

　　楊起元，字貞復，萬曆丁丑進士，諡文毅。俞桐川曰：

　　　　以禪入儒，自龍溪諸公始也，以禪入制義，自貞復先生始也。貞復
　　　　受業羅近溪，次近溪會語，故其文率多二氏之言。……，偶有妙悟
　　　　精潔之篇，則亦非人所及，故歸胡以雄博深厚稱大家，而貞復與相
　　　　頡頏，其得力處固不可沒也。公入侍經筵，崇志勤學，幾於醇儒，
　　　　扶喪哀毀，感寒成疾，近於篤行，其可議獨在文耳。然披沙得金，
　　　　鑿石成璞，寶光自著於宇宙。〔註91〕

〔註86〕見《可儀堂一百二十名家制義》卷二十六〈題黃貞文稿〉。
〔註87〕同註85，頁163。
〔註88〕同註86卷十七〈題鄧定宇稿〉。
〔註89〕見〈四書文源流考〉一文（收入《學海堂集》卷八）。
〔註90〕同註86卷十九〈題趙儕鶴稿〉。
〔註91〕見《可儀堂一百二十名家制義》卷二十〈題楊貞復稿〉。《制義叢話題名》歸

顧憲成，字叔時，又字涇陽，萬曆庚辰進士，諡端文。「著述炳於天壤，卓然儒者之言也。」其「文平正通達，不事詭異」。〔註92〕文氣沖雅清和，在廬陵與潁濱之間。清王夫之曰：「承嘉靖末蘇、曾氾濫之餘，當萬曆初俚調咿嚘之始，顧涇陽先生獨以博大宏通之才，豎大義，析微言，屹然嶽立，有制義以來，無可匹敵。」〔註93〕

李廷機，字爾張，又字九我，萬曆癸未會元、榜眼。陳百史謂其所為文，大者及於古，小者亦高出時體，立朝嚴毅，不可干以私。其文溫厚和平，有作者之風。《四勿齋隨筆》稱其文純從大處落墨，雖短篇而氣體寬博有餘。不知俞桐川《名家制義》何以逸之。〔註94〕

萬國欽，字二愚，萬曆癸未進士。其「文簡而又簡，一以當百，蓋輕捷如史公，凝鍊如班椽，慶歷名家中能自立門戶者，曾遺書張長史云：二十年來，文運卑靡，名公巨卿，矯以浩瀚，則又苦無繩尺；自今以後，當救浮滑以精深，返蔓延為簡鍊，如萬二愚者其選也。」〔註95〕

鄒德溥，字汝光，又字泗山，萬曆癸未進士。為文沖夷逸宕。與李晉江名位相伯仲，文亦相似，泗山文境尤高妙，故當時論文者必曰鄒、李，不曰李、鄒。〔註96〕

湯顯祖，字若士，又字義仍，萬曆癸未進士。為文「擇理精醇，出之名雋，以六朝之佳麗，寫五子之邃奧，自名一家」。〔註97〕以妍鍊擅場，文情閒逸，顧盼生姿，無事鉤章棘句，而題之層析，神氣畢現。其「父為大夫」八句題文，閻百詩以為足與傳注相輔而行。〈不有祝鮀之佞〉文，徐存菴以為後段「在朝廷而不佞，難以終寵；即儕黨之間不佞，不足以全其身。處怨敵而不佞，難以巧全；即骨肉之際不佞，不足以全其愛。」數語發揮末流情弊，痛快極矣，然以代聖言，恐失之過也，故知其時作風，與初期實大相逕庭矣。

葉修，字永溪，萬曆癸未進士。與鄒泗山、萬二愚、湯義仍齊名，時稱

　　　　　　入隆慶朝，不妥，今正。
〔註92〕同上註卷二十一〈題顧涇陽稿〉。
〔註93〕見宋佩韋《明文學史》第六章，頁235。
〔註94〕《制義叢話題名》歸入隆慶朝，不妥，今正。
〔註95〕同註91卷二十二〈題萬二愚稿〉。
〔註96〕見《制義叢話》卷五，頁135。
〔註97〕同註92〈題湯若士稿〉。

西江四雋。俞桐川曰：

> 余選萬曆癸未文，泗山以沖夷，二愚以簡古，義仍以名雋，至於理解精醇，機法綿密，則永溪爲最當。時稱西江四雋，缺一不可，知言哉！勝朝三百年，江右文風極盛，翰林多吉水，朝右滿江西，明初已誦之，及其季也，羅、陳、章、艾樹幟豫章，震動海內，晚村評其稿行世，然世知讀四家之文，未知讀四雋之文。四家人各爲科，四雋一榜並列，且面目各殊，有家無派，故明文莫盛於江西，而江西莫盛于癸未，亦制義中癸兵之會也。固城既評三家，獨疑永溪爲難識，余每一披讀，如入蘭室，如飲醴酒，久而自化，此豈可爲不知者道歟？〔註98〕

張壽朋，字冲龢，萬曆癸未進士。「制義搜抉微細，窮極窅渺，出入於《檀弓》而泯其迹，文章中曠境也。」〔註99〕

錢士鰲，字季梁，號存庵，萬曆丙戌進士。〔註100〕制義精實簡貴，有承先啓後之功焉，其文不愧成弘，爲丙戌之名家。

陶望齡，字周望，又字石簣，萬曆己丑會元、探花，謚文簡。王巳山謂其以奇矯得元。梁葆慶則以爲其爲文力求遒鍊，外枯而內膏，似淡而實美。力矯萬曆峭刻之習，然俗法俗調亦因此開矣。〔註101〕

董其昌，字元宰，又字思白，萬曆己丑進士，謚文敏。書畫名家，天分絕高，其文自是才人筆路。講賓主八法，自成一家，其文機調用事，開軟媚虛滑一路。方苞稱其爲文直接顯易，艾南英則以雄渾甌稱之。

郝敬，字楚望，又字仲輿，萬曆己丑進士。有實學，每遇一題，抉精神，窮要領，鑿鑿無所隱護，能言人所不能言，骨力筋節，絕不板滯。

吳墨，字因之，又字無障，萬曆壬辰會元。俞桐川謂其「作文不看時藝，不尋講章，咀味白文，移晷始成一篇。剪綵爲花，其花不肖；播種栽花，其花自生。其爲文似之，以火燭物，其燭有限；以鏡待物，其待無窮。其衡文似之。」〔註102〕文有二格，一以空奇，一以典重。

〔註98〕見《可儀堂一百二十名家制義》卷二十三〈題葉永溪稿〉。

〔註99〕同上註〈題張魯叟稿〉。

〔註100〕《制義叢話》及其卷末題名皆作「鼇」，且唯錄其字，餘均不錄，今依《明人傳記資料索引》及《明清進士題名碑錄索引》補正之。

〔註101〕見《制義叢話》卷六，頁171。

〔註102〕見《可儀堂一百二十名家制義》卷二十五〈題吳因之稿〉。

孫慎行，字聞斯，又字淇澳，萬曆乙未進士、探花，謚文介。「為文簡潔高古，上逼《左氏》，深得《春秋》之旨，不徒以其貌也。」〔註103〕

黃汝亨，字貞父，萬曆戊戌進士。俞桐川稱其與黃葵陽為萬曆間浙中二黃，並稱為制義正宗，其文精峭，意勝於詞，在葵陽之上。〔註104〕周以清更謂萬曆末年，或尚圓融，或尚詭異，唯貞父結構嚴密，有宏正名程之風，又濟以隆萬之神韻，質有其文矣。細看乃平淡之文字，而對偶中參差處令人不覺，故神明于成宏之法者貞父是也。〔註105〕

許獬，字子遜，又字鍾斗，萬曆辛丑會元。俞桐川曰：「古文之盡，莫如永叔，時文之盡，莫如鍾斗。……，惟善用盡者，足以持之，永叔之文盡矣，而骨力峭拔，風度委折，使人不覺其盡。鍾斗之文亦盡，而遒鍊古腴，人又不厭其盡也。鍾斗其時文中之永叔乎？」〔註106〕蓋其文老鍊而近俗，亦間有氣骨清真，平淡中自得變化者。

張以誠，字君一，萬曆辛丑會元。俞桐川稱其「去奇就平，舍濃即淡，有包括群才之度，……陶石簣曰闢徑開畦，人推鍾斗，若氣淳矩正，上紹成宏，君一之功居多。」〔註107〕

劉宗周，字起東，又字念臺，萬曆二十九年辛丑進士，謚忠介。正氣嫉邪，孤忠自許，去就毅然，所作〈柳下惠為士師〉節文，實乃自況之辭，可見其剛方之概。〔註108〕

魏光國，字士為，萬曆庚戌進士。王錫齡謂其〈公曰告夫三子者〉一文，追寫逼真，當使哀公色赧，又當泣下。中後數比，口角尤為逼真。〔註109〕

以上二人，俞錄皆未收。

方應祥，字孟旋，萬曆丙辰會元。俞桐川曰：

> 忠臣之文多發越，孝子之文多深沈。每讀方孟旋制義，幽奧堅古，刻之始露，質而彌文，殆有至性存焉。考其生平，少孤養母，久困場屋，比得一第，其年已晚，猶陳情籲請，哀毀致喪，是終其身皆

〔註103〕同上註卷二十六〈題孫淇澳稿〉。
〔註104〕同註102〈題黃貞父稿〉。
〔註105〕見周以清〈四書文源流考〉，頁36。
〔註106〕同註102卷二十七〈題許鍾斗稿〉。
〔註107〕同註102〈題張君一稿〉。
〔註108〕見《制義叢話》卷七，頁207～208。
〔註109〕同上註，頁169。

孝親之日，……宜其文之深沈而可誦也」。〔註110〕

顧錫疇，字九疇，又字瑞屏，萬曆己未進士。其「文清而善入，婉而多風。……，文有二體，爲諸生時，其文容雅；爲翰林時，其文簡鍊，皆可名家，而後者尤至矣。」〔註111〕

王士驌，字房仲。其學出自董宗伯，宗伯之文豐潤秀逸，其體圓；房仲之文峭拔矜厲，其體方。〔註112〕

李若愚，字愚公，萬曆己未進士。《四勿齋隨筆》謂其制義說得精神賅括，可作座右銘。俞錄未收。

以上所列爲明代中期八股文家數。於初期、中期之際之文風沿革，論者頗多，其論成宏以來之文，條理簡括，莫過於鄭灝若。其言曰：

> 溯自成化文體大備，而後顧東江（清）以高峻稱，李崆峒（夢陽）以峭潔稱，唐子畏（寅）以方正稱，羅迂岡（文敍）以簡貴稱，王陽明（守仁）以醇茂稱，顧文康（鼎臣）以端嚴稱，楊升庵（慎）以光茫稱，舒國裳（芬）以氣節稱，汪青湖（應軫）以宏大簡，季彭山（本）以精謹稱，崔東洲（桐）以堅潔稱，羅念菴（洪先）以深遠稱，諸理齋（燮）以淡雋稱，嵇川南（世臣）以老辣稱，海剛峰（瑞）以光怪稱，莫不分道揚鑣，各森壁壘。及乎嘉靖之季，此道寢衰，古法蕩析。於是，茅鹿門（坤）以其名貴，王方麓（樵）以其精采，周萊峰（思兼）以其瀟灑，陶樸庵（澤）以其道鍊，王荊石（錫爵）以其廓大，許敬庵（孚遠）以其茂暢，相與維持之，猶未能復振也，自震川（歸有光）崛起，力挽頹風，使天下人復見宋人經義之舊，厥功茂焉。世以中興目之，豈膚言哉？〔註113〕

其論隆萬之文則曰：

> 隆慶之時，江陵柄國，葵陽（黃洪憲）定宇（鄧以讚），素所受知。辛未之試，抑葵陽而元定宇，又復刊其行卷，程式天下，抑何謂也？是科之後，文歸正雅。乃至萬曆一變而爲凌駕，再變而爲蕪穢。狂瀾既倒，是所望於大力者，其間如孫月峰（鑛）之安適，趙儕鶴（南星）之矯異，馮具區（夢禎）之恬靜，非不矯矯出群，

<hr>

〔註110〕見《可儀堂一百二十名家制義》卷二十八〈題方孟旋稿〉。
〔註111〕同上註卷二十九〈題顧瑞屏稿〉。
〔註112〕同上註〈題王房仲稿〉。
〔註113〕見鄭灝若〈四書文源流考〉，頁5～6（收入阮元《學海堂集》卷八）。

而西江一榜同列之，鄒泗山（德溥）以冲夷勝，萬二愚（國欽）
以簡括勝，湯若士（顯祖）以名雋勝，葉永谿（修）以精醇勝，
究亦不能為中流之砥柱，吁！可惜已！太倉主試，深厭平易，力
求峭刻之文，又適當丙戌風氣升降之會，錢季梁（士鰲）因之獲
雋。故俞長城曰：「季梁于地為歧路，于天為閏統。」舉斯言也，
可以窺一時風氣所尚矣。及石簣（陶望齡）矯其時習，于是尚凌
駕者，衍其法便成俗法；尚斷削者，衍其調便成俗調。雖有董思
白（其昌），郝楚望（敬），吳因之（默），顧開雍（天埈），孫淇
澳（慎行），黃貞父（汝亨），許鍾斗（獬），張君一（以誠），方
孟旋（應祥），顧瑞屏（錫疇），石季常（有恆），王房仲（士騏）
輩，或主高簡，或主警卓，或主峭削，或主振拔，或主淳厚，或
主幽奧，或主簡鍊，或主古腴；皆不足以駐峻坡之馬，其亦世運
使之然也。〔註114〕

此皆析而言之，若夫焦循則以正變之說論之曰：

大抵化治正嘉為「正」，而隆萬啟禎為「變」；「正」者不過注疏講義
之支流，「變」者乃成知言論之淵海。此猶詩至李、杜、韓、白，詞
至蘇、辛也。變之極，不無奇濫，則矯以復正，然體愈純而愈窘，
遂復為注疏講義之附庸矣。〔註115〕

由是言之，八股文至成宏而體備，至正嘉而登峰造極矣。至於隆萬以後，以
其兼講機法，務為靈變，雖巧思有加，而氣體已苶然矣。

（三）末　期

梁章鉅對中期及末期之劃分頗不一致，今依其題名所錄參照他家之分
期，將天啟與崇禎劃為末期，以利斷代研究。鄭灝若曰：

天崇之間，文體敗壞已極，一時轉移風氣，豫章諸君之力居多：陳
大士（際泰）文最奇橫，如蘇海韓潮。章大力幽深勁鷙，如龍蟠蛟
起。羅文止（萬藻）清澈澹遠，如疎雨微雲。楊維節（以任）纏綿
精采，如劍氣珠光。至于千子則所謂公輸運斤，指揮如意；師曠辨
音，纖維必審者也。他如曹峨雪（勳）、黎博菴（元寬）、陳素菴（之
遴）、包宜墅（爾庚）、徐思曠（方廣）、錢吉士（禧）諸家，皆能上

〔註114〕見鄭灝若〈四書文源流考〉，頁113。
〔註115〕見盧前《八股文小史》，頁39。

接王（鏊）歸（有光）之法，不媿名家大家之目。若夫文湛持（震
孟）、黃石齋（道周）、凌茗柯（義渠）、金正希（聲）、楊維斗（廷
樞）、左蘿石（懋第）、陳大樽（子龍）、黃陶菴（淳耀）諸君子，皆
見危授命，大節凜然，其人固已炳耀千秋，宜其文之卓越一代也。
大抵天啓之文深入而失于太苦；崇禎（「禎」原文作「正」，今正）
之文暢發而失于太浮。〔註116〕

此期文風雖漸趨腐爛，然於理氣之強度，及思想之深度上，實較前期爲佳。
故方苞于《欽定四書文》凡例中云：

至啓禎名家之傑特者，其思力所造，途徑所開，或爲前輩所不能到。

〔註117〕

茲就《制義叢話》所錄，分敘於下：

章世純，字大力，天啓辛酉舉人。俞桐川謂：「大力文幽深沈鷙，一溪一
壑，皆藏蛟龍，不崇朝而雲雨天下」。〔註118〕韓掄衡亦曰：「章大力文，人皆
服其筆之刻，吾獨服其理之深，如『君娶於吳爲同姓』二句文，非參天人之
秘蘊，具制作之精心者，不得道其隻字。」並許爲有功世道之文。仇滄柱且
以爲制義以來未曾經見也。陳大士則評云：「上下千古以盡其理，出入題中以
究其精」。〔註119〕要之，其文雋傑廉悍，於理題文能自出精意以相發明，不直
用儒先語以詁之，故能高步一時，人莫之踰矣。

黃道周，字幼元，一字螭若，又字石齋，天啓壬戌進士，謚忠端。「大節
千古，文字其餘也，詩傳，古文傳，又其餘也。所刻《駢枝集》，唾棄勿屑，
至與鄭庶常相對噱笑，先生若不欲以時文傳也。然即以時文論，骯髒崛強，
不顧世俗，此豈從來制義之所有哉？」〔註120〕

文震孟，字文起，又字湛持，天啓壬戌狀元，謚文肅。俞桐川曰：

明自嘉隆以後，殿元鮮得其人，熹廟改元，廷臣思獲，國士咸推湛
持，榜發，中外稱慶。夫身爲諸生而名震朝野，可見當時士大夫尚
留心人物，而方正峻潔之士，不至終遭擯棄……讀所著制義，激
昂感憤，有澄清天下之志，率擠于鄙夫，猷不得展，媢嫉之臣，惡

〔註116〕見鄭灝若〈四書文源流考〉，頁6～7。
〔註117〕見《欽定四書文凡例一》。
〔註118〕見《可儀堂一百二十名家制義》卷三十〈題章大力稿〉。
〔註119〕以上所引並見《制義叢話》卷六，頁177～179。
〔註120〕見盧前《八股文人史》頁47。

可與同中國哉？〔註121〕

可知其文字當是陶石簣一派，其奇峰突出，浩氣孤行，則爲文山之手筆也。其〈夫子至于是邦也必聞其政〉一文，張惕菴以爲說得透徹之極。

艾南英，字千子，天啓甲子舉人。《明史・文苑傳》云：「艾南英，字千子，東鄉人，七歲作〈竹林七賢論〉，長爲諸生，好學，無所不窺。萬曆末，場屋文腐爛，南英深疾之，與同郡章世純、羅萬藻、陳際泰，以興起斯文爲任，乃刻四人所作行之世，世人翕然歸之，稱爲章、羅、陳、艾。」〔註122〕俞桐川曰：

艾東鄉少負異才，倡其同志四大家稿，名動海內，而樸質堅辣，三家莫及。定待諸書，大綱既舉，眾目具張，黜富強而歸於王，辨禪墨而宗于聖，究周秦議論之失，斥漢唐訓詁之浮，如公輸運斤，指揮如意；師曠辨音，纖微必審。蓋精嚴如錢吉士猶遜一籌，而況霍林、求仲之倫乎？遭時喪亂，跋履間關，同時名士，狼籍載路，而公獨視死如歸，遊說萬端，終莫之屈，孔子所云：「篤信好學，守死善道。」東鄉不愧其言矣。〔註123〕

故知其識必有出于數百年之人之上者，始能精于裁鑒也。其應試文自序嘗云：

予七試七挫，改弦易轍，智盡能索。始則爲秦漢子史之文，而闈中又目之爲老。……近則雖以《公》、《穀》、《孝經》、韓、歐、蘇、曾大家之句，而房師亦不知其爲何語。每一試已，則登賢書者雖空疏庸腐，稚拙鄙陋，猶得與郡縣有司分庭抗禮，而予以積學二十餘年，制義自鶴灘、守溪，下至弘正嘉隆大家，無所不究；書自六籍子史，濂、洛、關、閩，百家眾說，陰陽兵律，山經地志，浮屠老子之文章，無所不習。〔註124〕

可見其文無一語不原本經傳。俞桐川〈題包宜壑稿〉又云，「東鄉主理學」，「東鄉主秦漢」。王巳山亦云：「天啓甲子科，艾東鄉先生誠中流一砥柱也。……清剛之氣，游行自在，在萬曆末造，實有救纖醫俗之功，不可沒也。」〔註125〕

〔註121〕見《可儀堂一百二十名家制義》卷三十〈題文湛持稿〉。
〔註122〕見《明史》卷二八八（藝文印書館）。
〔註123〕同註121卷三十一〈題艾千子稿〉。
〔註124〕見《制義叢話》卷六，頁190。
〔註125〕見《制義叢話》卷六，頁184。

—73—

何楷，字元子，天啓乙丑進士。《四勿齋隨筆》云：

> 吾鄉何元子，有《古周易訂詁》，人皆知其經學之深，而不知其制義
> 之工亦一時勁手。中天啓五年進士，錢吉士曰：「子丑間，文艷絕一
> 時，今隕已久矣，惟元子之蒼堅至今未凋也。」可想其概矣。〔註126〕

梁章鉅謂其天啓甲子，順天墨藝〈自天子以至於庶人〉兩句題，後二比純是
經籍之光，而不改其堅蒼之度。第三藝〈周雖舊邦至謂也〉一文，錯綜周事，
杳渺離奇，尤足爲藝林矩矱。〔註127〕

項煜，字仲昭，又字水心，天啓乙丑進士。其文爽利有餘，而蘊藉不足。

凌義渠，字峻甫，又字茗柯，天啓乙丑進士。俞桐川謂讀其文「情辭俳
惻，發乎不自已之衷」。〔註128〕何太旉謂其〈禮之用和爲貴〉一文，雖大士、
正希猶且合手讓能，何況餘子。且謂其文實劉克猷所自出。鄭光策謂讀其〈句
踐事吳〉文，可以開拓心胸，其後二比更獨出以沈鬱悲涼，淋漓激切，俞桐
川所謂絕似唐人弔古詩也。〔註129〕

金聲，字正希，崇禎戊辰進士，諡文毅。俞桐川曰：

> 懷宗初服，國是漸非，文亦不振，金正希崛起爲雄，力追古初，爲
> 文幽深矯拔，爲啓禎之冠，身爲儒臣，慷慨論列，既已告歸，復感
> 憤殉國，文章最高，忠義最烈，可謂無憾者矣。〔註130〕

故知其節文並傳。如其〈德行顏淵〉一節文，最爲膾炙人口，然其中比「道
大莫能容，所欲殺者夫子，而于諸賢無忌也，設諸賢非從夫子遊，挾其德行、
言語、政事、文學，以博取人間富與貴，與一切功名才望，固自易易，何困
阨若斯也！而諸賢不願也。聖人無阨地，所自信者天命，而人心則不敢必也；
設諸賢但以從夫子之故，奉其德行、言語、政事、文學，以投凶暴之一燼。
而師弟朋友，無一存者，固事理之常，亦無可如何也，而諸賢不懼也。」李
厚菴以爲義實浮淺，以擬諸賢，非倫也。而方苞以爲《史記》之文，顯悖于
道者多矣，而嗚咽淋漓，至今不廢也，故亦不以擬諸賢而少之。〔註131〕

羅萬藻，字文止，天啓丁卯舉人，崇禎元年戊辰進士。〔註132〕自來論羅

〔註126〕同上註卷七，頁199～200。
〔註127〕同註126，頁200。
〔註128〕同註126，頁195。
〔註129〕同註126，頁196～197。
〔註130〕見《可儀堂一百二十名家制義》卷三十三〈題金正希稿〉。
〔註131〕見《八股文小史》第四章隆萬以後之作風，頁50～51。
〔註132〕按羅氏未成進士。詳見本論文附錄《制義叢話題名正補》。

萬藻文，以文盛堂全稿本前所記爲最當，其言曰：

> 竊聞四公之爲人也，陳曠朗而傲疏，章豪岩而鍥刻，艾則剛正簡直
> 而不能容物，惟羅沈靜澹易，獨無矜競之風，此四公之人品，即四
> 公之文品也。四公生平契密，然陳、章皆爲南中聲氣所構，致隕末
> 于東鄉，而羅獨嶷然始終無少聞，此又以文品驗人品。信曠朗豪宕
> 者易搖，而沈靜澹易者難動也。〔註133〕

俞桐川以爲豫章諸家，文盡難識，而文止更清微澹遠，乃美之尤者也。〔註134〕

黎元寬，字左巖，一字博菴〔註135〕，崇禎戊辰進士。俞桐川謂其人坦率和
易，善詼諧，有容人之量，當萬曆之末，文體靡穢，佛經語錄，盡入於文，先
生以史漢大家倡之，進于六經，然後浙人翩然群思學古，忌者中公，奪官之日，
諸生遮道請留。道備尊親，學兼文質，彬彬乎與薛方山媲美矣。〔註136〕

曹勳，字允大，又字峩雪，崇禎戊辰會元。俞桐川謂其：

> 奮起明末，振萬曆、天啟腐爛蕪穢之習，而入之妙悟，出之風雅。
> 輔嗣之名理，右軍之文章，兼擅其勝，雖欲不傳，其可得乎？甲辰
> 以來四十年間，會元無可錄者，李太青學先輩而枯，陳百史摹大家
> 而浮，斟酌古今，調和文質，必推峩雪矣。〔註137〕

史可法，字憲之，又字道鄰，崇禎戊辰進士。其文上接王、歸之法，精
確朴茂，得西漢之神。梁上國《芝音閣雜著》云：

> 千古之奇文，必待千古之奇人發之，誠係其人之胸襟本領，非尋行
> 數墨所可幾也，即如〈若聖與仁〉章，作者但能肖聖賢之心，善言
> 學問之意足矣。而史道鄰閣部，獨出手眼，鑿鑿言之，不謂之奇人
> 奇文不得也。〔註138〕

徐存菴評其義理精確，聲調氣味，骨性筆路，無一不似黃石齋也。〔註139〕

楊廷樞，字維斗，崇禎庚午解元。俞桐川謂其爲文直追守溪，唐瞿以下

〔註133〕同註131，頁52。
〔註134〕見《可儀堂一百二十名家制義》卷三十二〈題羅文止稿〉。
〔註135〕《制義叢話題名》於其「字」及「籍貫」均付闕如，今依《中國人名大辭典》
　　　　補爲「字左巖，一字博庵，南昌人。」
〔註136〕同註134〈題黎博菴稿〉。
〔註137〕同註134〈題曹峩雪稿〉。
〔註138〕見《可儀堂一百二十名家制義》卷三十二，頁241。
〔註139〕見《制義叢話》卷七，頁243。

蔑如也。偕錢吉士選《同文錄》，一代風氣皆其論定。〔註 140〕陳廷訓以為其〈學而時習之〉文，實抉經之心，卻又清空如話，幽討極至，真當與大士、文止割劇三分。〔註 141〕

左懋第，字蘿石。俞桐川謂其文出之性靈，本之經術，鬱為堅光，抒為秀采，文至是，不問其節亦傳。〔註 142〕

楊以任，字維節，崇禎辛未進士。俞桐川嘗評其文曰：「蓋大力，大士以氣勝，氣久則衰。維節以情勝。情久則固。三人交誼已見於文，余觀維節全稿，纏綿切摯，君臣父子間三致意焉」。〔註 143〕其幽深峭拔之文，純似正希。

陳際泰，字大士，崇禎甲戌進士。《明史·文苑傳》云：

> 陳際泰，字大士，臨川人，父流寓汀州武平，生於其地，家貧，不能從師，又無書，時取旁舍兒書，屏人竊誦，從外兄所獲《書經》，四角已漫滅，且無句讀，自以意識別之，遂通其義。十歲，於外家藥籠中見《詩經》，取而疾走，父見之，怒，督往田，則攜至田所，踞高阜而哦，遂畢生不忘。久之，返臨川，與艾南英輩以時文名天下。其為文敏甚，一日可二三十首，先後所作至萬首，經生舉業之富，無若際泰者。崇禎三年舉于鄉，又四年成進士，則年六十有八矣。〔註 144〕

俞桐川亦謂：

> 陳大士產於貧家，常借鄰人書讀之，不受師傳，卒成大家，其學無所承藉，……質甚奇。日構數十藝，作文盈萬，才甚捷。變通先輩，自為面目，法甚高。為諸生時，所作文徧天下，士大夫皆願與交，名甚震。此宜速得志於天下矣，乃老師而始遇。〔註 145〕

其才思敏練，人有以疑義質之者，輒口占以示，即未成章，或二股，或四股，每多精義，後遂集為《四書讀》。稿中一題數義者甚多，如《孟子》〈充類至義盡也〉，文凡五篇，一氣銜接，意境如轆轤之相引，家蒙林以此為直接賈誼《過秦》三論，柳宗元〈西山〉八記，分之則一篇自為首尾，合之則數篇自

〔註 140〕同註 138 卷三十四〈題楊維斗稿〉。
〔註 141〕同註 135，頁 209。
〔註 142〕同註 138〈題左蘿石稿〉。
〔註 143〕同註 138 卷三十四〈題楊維節稿〉。
〔註 144〕見《明史》卷二八八，〈列傳〉一七六。
〔註 145〕同註 138 卷三十五〈題陳大士稿〉。

為首尾。時文之快且多，無如際泰者，故爾字句間有不修飾處，而真氣鼓盪。
〔註146〕《搜玉集》云：

> 陳大士子孝威，孝逸並有文采，庚子隨父應邑令張采決科，半日各
> 得七義，采貽書張溥，擊賞之，刻大士臨場新藝，以孝威兄弟半日
> 七義附焉。〔註147〕

李青，字太青，又字竹君，崇禎甲戌會元。為項煜所拔。有〈古之欲明
明德於天下〉節文，極為陳百史所賞異，謂文至此，可為千萬人共見，在會
元中亦不讓石簀矣，真名元手筆。〔註148〕

陳子龍，字大樽，又字臥子，崇禎丁丑進士。俞桐川謂：

> 幾社名士首推大樽，大樽天才迅發，好上下古今，切合時務，而
> 敷以藻艷。《國風》好色，《小雅》怨誹，可謂兼之。艾東鄉至雲
> 間，抗顏南面，大樽以少年與之爭。艾主理學，陳主議論；艾主
> 秦漢，陳主晉魏，互持不下，至於攘臂。〔註149〕

徐存菴評臥子之文，以深於先秦兩漢，其為氣也雄健實勝，〈伐柯〉一節題文，
清腴雋永。溫恂孺以釋氏〈桃花〉，莊生〈秋水〉喻其妙諦。存菴仍謂其畢竟
是雄健本色。〔註150〕其文清奇冷雋，摹宋人經義之作，尤崇禎所罕觀。

包爾庚，字長明，崇禎丁丑進士。於幾社七子中最平實。幾社七子好讀
《文選》，多用駢儷，惟宜墾有峭拔之筆，搖曳之致，故韓慕廬極賞之。

黃淳耀，初名金耀，字松厓，又字蘊生，又號陶菴，崇禎癸未進士。俞
桐川稱其文章皆本經義，發於至情，體於實踐，故身名並烈。為文原本六經，
一出以典雅。〔註151〕王耘渠更以其文為直接史漢以來文章之正統。方苞曰：
「黃蘊生文較金、陳、章、羅氣質略粗，而指事類情，肝膽呈露，精神自不
可磨滅。」又曰：「金黃二家之文，言及世道人心，便能使讀者義理之心勃
然而生，故知言者心之聲，不可以偽為也。如〈見義〉篇尤卓鍊。」淳耀致
命遂志，與陳夏諸公同，而平日立品尤過之也。〔註152〕

〔註146〕見《制義叢話》卷七，頁228。
〔註147〕同上註，頁235。
〔註148〕同註146，頁210。
〔註149〕見《可儀堂一百二十名家制義》卷三十六〈題陳大樽稿〉。
〔註150〕同註146，頁220～221。
〔註151〕同註149卷三十七〈題黃陶菴稿〉。
〔註152〕並見《制義叢話》卷七，頁211～212。

王自超，字茂遠，又字柳潭，崇禎癸未進士。文人但賞其才氣橫溢，而不知其清夷澹折處最足移人。雖熊鍾陵亦不免襲用其語，方苞選《十家文矩》亦不遺之。自金壇之派行，而柳潭之燄始衰。〔註153〕

徐方廣，字思曠，崇禎間諸生。俞桐川稱其制義，采不奪目，聲不震耳，誦之如含雪咀梅，寒香之氣沁入心脾。艾東鄉深賞之。王耕渠云：「徐思曠文，以靈雋勝人，或謂在正希、大士之上，然精能之至反造疏淡，實有金陳所未詣及者。」其文可謂自樹一幟，惜渾灝雄邁往往不足。〔註154〕

周鍾，字介生，崇禎年癸未進士。吳懋政謂其氣體闊大，而骨力甚平，後來庸熟墨卷，濫觴於此。〔註155〕

邱義，字明大，崇禎末諸生。易代後，不就試，其父詰之。對曰：「世代既變，人心亦變，即文字亦變。以前文應今試，徒取黜辱，無益！」父曰：「不必言遇合，但功令嚴耳。」乃就試，題為〈之其所哀矜而辟焉〉義振筆疾書，以抒黍離之恫。督學閱度，以其怨恫憤盈，溢於紙墨，予以除名免責。榜揭而諸生譁然，取原卷爭相傳寫，一時紙貴，可知人心不死，情到真處，無不感孚也！〔註156〕

錢禧，字吉士。為文直取王（鏊）之法，取唐（順之）之品，取歸（有光）之氣而集其成。與艾南英共選同文錄，稱選家之最。

以上所論，為有明八股家數之沿革。各期各家風格成就雖異，要之，皆以精華果銳之力為之。前有王唐錢薛諸歸，中有胡王陶董，後有金陳章羅黃艾諸家，皆一代之典型，制義之正軌也。

三、清　代

朱琇曰：

> 唐宋以詩賦取士，似專尚浮藻，然名卿往往出其中。有明改用制義，則託體甚高，盛衰升降，前人已言之。逮本朝初，屏除天崇險詭之習，而出以雄渾博大，蔚然見開國規模，如熊次侯、劉克猷，張素存其最著也。康熙後，益軌於正，而李厚菴、韓慕廬為之宗。尋桐城二方相與輔翼，以古文為時文，允稱極則。外若金壇王氏；宜興

〔註153〕同上註，頁236～237。
〔註154〕見《可儀堂一百二十名家制義》卷三十六，頁243～244。
〔註155〕同上註，頁248。
〔註156〕同註152，頁254。

儲氏並堪驂靳焉。雍正乾隆間，墨藝喜排偶而魄力芒厚，頗難猝辨。擇其醇者，即獨出冠時。至嘉慶當路，諸臣研覃典籍，士子競援僻簡，以希弋獲。近稍厭棄，又未免漸趨萎弱，蓋二百年來，文之遷變，大概在斯。〔註157〕

其實八股文發展至明末，已臻無施不可之境，在技巧上殆蔑以加矣。入清以後，文章雖不足以超越前明，而在義理上實有進步；其演爲考證之學，啓樸學之風，訖乾隆朝之中葉而大振。蓋所求者在於經，八股文與之同也。舉國之人皆以窮經爲制藝，則不復效明代之以新奇耀試官之目；而影響於學術者甚深。及其後，禁學者之博覽，以朱註爲之準繩，其風始漸殺。以是就八股文體言之，明人已造其峰極，而以內容關繫學術者，則清人之八股文然也。以下分爲順治、雍乾、乾嘉三期加以敘述：

（一）順治期

清初之制義以深醇蒼勁爲其特色，爰述如下：

顧炎武，初名絳，字寧人，又字亭林，順治初諸生。亭林深於史學，何焯謂其時文逼眞錢福殿撰也。《日知錄》引陳后山《談叢》，言荆公經義行，舉子專誦王氏章句，而不解經義。荆公悔之曰：

> 本欲變學究爲秀才，不謂變秀才爲學究也。豈知數百年之後並學究而非其本質，此法不變則人才日至於消耗，中國日至於衰弱，而五帝三王之天下將不知其所終。〔註158〕

亭林非不工時文者，工時文而痛詆時文若此，彼蓋疾夫藉聖賢之言，爲梯榮釣寵之術，轉相摹倣，愈趨愈下，遂發此過激之論耳。

賀應旌，順治乙酉舉人。其順天闈墨實以精氣，緯以英思，深醇蒼勁，渾然開國規模，故常被錄爲開國首篇。

劉思敬，字覺岸。俞桐川錄百二十家文，將其冠於熊（伯龍）劉（子壯）之前，謂覺岸文幽深峭拔，自開生面，似不在鍾陵以下。並以爲其文深不至于苦，暢不至於浮，甚得啓禎之精也。〔註159〕

李之芳，字鄰園，順治丁亥進士，謚文襄。王漁洋稱其忠勇智三者兼備，爲文意義深厚，詞采精卓，具有大識力，乃命世之奇才也。惜文多不傳，雖

〔註157〕見《制義叢話·朱琦序》。
〔註158〕見《原抄本日知錄》卷十九「經義論策」條。
〔註159〕見《可儀堂一百二十名家制義》卷三十九〈題劉覺岸稿〉。

「百姓有過」二句文存《嶺雲編》中耳。〔註160〕

劉子壯，字克猷，順治己丑狀元。其文融貫六經，而更長於論古。〔註161〕張惕菴謂其文雄俊似賈長沙。以其古博縱橫，更可收前代之終。不特此也，其對策一篇，開國規模議論鑿然，論者以為清代開國有數文字。惜天不永年，著作罕傳。〔註162〕

熊伯龍，字次侯，又字鍾陵，順治己丑榜眼。其時文簡老蒼茂，開有清之始，張惕菴謂其文寬博似董江都。當其主試兩浙、督學京師時，取錢（禧）艾（南英）諸選發揚鼓勵，理法兼具，以掃明季文體蕪穢之風。夫楚地江漢會同，雄風甲天下，鍾陵之功厥偉焉。〔註163〕

王庭，字言遠，又字邁人，順治己丑進士。為文峭刻奇拔，遠於流俗，又好浮屠之說，故文亦深于黃老，句句實語妙諦，文境幽峭。〔註164〕

王廣心，字伊人，又字農山，順治己丑進士。年十八應府試，以「上下與天地同流」題文冠其軍，其驚才絕艷早發如此。傳稿瑰奇古艷，幾社流風至是而極。沈歸愚謂其經義雕鏤襞積，特為駢體，而韵語疏暢條達，不以律拘，賢者固不可測然。〔註165〕

范承謀，字覲公，又字螺山，順治壬辰進士，諡忠貞。為福建總督，殉耿逆之難，大節與常山、文山諸公比烈，而制義亦精詣入神，極似李文貞。其潔淨精微處，即成宏、正嘉名手，亦無以尚之。〔註166〕

張永祺，字爾成，順治壬辰進士。俞桐川曰：「國初自己丑以來，返樸還淳。至於壬辰，名家林立，然尚標新領異，出奇制勝；獨張爾成力追正嘉，歸於醇雅。五十年來，文體不致潰裂，則爾成之力居多。」〔註167〕

李來泰，字仲章，又字石臺，順治壬辰進士、俞長城曰：

> 以經為經，以史為史，吾聞之矣；以經為史，以史為經，制義中未
> 之見也。……，至於制義，於經明著其理，於史暗徵其事；大士、
> 陶菴諸公皆然。蓋未有經史合一者，惟李石臺先生，熟於六經而運

〔註160〕見《制義叢話》卷九，頁304。
〔註161〕見《可儀堂一百二十名家制義》卷三十九〈題劉克猷稿〉。
〔註162〕同註160卷八，頁260～264。
〔註163〕同註161卷四十〈題熊鍾陵稿〉。
〔註164〕同註163〈題王邁人稿〉。
〔註165〕同註160卷八，頁268。
〔註166〕同註160卷九，頁302～303。
〔註167〕同註161卷四十一〈題張爾成稿〉。

以史識，故闢畦開徑，微顯闡幽，令讀者驚魂盪魄；吾所謂以經爲
史，以史爲經者，於先生見之。〔註168〕

湯斌，字孔伯，又字潛菴，又字荊峴，順治壬辰進士。康熙己未詞科，
諡文正。文學德行並稱於時，洊登九列，學術政績爲海內所宗。制義落落不
群，俯仰古今，深究天人之理，正氣凜然。據云其〈見善如不及〉章文，可
袪時疫。〔註169〕

宋德宜，字右之，順治乙未進士，諡文恪。其文高華矜貴，非人所及。
極爲金之俊總裁所賞，許爲衣鉢之傳人也。

王士禎，字貽上，又字阮亭，順治乙未進士，諡文簡。乃以詩名而不以
時文名，然其時文之名貴，實與詩同；湛深經學，又精於時文之法，是以爲
文安閒古雅。

陸燦，本姓錢，字湘靈，又字圓沙，順治丁酉舉人，有《錢湘靈稿》。其
人得南華奇變之美，與楞嚴妙悟之美；原本於經史，折衷於程朱，是以淡宕
而神不薄，高古而膚不盈。〔註170〕可見八股文之作者亦必沈浸古籍而後始有
可觀，徒揣摩墨卷不爲功也。

熊賜履，字敬存，又字青岳，順治戊戌進士，東閣大學士，諡文端。康
熙初年，首劾內大臣鼇拜輔政自專情狀，鼇拜伏辜，因進講宏德殿，上述道
德，下道民隱，無不竭盡表裏。官侍郎時，又上萬言疏，所敷陳者皆二帝三
王之道，深蒙嘉納。〔註171〕

陳廷敬，字說嚴，又字子端，又稱午亭，順治戊戌進士，文淵閣大學士
諡文貞。其《午亭文編》風行海內，其制義不多見。爲文要言不煩，見解議
論皆爲他人所不及，頗似萬曆陶望齡之風。〔註172〕

葉方藹，字子吉，順治己亥進士，探花，諡文敏。梁贊圖稱其「子在川
上曰」節文，全就學者體道之功，指點親切。如云：「逝者川也，所以逝者道
也，川無時不與道爲體，而日著坎止之恒；人無時不與道爲用，而反昧日強
之業」實爲精理名言。〔註173〕

〔註168〕見《可儀堂一百二十名家制義》卷四十〈題李石臺稿〉。
〔註169〕見《制義叢話》卷九，頁320～322。
〔註170〕同註169卷八，頁276～277引《可儀堂一百二十名家制義》卷四十二〈題陸
　　　　圓沙稿〉。
〔註171〕同註169，頁322～323。
〔註172〕同註169，頁310。
〔註173〕見《制義叢話》卷九，頁311。

馬世俊，字章民，又字甸臣，順治庚子進士〔註174〕、狀元。阮吾山曰：

> 龔芝麓尚書宏獎風流，喜延致海內知名士，歲暮各贈炭資。馬甸臣
> （世俊）下第時，無以卒歲，袖文謁公，公讀〈而謂賢者爲之乎〉
> 篇：「數亡主於馬齒之前，遇興王於牛口之下；河山方以賄終，功名
> 復以賄始」等句，淚涔涔下，曰：「李嶠眞才子也。」贈金八百，並
> 延譽之，明年辛丑，遂中狀元。〔註175〕

此乃文壇之佳話已！

張玉書，字素存，順治辛丑進士，諡文貞。俞桐川謂其「夾輔盛朝，平
章天下，文與福兼」，乃古人未之能及也。其制義切實正大，爾雅溫醇，純儒
氣象與經國規模，兼而有之。〔註176〕

魏象樞，字環極，順治進士，諡敏果。骨鯁敢言，知人善任，行事穩當，
事上以誠，制義簡切開朗，言之有物。〔註177〕

（二）康雍期

《四勿齋隨筆》嘗言康熙庚戌以前，時文陋劣，以油滑相尙，可不學而
能，故廢八股，而改以論策取士。至（八年）己酉，以士人漸知實學，乃復
試制義，厥後文運大興。爰述其概如下：

顏光敏，字遜甫，又字脩來，又字學仙，康熙丁未進士。俞桐川謂其肆
力于制義，經經緯史，升天入淵，每搆一藝，期於驚世震俗。林暢園謂其素
不解看時文，所爲文皆苦心經營，得自創造，不從誦讀來。〔註178〕

張英，字敦復，康熙丁未進士，諡文端。涵養精純，故爲文字字精實，
看似平易，實則精深，公誠之心，溢於翰墨，即老手亦不能及。張惕庵曰：

> 桐城張文端公，〈愛之能勿勞乎〉二句文云：「優容而家有象賢，廣
> 歌而朝無闕政；此亦天下不能數覯之遇，初不欲爲人父、爲人臣者，

〔註174〕當爲順治十八年辛丑進士。詳見本論文《制義叢話題名正補》。

〔註175〕見《制義叢話》卷八，頁276。

〔註176〕同註175，頁318引，《可儀堂一百二十名家制義》卷四十三〈題張素存
　　　　稿〉。

〔註177〕同註175，頁316～317。《中國人名大辭典》，頁174。魏象樞，蔚州人，字
　　　　環極，順治進士，官至刑部尚書，以病乞休，卒諡敏果。……爲清初直臣之
　　　　冠，聖祖賜額曰寒松堂，遂自號寒松老人。有《儒宗錄》，《知言錄》，《寒松
　　　　堂集》。《制義叢話題名》未收。

〔註178〕同註175，頁286引，《可儀堂一百二十名家制義》卷四十六〈題顏脩來
　　　　稿〉。

慕此名也。世之令子賢君，未必盡成于天性，亦所遇之多淑耳，誰非用此愛與忠者，而可不深長思也哉？教不先而子克家，臣非直而君明聖；此亦天下至不可倖之事，更不欲爲人子、爲人君者，受此名也。世之慈父、忠臣，豈求遽諒乎其隱，亦其心不可解耳，誰其受此勞與誨者，而可不深長思也哉？」方望溪評云：「此二比，仁義之言藹如，鄙淺之夫不能作，亦並不能讀。此所謂『公誠之心，形於楮墨』，豈小書生描頭畫角所能。」〔註179〕

李光地，字晉卿，又字厚菴，康熙庚戌進士，諡文貞。相業冠廟堂，制義絕群倫，知兵而且好學，酷似王守仁，嘗團結鄉勇以禦敵。於書無所不通，經史、性理、天文、兵法，皆默識其理，而實可見之行事，帖括乃其緒餘也。然亦有過人者，其文名理湛深，元氣渾穆，議論透闢之極，直可度越漢陽、黃岡、長洲諸公。更熟于語錄，于宋五子書搜擇融浹，而文能自在流出，故卓然成一大家，或以爲乃成宏之正宗。〔註180〕

陸隴其，初名龍其，字稼書，康熙庚戌進士，諡清獻。爲官清廉，一介不取，茹脫粟，飲荼羹。魏象樞極賞之。制義亦可傳，議論正大，足補傳注所未逮。〔註181〕

韓菼，字元少，又字慕廬，康熙癸丑狀元，諡文懿。積學積文，湛深經術，爲文原本六經，出於典雅，清眞雅正，開風氣之先，足爲藝林楷則。且以時文古文合爲一手，乃方苞所不及也。以超世絕俗之才，起衰式靡，孤潔淡漠，而出以和易。文有骨幹風神，析理甚精，落墨甚大，使文義畢賅。明末制義淡滑之習，至是一變，是以梁贊圖以爲其制義爲清朝第一。〔註182〕

尤侗，字展成，又字海菴，又稱艮齋，又稱西堂，康熙己未詞科。以驚才絕艷之筆，率多遊戲爲文。其所作臨去秋波時義雖流播禁中，實不可以訓世，所傳誦各篇多以側艷見長，亦是別調，不得謂之正宗。惟〈舜有臣五人而天下治〉篇，只還他序事之體，而奇情壯采實足以推倒一世豪傑，開拓萬古心胸，當是西堂全集中第一篇文字，不僅爲制義絕唱也。〔註183〕

〔註179〕見《制義叢話》卷九，頁306～307。
〔註180〕見《可儀堂一百二十名家制義》卷四十六〈題李厚菴稿〉。
〔註181〕同註179，頁332～333。
〔註182〕並見《可儀堂一百二十名家制義》卷四十七〈題韓慕廬稿〉及《制義叢話》卷九，頁311～314。
〔註183〕見《制義叢話》卷八，頁279。

楊名時，字賓實，康熙辛未進士，諡文定。張惕菴曰：

> 「簞瓢陋巷不改其樂」，樂字須認得真，好學是樂字之根，樂字正好學之實。若云不是樂道，亦不是樂貧，胸中自有真樂，是求深而適淺矣。楊文定真知道者也。作此題文只據周子通書樂道之說，李文貞何義門皆深是之。《史記》「貧而樂」原作「貧而樂道」也。

按楊文定文云：

> 嗜欲之起，其乘於形氣者也，而天之所以命我者不存焉。回殆真知夫天之所命，實有獨尊萬物者，而矗然獨有樂於此，方覺其探之不窮，體之無盡，有進而不已，以復乎其量而已矣，庸知簞瓢陋巷之為困也，而入焉？而改乎？豐嗇之途，其遭於世境者也，而我之所以自立者不存焉。回殆真知夫我之所立，實有常伸於千古者，而悠然深有樂於此，方覺其無所息於百年，亦無容閒於終身，有為之不惰，以要其成而已矣，庸知簞瓢陋巷之為拂也，而久焉？而改乎？

〔註184〕

李文貞評云：「人但見周濂溪使二程尋樂處，而伊川告鮮于侁，又以所樂者非道言之，故須於樂字說得超妙。豈知通書解釋顏子樂處，注腳甚明，人何以讀焉而弗察也。此中比便是見其大而忘其小，樂字有實際，即不改有真根，布帛菽粟之文，不必道在邇而求諸遠矣。」〔註185〕

陳鵬年，字北溟，又字滄洲，康熙辛未進士，諡恪勤。以清操聞於朝，三黜三進，不易其守。張文端謂其為人曰：「吏畏其威而不怨，民懷其德而不玩，士式其教而不欺，廉其末也。」其康熙辛未會墨「非其義也」四句題後段云：「如其義也，如其道也，一介不以與人，而即謂之吝；反是而為非義非道，則與之而有不傷惠者乎！如其義也，如其道也，一介不以取諸人，而亦謂之矯；反是而為非義非道，則取之而有不傷廉者乎！蓋尹不於取與爭大小，而但於取與爭道義。一介之取與不為大，一介之道義則不為小；尹所為視小為大也。尹不於道義分多少，而但於道義分是非。一介之道義不為多，一介之非道非義則不為少；尹所為視少如多也。」凜凜風裁，於茲可見。〔註186〕

楊中訥，字晚研，康熙辛未進士。少受業於黃梨洲、朱竹垞兩先生，湛

〔註184〕以上所引並見《制義叢話》卷九，頁331。
〔註185〕同註183卷九，頁31～332。
〔註186〕同上註，頁326～327。

深經學，尤精於易、春秋，文章古茂博贍。視學江南時，所取皆當世之名士也。〔註187〕

　　朱軾，字可亭，康熙甲戌進士，諡文端。乃理學名臣，壁立萬仞，所爲制義，如朱絃疏越，清廟移人，日晶玉潔，光燄萬丈。〔註188〕

　　方楘如，字文翰，又字樸山，康熙丙戌進士。學問奧博，性介特。其制義以別調孤行，別開生面，徒眾極盛，中以四大弟子最著：即陳星齋（兆崙）、杭堇甫（世駿）、孫虛船（灝）、齊次風（召南）也。時與王牆東（汝驤）並稱，而牆東終不能及也。其文最激切動人者莫如「父母惟其疾之憂」題文，入深出顯，字字出自肺腑。〔註189〕

　　方舟，字百川，康熙初諸生，氣脈演逸瀚漾，直接歐陽，而超軼之神又若碧雲卷舒，漫空無迹。發聲喟息，實坦然有憂天下之心，而題自與之稱。韓文懿謂其悲喜無端，俯仰自失，善學史記，爲文深入無淺語也。〔註190〕

　　方苞，字靈皋，又字望溪，桐城人，舟弟，康熙丙戌進士。受業於韓菼之門，爲一代之巨手。經術湛深，學問未易窺測，視董賈韓蘇未知何如，元明間文章家遠不如也。爲文深情綿邈，風韻絕高。生平薦揚賢俊，不啻口出，然無實而奔競，及憑勢利以樹朋黨者，頗爲所不悅。其人品如白圭振鷺，毀者莫能加也。〔註191〕

　　何世璂，字桐叔，康熙己丑進士，諡端簡。以詞臣出身，其鄉墨以閒冷勝，在彼時爲別調。〔註192〕

　　張照，字得天，又字天瓶，康熙己丑進士，諡文敏。書法爲有清之冠，制義深得李光地之傳，其「加我數年」章文，王學舒以爲雖雜之榕村稿中殆無以辨也，惜選家鮮及之。〔註193〕

　　蔡世遠，字聞之，又字梁村，康熙己丑進士，諡文勤。制義以明道爲心，躬行爲要，肆力于古，而不徒守章句之末；筆性古健雄傑，要歸則本之清淳，其時文之善者，更可起衰式弊也。〔註194〕

〔註187〕見《制義叢話》卷八，頁275～276。
〔註188〕同註187卷九，頁324～325。
〔註189〕同註187卷十，頁353。
〔註190〕同上註，頁353～354。
〔註191〕同註189，頁364。
〔註192〕同註188，頁336。
〔註193〕同註188，頁334～336。
〔註194〕見《制義叢話》卷九，頁328～329。

儲在文，字六雅，一字禮執，又稱中子，康熙辛丑會元。深於經史，為文古質莊嚴，意趣兼擅，氣格、義理皆堅，而尤以理勝。〔註195〕

王步青，字巳山，又字漢階，又稱罕皆，雍正癸卯進士。王箬林（澍）曰：

> 古人文字有以數篇為一篇者，賈生〈過秦論〉三篇，柳州〈西山宴遊記〉以下八篇，分之則一篇自為首尾；合之則數篇共為首尾。如連山斷嶺，若即若離，而其中脈絡隱隱隆隆，自相綴屬，不特〈大雅〉、〈綿〉、〈九章〉一意相承。如蘇潁濱所云也：「時文則自王唐以來，未有開此境者，惟陳大士〈充類至義之盡〉五篇獨出雄裁，直接論柳記筆法。」然自來選家分離乖割，知之者少，至吾叔巳山，獨能不顧世眼，重振墜緒。〈桃應問曰〉，四篇各立主張，而斷續中相為起伏，遂合成一奇文。嗚呼！古文云亡，真文殆絕，其有不以吾言為弔詭者乎！〔註196〕

張江，字百川，又字曉樓，雍正癸卯進士。文凡數變，少時酷愛金聲、羅萬藻，繼則學為隆萬，已乃規撫宏正。其後深悟，心有所得，落墨自然渾成之道，則不論題之大小，一以古大家神氣行之。〔註197〕

陳宏謀，字汝咨，又字榕門，雍正癸卯解元，二年甲辰進士，諡文恭。癸卯廣西鄉試，與劉新翰同號舍，題為「吾之於人也節」，新翰讀其文大叫曰：「元在此矣！」一號舍中驚以為狂，已而，宏謀果領解。以貧不能北上，新翰傾貲付之，遂於是秋成進士。

王安國，字書臣，雍正甲辰會元、榜眼，諡文肅。嘗奉敕總纂大清會典，體裁精密，條理詳明，復以大制作手筆斂為制義，宜足以壓服士林。其雍正甲辰元墨，題為「子張問仁於孔子至恭寬信敏惠」，講中「所貴以實體之力，存其易放之心」二語，已抵人千百，後二結比，針對子張，語皆實際，沈深渾重，不失名元風格也。〔註198〕

胡天游，字稚威雍正己酉浙江副榜，乾隆元年丙辰薦舉博學鴻詞。博極群書，才情橫厲，詩文奇崛古奧，多僻典異字。制義世不經見，十二歲所作〈卒

〔註195〕同註194卷十，頁380。
〔註196〕同註195，頁377。
〔註197〕同註195，頁379。
〔註198〕同註194卷十，頁339。

之東郭墦間〉一文已極奇肆，十三歲作「疾」一字題文，制論尤精。〔註199〕

陳兆崙，字句山，又字星齋，雍正庚戌進士。時文道理圓徹，才致淋漓。其〈見賢而不能舉〉一文，梁章鉅謂其包羅史迹，推勘恒情，可當用人龜鑑，不僅以制義目之。

任啓運，字翼聖，又字釣臺，雍正癸丑進士。先生家貧、好學，讀書日盈寸，顧不工制義。迂晦輵轕，年四十餘矣，尚困童子試，後經名進士指授，雍癸卯遂以經魁成進士，可謂力學晚成。先生深於經學，發而為制義，雖小題亦必用考據之法行之。〔註200〕

王汝驤，字雲衢，又稱耘渠。為文以主敬為之幹，虛實呼吸，黍分銖合。義門先生嘗比之老曲師，穿齒抵齶，半字不迂。制義有以單行之神，作排偶之體者，實明之周萊峰、唐荊川創之，後鮮繼者，惟王牆東耳。〔註201〕

（三）乾嘉期

乾隆年初，制義轉趨穠縟，士子復揣摩成宏時文短篇之風，一時名手如雲，號稱極盛。嘉慶中葉，文體詭異，士子往往炫新奇而不顧理法，是以氣格稍降。略述如下：

秦蕙田，字味經，乾隆丙辰探花，諡文恭。經術湛深，著述宏富。素不喜談時文，然其所為〈君子篤於親〉節文語語華贍，寬綽之容、和平之奏，雖老作家無以遠過。〔註202〕

于敏中，字重裳，乾隆丁巳狀元，諡文襄。相業隆崇，而不能盡協人望，然其慈祥之蘊，往往不求人知，其〈人皆有不忍人之心〉三句會墨，雖只落落數語，而懷抱畢露。〔註203〕

程景伊，字聘三，乾隆己未進士，諡文恭。僅為戊辰同考一次，並未出過試差，然甚多小門生。其〈少者懷之〉一文，就夫子本人現身說法，可謂興往情來，開後來一門徑也。〔註204〕

袁枚，字子才，又字簡齋，乾隆己未進士。有「才子」之目，以詩文名天下，而時文尤健，操觚家得其鱗爪，率芥拾科甲以去。林茂春謂其〈巍巍

〔註199〕見《制義叢話》卷八，頁292。
〔註200〕同註199卷十，頁387～389。
〔註201〕同註200，頁382～384。
〔註202〕同註199卷九，頁339。
〔註203〕同註202，頁340。
〔註204〕同註202，頁340～341。

乎其有成功〉二句文，有云：「元氣厚，則山河鑿焉而不傷；智勇深，則日星察焉而莫遁。」蓋從來八股文中所未有之語也。〔註205〕

張甄陶，字惕菴，閩縣人，乾隆乙丑進士。梁章鉅謂其枕經葄史，卓然儒宗，……，為文學大蘇，汪洋浩瀚，如其意所欲出，為制義亦然。所撰《四書翼註論文》及《國朝文範》，舉業家奉為枕秘。世所最傳誦者〈此謂一言僨事〉二句，有精力彌滿，萬象在旁之概，非淺學者所能窺也。林茂春謂其作搭截題「人皆曰予知至人皆曰予知」一文，不屑作兩頭闢合鉤勒之態，獨以昌言篤論行之，如奏金石，以破蟋蟀之鳴，實為方家筆法，足為程式。〔註206〕

朱士琇，字斐瞻，又梅崖，乾隆戊辰進士。以古文名家，其應學制義，亦純以古文之法行之，不肯稍降其格，其乾隆甲子鄉試首藝，以句讀不清為同考官所抹，夏之蓉閱其次藝〈保佑命〉二句文，大加擊節，遂定為元。評云：「鬱然而深，曠然而明，忽整忽散，若斷若續，約以古氣緯絡其間，西漢遺風，於斯未墜。」〔註207〕

朱珪，字石君，乾隆戊辰進士，謚文正。自敘時文稿云：「今之學為舉子業者，忽以餖飣難字勦襲逸書相詑，曰此朱派也。不知者又從而尤之曰：此流派之必當正者也。冤哉！呼我為牛馬乎？憶予十一歲始學制義，十八成進士，遂捨去，了無所派也。越五十餘年，出入中外，無暇及此，結習未忘。偶見獵心喜，乃悟時文即古文，古文即經解，何派之有哉！」其制義能以經注經，證佐天然，原題處又獨具手眼，令人有望洋之嘆。〔註208〕

周振采，字白民，乾隆諸生。乾隆初，制義爭尚穠縟，周振采獨以別調行，能吐棄凡近，力宗豫章諸子，以其靜力通其靜思，故文品之貴，雅與羅萬藻相埒。尤善於裁文，方苞選四書文，其總批、線批，皆由其改定，蔡芳三選三十家文，亦經其汰易也。〔註209〕

吳鴻，字頡雲，乾隆辛未進士。三狀元稿中，惟其有河朔少年，風流自賞之慨，沾匄于藝林者甚深。制義取鎔經義，自鑄偉詞，尤以有汲冢癖聞于世，能以議論役其書卷，以骨幹緯其精思。〔註210〕

〔註205〕見《制義叢話》卷十一，頁410。
〔註206〕同註205卷十六，頁644～647。
〔註207〕同註205卷十二，頁516～518。
〔註208〕同註205卷九，頁343。
〔註209〕同註205，頁399。
〔註210〕見《制義叢話》卷九，頁405～406。

翁方綱，字正三，又字覃溪，又稱蘇齋，乾隆壬申進士。其詩及古文皆以盤空硬語制勝，而作八股文獨細意熨貼，含毫邈然，梁章鉅稱其〈女得人焉爾乎〉一文，無淺語也。

紀昀，字曉嵐，乾隆甲戌進士，謚文達。以碩學鴻文籠罩一世，和易之德，通達之操，隨地流出。其〈所惡於前〉四句文，乃自寫其生平者。〔註211〕

周春，字松靄，乾隆甲戌進士。研經博物，著述甚夥，制義特其餘事，然字字典雅，無一俗筆。其〈誦詩三百〉一文，集十四經成語為之，乃從來未有之創格也。〔註212〕

孟超然，字朝學，又字瓶菴，乾隆庚辰進士。由拔貢中副榜，而解元、進士，入詞館，改部曹，典試粵西，督學四川。凡士人榮進之階，無不周歷，所作制義以風度勝，論者比之張京江，其〈事君敬其事而後其食〉元墨最為膾炙人口。〔註213〕

曹文埴，字薺原，乾隆庚辰進士，謚文敏。工於制義，能以湯許文律寫歸胡名理，顧所作多不傳耳。〔註214〕

吳玨，字井山，乾隆癸未進士。

田玉，字蔚田，乾隆甲戌進士。

馬國果，乾隆庚午解元。

乾隆初之墨卷，以吳田馬李為四家。吳玨、田玉、馬國果、李中簡也。四家中馬文為最消矯，其〈掩其不善〉四句文，起講云：「且天下未有生而為小人者也，彼以為有視之而不見者，而小人之術遂成；然以為有視之而不見者，而小人之術終敗。夫使小人之術而果不敗也，則天無不善自匿之小人，而小人之操術，為甚得矣。」伸縮自如，合當時之風氣。〔註215〕

管世銘，字韞山，又字緘若，乾隆戊戌進士。時文盛行於時，而偏晚達。甲午鄉試，次藝為〈其次致曲〉，後二比云：「非不知曲為偏數，誠為全數，其分量絕不相及，然析一誠以為天下之曲，即合萬曲以全一己之誠，夫固不為二物矣。匹夫擇術能精，而一藝之微，或以相窺於其本，循流溯源，亦其理也，而況用之於學問哉！」「非不知致為始事，誠為終事，其功候若極相懸，

〔註211〕同註210，頁342。
〔註212〕同註210，頁401。
〔註213〕同註210卷十六，頁643。
〔註214〕同註210，頁337。
〔註215〕同註210卷十一，頁420。

然致即致其散疏之誠，誠即誠其一本之曲，夫更不分兩域矣。童子勝衣就傅，而幼儀之習，久將默牖乎其天，積小高大，亦其物也，而況施之於擇執哉！」劉文恪以理窟中能為名士風流，必八股之巨手，遂拔以冠一經。〔註216〕

汪如洋，字潤民，又字雲鑿，乾隆庚子狀元，時年十八。時和珅當國，欲羅致之，而如洋於〈趙孟之所貴，趙孟能賤之〉文，淋漓痛快言之，以自見其意，文亦為時所誦。〔註217〕

劉青照，字乙資，乾隆庚子進士。《四易齋隨筆》謂其〈敏則有功〉擬墨，筆筆正鋒，字字肅括，洵為名程，後二比尤逼肖熊漢陽，足為舉業家矜式。〔註218〕

盧蔭溥，字霖生，又字南石，乾隆辛丑進士，謚文肅。久直樞廷，凡章京擬稿，必披郤導窾，筆舌互用，或刪或潤，至有原稿不留一字者，同直者無不讓其能，即中外亦皆服其通敏，制義不多，卻以體莊氣逸稱。〔註219〕

曹振鏞，字儷笙，乾隆辛丑進士，謚文正。有特立之操，如寒松古柏，嚴峻中未嘗不合太和之氣，制義不多見，其〈所藏乎身不恕〉一文。雖剗削膚詞，趣在法外，吐納宏深，非時賢帖括可比。〔註220〕

王芑孫，字惕甫，又字鐵夫，乾隆召試舉人。詩及古文詞皆稱健者，時義工力亦深。所作淵雅堂制義確乎可傳，而獨不利於春官試。其驚才絕艷乃梁章鉅所歎服者。故知文章之優劣，不能定科名之得失，由來已久，不獨一二人然也。〔註221〕

汪廷珍，字瑟菴，乾隆己酉進士，謚文端。器宇方嚴，神采古異，同朝多望望然畏之，而所作制義乃極圓美宜人，以時手摹古調，至為擅長。〔註222〕

英和，字樹琴，又字煦齋，乾隆癸丑進士。時文清奇濃淡無不兼有，而一本諸理法，稽諸經訓，卓然可傳。〔註223〕

王曇，字仲瞿，乾隆甲寅舉人。抱負奇偉，於風角壬遁之學，靡所弗通。所作制義，亦有奇氣。如〈夫子之牆〉一節文云：「聖人以一身建百世之業，

〔註216〕見《制義叢話》卷十一，頁 433～434。
〔註217〕同註 216，頁 430～431。
〔註218〕同註 216，頁 432。
〔註219〕同註 216 卷九，頁 349。
〔註220〕同註 216 卷九，頁 346～347。
〔註221〕同註 216，頁 449。
〔註222〕同註 216 卷九，頁 347。
〔註223〕同註 216，頁 438。

而非有畔岸也；憲章祖述，夫豈必與合宮大室，爭道義之墉？而抑其崇者，傷其庳矣。定禮樂者一門，序詩書者一門，贊易象修春秋者又一門；而不入不知也。問之美而不見也，問之富而不見也，寢如可畫，徒朽宰我之牆，郭可負居，空陋顏回之巷，其謷不已甚歟！聖人以一人教三代之英，而更無涯際也；成德達材，夫豈必與夏屋靈臺，競規模之壯？而眩其高者，恥其下矣。分德行者一門，分文學者一門，分言語政事者又一門；而不入不知也。語以宗廟而無見也，語以百官而無見也，七十子之絃歌，未許孺悲入戶，三千人之冠佩，僅聞仲路升堂，其矇尚可發歟！」傲兀之概，如見其人。〔註224〕

莫晉，字錫三，又字寶齋，乾隆乙卯榜眼。其時，浙江舉業家稱其鄉有三絕，謂吳穀人祭酒之詩，梁山舟學士之字，莫寶齋侍郎之制義也。晉甲寅闈墨首藝〈周有八士〉節文膾炙一時，中二比云：「溯人本乎祖之文，如高辛有八元，高陽有八愷，何妨援氏族以相推。然私自一家，則積善之慶小，公諸一代，則養士之報隆也。想當年後先競爽，快然於難兄難弟之間，但覺少一人則歉，而多一人則贅，造物若曲成其巧，以留千古之美談，而振振公子，振振公姓，振振公族之衍祚於睢麟，更可想矣。論善則歸君之義，如舜有臣五人，武有臣十人，似應舉帝王以相統，然繫諸一人，明君臣之同德，推諸一世，見宇宙之太和也。迄於今初度嘉名，炳然於大書特書之筆，但覺離之兩美具，合之四難并，彼蒼特偶出其奇，以彰累朝之閒氣，而公侯好仇，公侯腹心，公侯干城之氄髦於罝兔，更無論矣。」梁章鉅以為自然名貴，若刪去比中「但覺」二語，更為落落大方。〔註225〕

姚學塽，字晉堂，嘉慶丙辰進士。為嘉慶初年制義之巨手，以為輦下無第二人。其〈君子矜而不爭，群而不黨〉題文，於漢之黨錮，宋之僞學，明之東林，源流利病，洞若觀火，誠大家之作也。〔註226〕

陳鍾麟，字厚甫，乾隆申寅舉人，嘉慶四年己未進士。為乾隆末年時文高手，其〈君子疾沒世〉一節文四篇，立意各異，或就維世立論，或就沒世立論，或就稱字立論，或將稱字作去聲立論。尤以就沒世立論一篇，梁章鉅稱之，以為言之有物，能推陳出新也。年輩雖後於韞山（管世銘），然喜談時文，娓娓不倦。顧不喜平列三扇之文，其門生無不篤信師說，相戒不作三扇

〔註224〕見《制義叢話》卷十一，頁460。
〔註225〕同註224，頁456～457。
〔註226〕同註224，頁450～452。

體。〔註227〕

余本敦，字朗山，嘉慶己未進士。其己未「是故君子有大道」三句題文，梁章鉅以爲脈理清眞，筆情醇茂，尤堪涵蓋一切，尤以後二比，兩比如一，又開時墨一法門矣。其〈曾子曰愼終追遠〉一節之末二比云：「匹夫面垢爲儀，固不敢同於杖而後起，扶而後起，而昊天難報之恩，孰不同此罔極哉！側聞聖天子引經復古，有過尋常，幾不敢援節哀順變之文，下慰臣工之請籲，則行道之人，有不感而心惻耶？蓋至讀蓼莪者，咸知隕涕，君子知其所由來矣。庶人魚菽是薦，亦何敢同於太牢有獻，少年有獻，而高曾規矩之思，孰不共此手澤哉！側聞聖天子春露秋霜，不勝悽愴，直不啻以赤子瞻依之意，上親列祖之衣裳，則跛倚之徒，有不聞而心愧耶？蓋至撫栖捲者，如對先型，君子知其所自致矣。」適當嘉慶三年，大喪之餘，此二比陰切時事，情文交至，中間側聞一段，居然是頌揚體裁；是一切逢迎窺伺心術，緣此而起矣。〔註228〕

朱士彦，字詠齋，嘉慶壬戌進士、探花，謚文定。平生詩文皆主質幹而不涉時趨，然〈述而不作〉一節題文則典贍風華，絕不類其平生木毅之概。〔註229〕

顧蒓，字吳羹，又字南雅，嘉慶壬戌進士。其辛酉會試〈堯舜帥天下以仁，桀紂帥天下以暴〉一文，最爲得意，蓋作此文者必切堯舜桀紂，不知舉古來爲人君者，一仁一暴，以爲榜樣而已。蒓就此下筆，一片清空，宜其爲梁九山先生所賞也。

陳繼昌，初名守叡，字蓮史，嘉慶庚辰狀元。其〈子釣而不綱〉二句文，後比云：「一人全之，眾人蹙之，其所息者幾何？然人戕物而我不與，我育物而我並不與，此與物之相忘於我耳；數有難逭，以理生之，夫子祇泯其意必之見而已矣。終古耗之，一日養之，其所濟者又幾何？然必吾心有餘地，而後斯世有餘物，此與物之相見以心耳；欲不可縱，以性節之，夫子祇見爲上下之察而已矣。」亦爲至理名言云。〔註230〕

道光中，時文家揣摩之法愈出而愈奇，至有所謂「且夫調」者，每於提比之後，或末比之前，突用「且夫」二字以振其勢，並不關顧前後語脈，鄉會場中率多用此爲秘訣，實則自文其陋耳。此期《制義叢話》題名唯錄四人，

〔註227〕見《制義叢話》卷十一，頁440～441。
〔註228〕同上註，頁452～454。
〔註229〕同註227卷九，頁351。
〔註230〕同註227，頁465～466。

而不論其生平梗概，四人者：吳鍾駿、林彭年、劉建韶、湯鵬是也。咸同以下，《制義叢話》既不及錄，而世亦失載。

第五章　有關八股之掌故

　　《制義叢話》一書中所載有關八股取士之掌故極多，如有關命題之事，為文之事，試獄停科之事，覆試之事，其他軼聞瑣事等，其中官書所載之事故固有助於吾人對史事之正確瞭解，而民間掌故，如野史及筆記小說之價值，亦可傳達時人對某一史事之瞭解、印象與判斷，吾人正可由此覘見科舉制度下之民風與士習。今就本書之所載，分官方典制及民間掌故，敘述如下：

第一節　官方典制

一、有關考試制度諸事

（一）宋、元、明皆以經義取士

　　《四庫全書》云：自宋熙甯四年始以經義取士。〔註1〕又云：元仁宗皇慶初，復行科舉，仍用經義。〔註2〕又云：蓋經義始於宋，……，元延祐中，兼以經義，經疑試士。明洪武初定科舉之法，亦兼用經疑，後乃專用經義。〔註3〕

（二）歷代取士之法

　　乾隆九年，禮部議覆兵部侍郎舒赫德奏稱，……謹案取士之法，三代以上出於學，漢以後出於郡縣吏，魏晉以後出於九品中正，隋唐至今出於科舉。〔註4〕

〔註1〕見《制義叢話》卷一，頁2。
〔註2〕同註1，頁3。
〔註3〕同註1，頁5。
〔註4〕同註1，頁7～8。

（三）明、清皆有以五經卷中式者

梁章鉅按：前明以五經卷中式者，洪武二十三年黃文史試南畿，兼作五經題，以違式取旨，特賜第一，免其會試，授刑部主事。天啟丁卯鄉試，顏茂猷以兼作五經義取中，崇禎甲戌會試，又以五經卷成進士。皆吾閩人。而繼此者，丁丑則有江西揭重熙。己卯則有山東宋瑚，癸未則有浙江譚貞良、馮元颺，江南趙天麒。入本朝，尤指不勝屈，如順治乙酉山東鄉試，法若眞以全作五經文賜內閣中書，準其一體會試。康熙丁卯順天鄉試，海甯查士韓及吾閩侯官林文英。壬午順天鄉試，又有莊令、輿長策二人，皆以兼作五經，違式，特疏以聞，得旨，俱著授爲舉人，準其會試。嗣後兼作五經文者不必禁止。旋著爲令，各省於定額外加中五經二人，於是習者益眾，各省以此中式者益多。而王漁洋《分甘餘話》所記，直隸陝西等省，至有以五經卷掄元者。且雍正丙午江南鄉試，徐景曾以五經卷中副榜，亦蒙準一體會試，此尤出於常格之外也。〔註5〕

（四）停五經中式之例

乾隆辛未科，始停五經中式之例。〔註6〕

（五）停試八股文

梁章鉅曰：康熙七年，禮部題覆左都御史王熙一疏，內開康熙元年以前鄉會試係做八股文章。二月（案應爲年）八月內因上諭：八股文章實於政事無涉，自今以後將浮飾八股文章永行停止。惟於爲國爲民之策、論、表、判中出題考試。〔註7〕

（六）復試八股文

梁章鉅按曰：自（康熙）三年甲辰改制科後，歷丁未至康熙八年己酉，禮部題定，嗣後照元年以前例，仍用八股文章考試。〔註8〕

（七）舒赫德奏請改移考試條款

乾隆九年，禮部議覆兵部侍郎舒赫德奏稱：「科舉之制，憑文而取，按格而

〔註5〕 見《制義叢話》卷一，頁3～4。
〔註6〕 同上註，頁4。
〔註7〕 《大清會典事例》卷三三一載：康熙二年議准，停止八股文章。鄉會試以策、論、表、判取士，分爲二場，第一場試策五道，第二場四書論一篇，經論一篇，表一道，判五條。直省提學院道，亦以策論考試生童。又見《清聖祖實錄》康熙二年八月癸卯，所載略同。
〔註8〕 同註5，頁7，並見《清會典事例》卷三三一作「七年」，與此異。

官,已非良法,況積弊日深,僥倖日眾,……,今之時文則徒空言而不適於用,且墨卷房行,輾轉鈔襲,膚詞詭說,蔓衍支離,以為苟可以取科第而止,實不足以得人,應將考試條款改移而更張之。」〔註9〕

（八）不易以時藝取士之法

乾隆九年禮部議覆兵部侍郎舒赫德云:「科舉之弊,唐趙匡所謂習非所用,用非所習者是也。時藝之弊,則今該侍郎所陳奏是也。聖人不能使立法之無弊,在乎因時而補救之。蘇軾有言,得人之道在於知人,知人之道在於責實。蓋能責實則雖由今之道而振作鼓舞,人才自可奮興。若唯務徇名,則雖高言復古,而法立弊生,於造士終無所益。今謂時文經義等為空言勦襲而無用者,此正不責實之過耳。大凡宣之於口,筆之於書,皆空言也。何獨今之時義為然!且夫時義取士,自明至今,殆四百年。人知其弊,而仍守之不變者,非不欲變,誠以變之而未有良法美意以善其後。且就此而責其實,則亦未嘗不適於用,而未可概行訾毀,何也?時義所論皆孔孟之緒餘,精微之奧旨,未有不深明書理而得稱為佳文者。今徒見世之腐爛抄襲,以為無用,不知明之大家如王鏊、唐順之、瞿景淳、薛應旂等,以及國初諸名人,皆寢食於經書之中。冥搜幽討,殫智畢精,始於聖賢之義理心領神會,融液貫通。參之經史子集以發其光華,範之規矩準繩以密其法律。雖曰小技,而文武幹濟英偉特達之才,未嘗不出乎其中。至姦邪之人,迂儒之士,本於性成。雖不工文亦不能免,未可以為時藝咎。若今之抄襲腐爛乃是積久生弊。不思力挽末流之失,而轉咎作法之涼,不已過乎?至於人之賢愚能否,有非文字所能決定者,故立法取士不過如是。而治亂興衰,初不由此,更無事更張定制為也。所奏應無庸議。」〔註10〕

（九）考試內容

梁章鉅曰:前明科舉,初場試四書文三篇,五經義四篇,故爾時有七篇出身之目。間有合作五經卷以見長者,故又有二十三篇之目。〔註11〕

〔註9〕見《制義叢話》卷一,頁7~8。
〔註10〕同上註,頁7~10。
〔註11〕同註9,頁7~10,並見《明太祖實錄》卷一六○載:洪武十七年(甲子)三月戊戌朔,命禮部頒行科舉成式,凡三年大比,子午卯酉年鄉試,辰戌丑未年會試。舉人不知額數從寬充貢。鄉試八月初九日第一場,試四書義三道,每道二百字以上;經義四道,每道三百字以上,未能者許各減一道。(中略)次年禮部會試,以二月初九日、十二日、十五日為,三場所考文字與鄉試同。

（十）考試格式

《元史‧選舉志》云：考試格式，蒙古、色目人，第一場經問五條，《大學》、《論語》、《孟子》、《中庸》內設問，用朱子《章句集注》。其義理精明，文辭典雅者爲中選。漢人、南人，第一場明經，經疑二問，《大學》、《論語》、《孟子》、《中庸》內出題，並用朱子《章句集注》；復以己意結之，限三百字以上。

梁章鉅按曰：此即顧亭林（炎武）《日知錄》所云：四書疑與今制義之體稍異，然今制義專用朱子《章句集注》，實始於此；其限字之令，亦始於此也。〔註12〕

（十一）命題制度

1. 《詞林典故》云：「順治二年，定前場題目將經書分段書籤，公同拈掣。如《論語》分爲十段，主考掣其某書某段，即令房官於本段內容各擬一題。仍書籤候掣出者用之。又康熙七年，題準考試官將本身取中四書五經題目擬出者，降四級調用。又康熙十八年，議準場內擬題，四書掣定幾章，每題每人各擬一道；五經掣定幾章，每題每人各擬十道。俱送正副考官寫入篇，當堂拈掣。」

梁章鉅按曰：此例今久不行，亦可想見立法之初嚴密如此。〔註13〕

2. 康熙五十二年奉上諭：「四書五經皆聖人講理明道之書，貫始徹終，無非精意。近見鄉會試俱擇取冠冕吉祥語出題，每多宿構倖獲，致讀書通經之士漸少。今後闈中題目應不拘忌諱，庶難預作揣摩，實學自出。欽此。」又部議覆準主考房官係中式年久之人，於本身中式題目多不記憶。且人數既多，應迴避之題亦復不少，徒爲紛紜。嗣後主考房官本身中式經書題目均毋庸迴避。〔註14〕

3. 乾隆三年，議準考試命題固取發明義理，而亦以展才思。遇有人文最盛之區，若命題專取冠冕，士子蹈常襲故，或無從濬發巧思。間出截搭題，

〔註12〕見《制義叢話》卷一，頁10。

〔註13〕同註12卷二十二，頁882。

〔註14〕同上註，頁877～878。亦見《古今圖書集成選舉典》第七十條。又雍正十三年又下諭旨曰：「鄉會兩試考官，每因避忌字樣，必擇取經書中吉祥之語爲題，遂使士子易爲揣摩，請人代作，臨場抄寫，以致薄植之少年得以倖取科名，而績學之老生，無由展抒底蘊。嗣後考試命題，不得過於拘泥，俾士子殫思用意，各出手眼，以觀實學。」（《清會典事例》卷三三一）

則旁見側出，亦足覘文心之變化。但必須意義聯屬，血脈貫通；若上下絕不相蒙，恣意穿鑿，割裂語氣，殊屬傷雅。嗣後學政出題，宜以明白正大爲主。即間出長搭題亦必求文義之關通，毋蹈割裂之陋習，則既不詭於義理，而亦不悶其性靈，庶文章之能事曲盡，而課士之法亦周詳矣。〔註15〕

4. 乾隆四十年，議準程景伊奏稱覆勘各省試卷，見試題趨佻巧割裂，其最甚者，如四川頭場試題〈又曰新康誥曰〉六字。連上牽下，全無義理，既不足以見學問書卷，而稍知機法者便可僥倖獲售，請飭部禁止，從之。〔註16〕

5. 乾隆五十二年，議準覆勘大臣奏稱，經書重句命題，依本文次序在前者不必加注，在後者題明某章某節，則士子不難遵守，而經文不嫌偏廢。應如所奏，將原例雷同句法不得命題一條刪除。〔註17〕

二、衡文標準

（一）衡文重清真雅正〔註18〕

1. 梁章鉅按曰：雍正十年始奉特旨曉諭考官所拔之文，務令清眞雅正，理法兼備。〔註19〕

2. 又曰：乾隆三年，復經禮部議奏應再飭考試各官，凡歲科兩試以及鄉會衡文，務取清眞雅正，以爲多士程式。

3. 梁章鉅曰：嘉慶中葉，文體詭異，士子往往撏撦僻書字句，以炫新奇，而不顧理法。甲戌闈後，辛筠谷侍郎（從益）從磨勘官，遂疏稱：……現屆會試之期，天下人才萃於京師，應請預飭典試分校各官，嚴裁僞體，務歸清眞雅正。其穿貫經史，書卷紛綸者，固宜取中，亦必求其文從字順，於題義實有發

〔註15〕見《制義叢話》卷二十二，頁878。
〔註16〕同上註，頁878。並見《清會典事例》卷三三一載：乾隆四十年諭：「考試因當避熟習擬題，以防勦襲，然亦不可割裂牽搭，致碍文義。蓋試題爲制義所由出，若務爲新巧，恐士子揣摩弋獲，趨于纖詭。文風純駁之分，即士習端邪所繫，而民俗之淳薄實因之。其機不可不慎，欽此議定：嗣後各省鄉試題目，禮部逐加校勘，如有割裂小巧者，即將該考官題參議處。」
〔註17〕同註15，頁878～879。並見乾隆四十年規定凡句法雷同之文句不得命題，以免士子因不知題之出處而任意牽混。至乾隆五十二年又收回成命。只要于題紙中註明後句出自某章某節即可。
〔註18〕案考官衡文必先閱頭場文藝，擇其清眞雅正合格者，再合校二三場。先校薦卷，後搜落卷，此爲科場定例。
〔註19〕同註15卷一，頁6。

明，庶眞才出而文體正，士習端矣。奏入，上是之。〔註20〕

（二）認題眞確，遣詞妥當

李雨村曰：乾隆四十四年，順天鄉試首題爲〈子曰毋〉。放榜後金壇于相國敏中孫德裕中式舉人，……首篇內「朝廷自有養賢」之典，何臣子偏爲過激之詞，又「今日之粟非出之於家國，家無以報功，而臣下實爲多事」等句，俱與傳注不合，……又有「夫子行芳志潔」語非六經所有，而以擬孔子，更覺不倫，此實認題不眞，及遣詞不當之故。……嗣後作文者，各宜體認儒先傳說，闡發題意；試官閱卷，亦當嚴爲甄別，若再不能仰體朕意，必令將此等庸陋詞句，悉行磨勘。〔註21〕

（三）重在四書文

乾隆十四年，復奉上諭云：「國家設科取士，首重在四書文。蓋以六經精微盡於四子書，設非讀書窮理，篤志潛心，而欲握管發揮先聖之義蘊，不大相徑庭乎？」〔註22〕

（四）題注出處，可免誤失人才

梁玉繩《瞥記》云：《金史》章宗明昌元年，令舉人程文所用故事，考試官或遽不能憶，誤失人材，可自注出處。出題亦於題下注其本書，此善法也。〔註23〕

梁章鉅按曰：「李肇《國史補》云：『建中初，金吾將軍裴冀曰：若使禮部先時頒示天下曰：某年試題取某經，某年試題取某史，至期果然，亦勸學之一術也。』此說似亦可仿行之。」〔註24〕

三、有關防弊諸事

（一）命合題以杜挾冊售僞

以經書命題者蓋始於宋。《宋史》甯宗慶元四年，以經義多用套類，父子兄弟相授，致天下士子不務實學，遂命有司六經出題，各於本經摘出兩段文意相類者合爲一題，以杜挾冊售僞之計。

〔註20〕見《制義叢話》卷二十四，頁948～950。
〔註21〕同上註卷二，頁41～42。
〔註22〕同註20卷一，頁6。
〔註23〕同註22，頁30。
〔註24〕同註22，頁30～31。

梁章鉅按曰：明太祖洪武三年開科，以《大學》〈古之欲明明德於天下者〉二節，《孟子》〈道在邇而求諸遠〉一節合為一題。問二書所言平天下大指同異，此即沿宋時之法。又《春秋》經有脫母題，至我朝順治九年始禁不用。又有合題，至乾隆元年亦停止。並詳見《學政全書》及《科場條例》中。〔註25〕

（二）為文限用規定字詞以防弊

《科場舊例》載：順治二年，定初場破題禁用七也，七焉，七矣。承題禁用七夫，七蓋，七甚矣，七乎，七歟。起講禁用七意謂，七若曰，七以為。小結禁用七蓋。大結禁用七大抵，七抑，七嗟夫之類。又載乾隆四十二年，奉上諭：昨檢閱內廷舊存摺奏，內有康熙五十六年，詹事王奕清密奏於考官入闈後，即諭謄錄官，凡七藝中破承開講等處，字概不謄寫，以防關節等語。上曰：王奕清所奏自屬防弊之法，但將破承起講等字概不謄寫，於文理既不明順，且篇幅不完，體制尤多未協。朕思與其暗防弊竇，不若明示章程。嗣後令順天及各省主考官，於刊發題目時，即酌定三篇內承題，起講應用虛字明白開列，另行刊印一紙，分給舉子。如此科首篇承題用夫字，次篇用蓋字，三篇用甚矣。起講首篇用今夫，次篇用且夫，三篇用嘗思之類。下科即將此等虛字錯綜更換，總聽主考臨時酌定，俾通場一體遵用，違者貼出，如此於不齊之中寓以齊，則雖欲暗藏關節，應無所施其技倆。而以主考官酌定，不出房官之手，則士子無從摹擬，不致別生弊竇，於防弊更為周密，會試亦著照此例行，並列入《科場條例》。至嘉慶四年復奉上諭云：鄉會試頭場文字、承題、小講限用夫、蓋、甚矣及今夫、且夫、嘗思等字，亦皆起自近年，其實此等虛字即不限用，亦屬無關弊竇，真正關節原不在此，此例并著停止。〔註26〕

（三）禁用難字以免暗藏關節

乾隆五十五年，第一名朱文翰第三藝內有「寸衷蠱沒孤行」之語，……攙雜難字，不但文體非宜，尤恐暗藏關節，不可不防其漸。〔註27〕

（四）覆　試

1. 洪武丁丑會試，有春榜，有夏榜。春榜中式五十一人，北人無登第者。

〔註25〕見《制義叢話》卷二十二，頁876。
〔註26〕同上註卷二十三，頁913～915。
〔註27〕同註25卷二，頁45。

太祖命儒臣再閱落卷，取中六十一人爲夏榜。世稱是科爲春夏榜，又爲南北榜。〔註28〕

2. 《五山志林》云：「簡公天章中式康熙辛丑進士，揭榜日，忽黃沙蔽日，避易人馬。上諭：恐所中者或有未公，令加覆試，黜退者十六人，簡公與焉。」〔註29〕

案：覆試之制始於順治十五年。因前一年順天鄉試有賄買情弊。順治十四年諭：「國家登進良才，額設科目，關繫甚重，況京闈乃天下觀瞻，必典各官，皆矢公矢愼，嚴絕弊竇，遴拔眞才，始不辱求賢大典，今年順天鄉試發榜之後，物議沸騰，同考官李振鄴等，中式舉人田耜等，已經審實正法。其順天鄉試中式舉人，速傳來京，候朕親行覆試，不許遲延規避。」(《清會典事例》卷三五一) 會試覆試始於康熙五十一年，亦因順天鄉試而起。《清史‧選舉志》：「(康熙) 五十一年壬辰，順天解元查爲仁，以傳遞事覺而逸，帝疑新進士有代請中式者，親覆試暢春園，黜五人，會試覆試自是始。」其他各省普徧實行，鄉試覆試始于乾隆九年。此亦防弊之一法也。

（五）磨　勘

案：磨勘即覆核之意。順治二年九月所訂磨勘之法，各直省試卷解到之日，禮部會同有關官員磨勘之。如決裂出題，不遵傳註，引用異教，影合時事，攙入俚言諧語等酌量其輕重察參，首嚴弊倖，次簡瑕疵，若字句偶疵，風篙寸晷，不妨寬貸。其後要求益嚴，凡字句可疑，文體不正者，舉人除名，考官及同考官則依卷數多寡降罰或革除之。

1. 袁枚曰：康熙五十七年戊戌科江南鄉試，程叔才爲文犯下，雖獲取，後磨勘又遭罰停一科。〔註30〕

〔註28〕《明太祖實錄》卷二五三：洪武三十年（丁丑）六月辛丑朔：上御奉天殿，策試下第舉人。先是禮部會試者多而中式者少，被黜落者咸以爲言。上命翰林儒臣考下第卷中擇文理優長者得六十一人，至是復廷試之。又《明會要》卷四十七：「三十年，考官劉三吾、白信蹈所取宋琮等五十二人，皆南士。三月，廷試，擢陳𡸭爲第一。帝怒所取之偏，命侍讀張信等十二人復閱，𡸭亦與焉。帝猶怒不已，親自閱卷，取任伯安等六十一人。六月，復廷試，擢韓克忠第一，皆北士 (〈選舉志〉)。時謂之南北榜，又曰春夏榜云 (〈劉三吾傳〉)。」

〔註29〕見《制義叢話》卷二十二，頁902。

〔註30〕同上註卷二十三，頁937。

2. 乾隆二十四年，尚書秦蕙田進呈磨勘順天等省試卷第四名邊嶰禧，文有「飲君心於江海」蕪鄙雜湊之語，使之罰停會試五科，主考官奪俸。〔註31〕

3. 乾隆四十年，議覆程景伊磨勘許士煌，試卷內首題既入成湯語氣，復引用《周易爻象》及《泰誓》書詞，援引錯謬，非尋常累句可比。致許被罰停殿試三科。奏上改為停罰二科。〔註32〕

（六）迴　避

案：迴避即為避免嫌疑而不參與其事之謂，亦為防弊之一法。《元史・選舉一》科目中有云：「舉人與考試官有五服內親者，自須迴避，仍令同試官考卷，若應避而不自陳者殿一舉。」明無迴避之例。清于實舉之初即有迴避之法，規定于鄉會試時，自主考、同考、知貢舉、監試、提調等官，至受卷、彌封、謄錄、對讀、供給等官，于入場士子中，有兄弟子侄及五服之內之親屬者，應一體迴避。梁章鉅以其叔父梁上國於辛酉科為內簾同考官而迴避之。

梁章鉅曰：余五上公車，惟辛酉科以迴避未入場，前三科皆薦而不售。〔註33〕

防弊之制除以上所述外，他如考場之佈置，試官之選派皆有規定，而於試卷本身之處理尤為慎重。明制，舉人試卷自備，前期在內赴應天府印卷，在外赴布政司印卷，會試、殿試禮部印卷，置簿附寫於縫上，用印鈐記，仍將印卷姓名，置長條印記，用於卷尾，各還舉人（《大明會典》卷七十七、《弇山堂集》卷八十一），此制清亦遵行未變。士子完卷，交受卷官驗收。而後交彌封官糊名彌封，以防行私舞弊。再由謄錄官以殊筆謄錄，對讀無誤，是為硃卷，以防閱卷官徇私舞弊。

四、試　獄

（一）三藝俱用排偶有通關節之嫌，被罰停科

乾隆四十五年（庚子）議結江南鄉試第一名顧問，第一場三藝純用排偶，於文體有關且恐易開浮華之漸，況三藝俱用排偶，場中易於辨識，并不必再用字眼關通，更易滋別項情弊。將該舉人罰停三科，考官議處。〔註34〕

〔註31〕見《制義叢話》卷二，頁44。
〔註32〕同上註，頁44。
〔註33〕同註31卷二十一，頁861。
〔註34〕同註31，頁45。

（二）主考受賄，士子倩人為文，伏誅

乾隆（四十八年）癸卯科廣西鄉試，首題〈語之而不惰者〉，次題〈譬如行遠〉四句，三題〈如其自視欿然〉二句。詩題〈香滿一輪中〉第一名岑照，土田州人，為土司岑文棟之子，富於貲。榜發之日，物議沸騰，闈中向學政查映山先生（瑩）索取錄遺卷，學政以卷宣示眾人，則〈夫子為衛君乎〉文，「衛君」並誤作「衙君」。蓋並不由學政錄送，而營緣別途以入闈者。監臨孫補山先生（士毅）遂於揭曉之次日，由四百里驛遞參奏。提到岑照，訊供僅稱首藝係業師卜永棋所改窗稿，次藝係用舊作〈為高必因丘陵〉文改成，三藝係用舊作〈附之以韓魏之家〉文改成，排律係用舊作〈月中桂〉詩改成。及起其家中書籍，則並無此窗稿；提到卜永棋，亦供稱並未代改此題文字。因加以刑訊，始據供出係辦內供給官永安州知州葉道和，聽從該生賄囑，代倩幕友湖北舉人曹文藻入場代作文字。審實，均立正典刑。〔註35〕

（三）通關節，用語不妥，士子抑置榜末、總裁等降級

乾隆六十年乙卯，和珅進呈，磨勘王以鋙、以衡兄弟並中會元與第二名，闈墨並有「王道本乎人情」以為關節，且有用語不妥之處，抑置榜末。致總裁寶東皋降以四品休，副總裁劉躍雲，瑚圖禮各奪四級。〔註36〕

（四）賄賂通關節割換試卷，士子置重典

嘉慶（三年）戊午科湖南鄉試。承辦科場書吏樊順城商令應試諸生傅晉賢出銀，勾串吏役多人通同舞弊，私雕假印，抽得內簾取中之彭莪試卷，割換為傅晉賢，取中榜首。先是彭莪於出闈後即錄首藝呈之嶽麓書院山長羅慎齋先生（典）親加評點，許以必元。至是刊布元墨，羅見之大駭，遂以所評彭莪原稿示監臨，亦即日具奏。審出割換情弊，將傅晉賢寘之重典，而賞還彭莪舉人。是科首題為〈文之以禮樂〉。正主考為錢雲巖（福胙），副主考為伊墨卿（秉綬）二先生。今有編選元墨者，是題文仍署傅晉賢之名，文字亦不過時調，未見佳致。後二比以「有虞分禮樂為二職，我周合禮樂為一官」分起，似可以取鎔經義，自鑄偉詞，而接語平平。末以「穆然想古帝之文明，煥乎見昭代之文章」兩句分結，不能兜住題義，但緊拈兩「文」字最為時墨陋習，不知羅、錢、伊三君何以賞為必元也。然當時不掄元，則此案未必破

〔註35〕見《制義叢話》卷二十四，頁 954～955。
〔註36〕同上註卷二，頁 45。

聞。是年闈前長沙有扶乩者謂。本科是張桓侯主場，必生事端。蓋此弊相沿已久，至是科而始發也。〔註37〕

第二節　民間掌故

一、有關考試制度諸事

（一）有關童試者

艾南英《應試文自敘》云：「余以童試受知於李養白先生，其明年春。為萬曆庚子，始籍東鄉縣學。迄萬曆己未，為諸生者二十年，試於鄉闈者七年，飪於二十人中者十有四年，所受知郡太守凡三人，所受知督學使者凡六人，於是先後應試之文積若干卷，既刪其不足存者，而其可存者，不獨慮其亡佚散亂，無以自考，又重其皆出於勤苦憂患、驚怖束縛之中，而且以存知己之感也，乃取而壽之梓，而序所以梓之之意曰：嗟乎！備嘗諸生之苦，未有如予者也。舊制，諸生於郡縣，有司按季課程，名季考；及所部御史入境，取其士什之一而校之，名為觀風。二者既非諸生黜陟之所繫，而予又以懶慢成癖，輒不與試。獨督學試者於諸生為職掌，其歲考則諸生之黜陟繫焉，非患病及內外艱，無不與試者。其科考則三歲大比，縣升其秀以達於郡，郡升其秀以達於督學，督學又升其秀以達於鄉闈，不及是者，又於遺才大收以盡其長。非是塗也，雖孔、孟無由而進，故予先後試卷盡出是二者。試之日，衙鼓三通，雖冰霜凍結，諸生露立門外，督學衣緋坐堂上，燈燭圍爐，輕煖自如，諸生解衣露立，左手執筆硯，右手持布襪，聽郡縣有司唱名，以次立甬道，至督學前。每諸生一名，搜檢軍二名，上窮髮際，下至膝踵，袒腹赤踝，至漏數箭而後畢。雖壯者無不齒震悚慄，腰以下大都寒沍，僵裂不知為體膚所在。遇天暑酷烈，督學輕綺蔭涼，飲茗揮箑自如，諸生什伯為群，擁立塵坌中。法既不敢執扇，又衣大布厚衣，比至就席，數百人夾坐，蒸薰腥雜，汗流浹背，勺漿不入口。雖設有供茶吏，然率不敢飲，飲必朱鈐其牘，疑以為弊，文雖工，降一等。蓋受困於寒暑者如此。既就席命題，題一以教官宣讀，便短視者；一書牌上，吏執而下巡，便重聽者。近廢宣讀，獨以牌書某學某題，一日數學，則數吏執牌而下，而予目短視，不能咫尺，必屏氣詢旁舍生問所目，而督學又望視臺上，東西立望軍

〔註37〕見《制義叢話》卷二十四，頁955～956。

四名，諸生無敢仰視四顧，離立倚語者，有則又朱鈐其牘，以越規論，文雖工，降一等。用是腰脊拘困，雖溲溺不得自由，蓋所以縶其手足便利者又如此。所置坐席，取給工吏，吏大半取漁所費。倉卒取辦，臨時規製，狹迫不能舒左右肱，又薄脆疏縫，據坐稍重，即恐折仆，而同坐諸生常十餘人，慮有更號，率十餘坐以竹聯之，手足稍動，則諸坐皆動，竟日無安境。且自閫中一二首學重懷挾之禁，諸生併不得執硯，硯又取給工吏，率皆青刓頑石，滑不受墨，雖一事足以困其手力，不幸坐漏痕承簷所在，霖雨傾注，以衣覆卷，疾書而畢，其受困於胥吏之不謹者又如此。比閱卷，大率督學以一人閱數千人之文，文有平奇虛實、煩簡濃淡之異，而督學之好尚亦如之，取必於一流之材，則雖宿學不能無恐。高下既定，督學復衣緋坐堂上，郡縣有司候視門外，教官立階下，諸生俛行，以次至几案前跪而受教，噤不敢發聲，視所試優劣，分從甬道西角門而出。當是時，其面目不可以語妻孥，蓋所為拘牽文法以困折其氣者又如此。至入鄉闈，所為搜檢防禁、囚首垢面、夜露晝暴、暑暍風沙之苦，無異於小試，獨起居飲食稍稍自便，而房師非一手，又皆薄書獄訟之餘，非若督學之專靜屏營，以文為職。而予七試七挫，改弦易轍，智盡能索。始則為秦漢子史之文，而闈中目之為野；改而從震澤、毗陵、成、宏正大之體，而闈中又目之為老；近則雖以《公》、《穀》、《孝經》、韓、歐、蘇、曾大家之句，而房師亦不知其為何語。每一試已，則登賢書者，雖空疏庸腐、稚拙鄙陋，猶得與郡縣有司分庭抗禮。而予以積學二十餘年，制義自鶴灘、守溪，下至宏、正、嘉、隆大家，無所不究；書自六籍子史、濂洛關閩、百家眾說，陰陽、兵律、山經、地志、浮屠、老子之文章，無所不習，而顧不得與空疏庸腐、稚拙鄙陋者為伍。入謁上官，隊而入，隊而出，與諸生等。每一念至，欲棄舉業不事，杜門著書，考古今治亂興衰，以自見於世，而又念不能為逸民以終老。嗟呼！備嘗諸生之苦，未有若予者也。古之君子，有所成就則必追原其歇歷勤苦之狀以自警，上至古昔聖人，昌言交拜，必述其艱難剙造之由，故曰逸能思初，安能惟始。予雖事無所就，試卷亦鄙劣瑣陋，不足以存，然皆出於勤苦憂患、驚怖束縛之中，而況數先生者，又皆今世名人巨公，予以一日之藝附弟子之列，語有之：『知己重於感恩。』今有人於此，衣我以文繡，食我以稻粱，樂我以臺池鼓鐘，使其讀予文，而不知其原本聖賢，備見古今道德性命之所在，予終不以彼易此。以其出於勤苦憂患、驚怖束縛之中，而又以存知己之感，此試卷之所為刻也。若數科闈中所試，則世皆以成敗論人，不欲塵世人之耳目，又類好自表見，形主司

短長，故藏而匿之，終不能忘其姓名。駒兒五歲能讀書，將分識而使掌之，曰：此某司理、某令尹爲房考時所擯也。既以陰誌其姓名，且使駒兒讀而鑒，鑒而爲詭遇之文以逢時，無學乃父之拙也。」〔註38〕

由上文可知童生之試有：季考、觀風、歲考和科考。

（二）篇幅之長短

梁章鉅按曰：明初科舉成式，四書義每道二百字以上，經義每道三百字以上。我朝順治二年定四書文，每篇不得過五百五十字。康熙二十年，議五百五十字恐詞意不盡，若不限字恐又相沿冗長，嗣後限六百五十字。乾隆四十三年，始定鄉會兩試及學臣取士，每篇俱以七百字爲率，違者不錄。〔註39〕

（三）題目寫法

《履園叢話》云：余嘗論考試題目低兩格，寫文則頂格，皆習焉不察。題目是聖經賢傳，時文乃發明聖賢經義者，何以反高兩格？試看《十三經注疏》豈有注高於經、疏高於注者乎？即本紀、列傳、志、表，題目亦無有低兩格者，不知當時何人定此式樣也。

梁章鉅按：錢梅溪此言甚辨，而不知注疏是經，紀傳是史，詩文是集，各自爲例，不必相蒙。集莫古於《昭明文選》，其每篇題目即低兩格，即古來各子部中，每篇題目亦無不低二格者，四書文式樣即沿其例，又何疑焉？〔註40〕

（四）命題制度

1. 梁章鉅曰：前明洪武二十年丁卯科應天鄉試，首場首題爲〈老者安之〉三句、次題爲〈興於詩〉三句、三題爲〈克己復禮爲仁〉三句，皆出《論語》，彼時原無定式也。至我朝順治二年，始定四書題，第一題用《論語》、第二題用《中庸》、第三題用《孟子》，如第一題用《大學》，則第二題用《論

〔註38〕見《制義叢話》卷六，頁 186～191，梁章鉅引自李雨村《制義科瑣記》卷三〈艾千子自敍〉條，但文字有所刪改，與《艾千子先生全稿》卷首〈歷試卷自敍〉原文稍異。

〔註39〕同註 38 卷一，頁 10～11。

〔註40〕同註 38 卷二十二，頁 881～882。又《原抄本日知錄》卷十九亦載：「試錄文字之體，首行曰「第一場」，頂格寫。次行曰「四書」，下一格。次行題目，又下一格。五經及二、三場皆然。至試文，則不能再下，仍提起頂格。此題目所以下二格也。若歲考之卷，則首行曰「四書」，頂格寫，次行題目，止下一格。經論亦然。後來學政，苟且成風，士子試卷，省却四書各經字，竟從題目寫起，依大場之式，概下二格。」

語》，第三題仍用《孟子》。

按：此令載《科場條例》中，奉行已久，乃近閱邸抄中有一案云：道光庚子，
山西鄉試，首題爲〈德潤身心廣體胖〉、次題爲〈體群臣也，子庶民也〉，
兩題並用《大學》、《中庸》而無《論語》題，實與《科場條例》不符。
旋經主考檢舉，監臨奏參，部議照違制律擬革職留任，亦可謂寬典矣。
〔註41〕

2. 黃安濤曰：乾隆間，會試鄉試多用搭截及小題，蓋避士子揣摩熟題也。
庚子會試，首題〈眾物之表裏精粗無不到〉一句，則出朱子所補格物章。〔註42〕

3. 梁章鉅按：邱瓊山《大學衍義補》云：「國初時所試題目，皆摘取經書
中大道理，大制度，關係人倫治道者，然後出以爲題。當時題目無甚多，故
士子專用心於其大且要者，又得以其餘力，旁及他經及諸子史。主司亦易於
考校，非三場勻稱者不取。近年以來，典文者設心欲窘舉子，以所不知用顯
己能。其初場出經書題，往往深求隱僻，強截句讀，破碎經文，於所不當連
而連，不當斷而斷，遂使學者無所依據，施功於所不必施之地，顧其綱領體
要處反忽略焉。以此科場題目數倍於前，學者竭精神、窮日力有所不能給，
故於第三場策問，所謂古今制度、前代治績、當世要務，有不暇致力焉者。
甚至名登前列亦有不知史冊名目、朝代前後、字書偏旁者。第以科額有定數，
不得不取以足之。然此又不但科試爲然，而提學憲臣之小試，所至出題尤爲
瑣碎，用是經書題目愈多，學者資稟有限，工夫不能徧及，此實學所以幾廢，
而科舉所得罕博古通今之士也」。〔註43〕

4. 《日知錄》云：天啓四年應天鄉試題〈今夫弈之爲數〉一節，以魏忠
賢始用事也。浙江鄉試題〈君之視臣如手足，則臣視君如腹心〉，以杖殺工部
郎萬燝也。七年江西鄉試題〈皜皜乎不可尙已〉，其年監生請以忠賢建祠國學
也。崇禎三年，應天鄉試題〈舉直錯諸枉，能使枉者直〉，以媚奄諸臣初定逆
案也。此皆可以開帝聰而持國是者。時當季葉，而沘水鶴鳴之義猶存於士大
夫，可以想見先朝之遺化。若崇禎九年應天鄉試《春秋》題〈宋公入曹以曹
伯陽歸〉，以公孫疆比陳啓新，是以曹伯陽比皇上，非所宜言，大不敬。天啓
七年，順天鄉試《書》經題〈我二人共貞〉，以周公比魏忠賢，取又無將之漸

〔註41〕見《制義叢話》卷二十二，頁876～877。
〔註42〕同註41，頁903～904。
〔註43〕同註41，頁897～900。

亦見之彈文者也。〔註44〕

二、衡文標準

文重首藝，單句題能以兩扇格爲之尤見力量：

梁章鉅曰：乾隆甲寅，吾閩鄉試，首題〈賢者識其大者〉三句、次題〈郊社之禮〉、三題〈禹疏九河，淪濟漯而注諸海〉。余甫出場，先資政公即向索文稿，余以首藝進，公曰：「平平。」復索次藝，余瑟縮不敢呈，固索之，乃以實對曰：「場中力實不支，次藝竟以兩扇格塞責，緣公先有科舉文字，不宜作兩大扇之諭也。」公笑曰：「此眞所謂膠柱鼓瑟矣！吾所謂不宜用兩扇者，專指首藝言之，恐衡校者不喜此格，即並其餘擯之耳。若次藝、三藝即不在此禁，況單句題而能以兩扇格行之，尤見力量乎！」〔註45〕

三、有關防弊諸事

（一）命搭題及小題以防揣摩

黃安濤曰：乾隆間會試、鄉試題多用搭截及小題，蓋避士子揣摩熟題也。〔註46〕

（二）禁用類書以正文風而端士習

梁章鉅曰：嘉慶二十年，有學政姚元之奏請飭禁坊刻《四書典制類聯》及《四書人物類典串珠》等書，奉上諭：（上略），嗣後坊間如有售賣刪本經傳及抄撮類書者，著該學政隨時查禁，責令銷燬。如歲科考拔生童等，有仍將此類聯鈔錄者即擯棄不錄，以正文風而端士習。〔註47〕

四、試　獄

（一）為文譏訕被杖斃

《四勿齋隨筆》云：前明葉東園（經），嘉靖癸卯巡按山東，作鄉試〈無爲而治〉一節題程文，大結內有「繼體之君，未嘗無可承之法，但德非至聖，未免作聰明以亂舊章」等語，世宗見之大怒，以爲譏訕，逮訊，斃於杖下。〔註48〕

〔註44〕見《制義叢話》卷二十二，頁 879～880。並見《日知錄》卷十五〈題切時事〉條。

〔註45〕同註44，頁 840。

〔註46〕同註44，頁 903～904。

〔註47〕同註44 卷二，頁 47～48。

〔註48〕同註44 卷五，頁 123。

（二）為文犯諱見擯

梁章鉅按曰：前明朱國禎於萬曆戊辰主會試，得一卷甚佳，以犯「國禎」二字棄去。陳如岡房一卷，亦以「如岡」、「如陵」見擯。順治會試，趙吉士卷已中，以文中「而不與人以可託」句犯房官「于可託」名見擯。及己酉趙分校山右，首題為〈先有司〉三句，有「吉士彙征」語，因用趙名，主司疑之。趙曰：「果通關節，何以名為？」因力爭得中，後其人聯捷去，為文水閣調鼎也。〔註49〕

（三）通關節受賄，主考置重典，舉人伏誅、遭除名

《熙朝新語》云：順治丁酉江南鄉試，……，題為〈子貢曰貧而無諂〉全章，下第者橫加誹語，有〈黃鶯兒〉詞一首以譏諷場務，云：「命意在題中，輕貧士，重富翁。《詩》云子曰全無用。切磋欠功，往來要通，其斯之謂方能中。告諸公，方人子貢，原是貨殖家風。」其事上聞，遂興大獄，兩主考官及十八房官皆寘重典，舉人除伏誅外，尚革去二十餘人。〔註50〕

（四）經題訛誤，同考官受罰

《制義科瑣記》云：康熙二年癸卯順天鄉試，以經題訛錯，吏科給事中楊鼎疏曰：「凡闈中試題，例皆本經同考官所擬，今《春秋》經題，則同考官羅繼謨擬進者也，乃《春秋》第四題，經係『邾子』，而題訛『邾人』。夫以《春秋》本經闈春秋房，而題有訛錯，其人固已疏矣。且此第四題即己亥會試之第二題也，己亥是題亦曾以『邾子』訛『邾人』，經知貢舉與監試諸官題參，考試官亦自檢舉，請將試錄改正，因將同考官范廷魁、孫承恩議處在案，此人人共知者，己亥至今相隔只一科，不宜遺忘，而羅繼謨者又己亥春秋房中式士也。以己亥中式之題而擬以試士，既屬可怪，況已經訛錯之題而重為訛錯，在前此之誤，猶因坊本相沿偶失檢點，故范、孫之參，罰可從輕擬，今已經更正，敕改試錄，煌煌然載於功令，而乃以是科中式之人題即是題，錯復再錯，是前為過誤，今且怙終，前固違經，今復悖敕，此其所繫匪細故也。然且前時舉子哄堂而爭，則內簾受過，凡題寫『邾子』者概使錄入，今之諸生亦哄堂而爭，而內簾反不受過，凡題寫『邾子』者皆貼斥不錄，遵經士子轉受黜落，去取盡乖，屈抑誰贖？毋怪乎叩閽者之嘵嘵矣。」疏上，奉

〔註49〕見《制義叢話》卷二十三，頁928。
〔註50〕同上註卷二十二，頁883～884。

旨從重處分。〔註51〕

（五）主考命題譏諷伏誅

戴朏塘《石鼓齋雜錄》云：雍正丙午，查嗣庭、俞鴻圖典江西試，查爲主考，以〈君子不以言舉人〉二句及〈山徑之蹊間〉一節命題。其時方行保舉，或劾其有意譏刺，「茅塞子心」更不知何所指。因搜其筆札詩草，語多悖逆，遂伏誅。並兄愼行、嗣瑮遣戍有差，因停浙人丁未會試。俞鴻圖以副考自辦係出〈日省月試〉題，得免罪，旋出學差，以不知檢束，亦論死。〔註52〕

（六）為文違式見擯

梁章鉅曰：乾隆戊子科，先資政公已擬元兩日，而改作《禮記》經魁。戊申科，先伯父叶所公亦曾擬元，而以後場違式擯落。〔註53〕

（七）遣詞不當罰停科

戴璐《藤陰雜記》云：（乾隆三十五年）庚寅，顧天駿五十外中舉，題爲〈孟公綽〉節，用「國狗之瘈」句，爲大磨勘指出停科。〔註54〕

（八）犯下被磨勘停科

梁章鉅曰：乾隆戊申江南鄉試，一生虔禱於韋左司廟中，夢見一黑衣眞人來謁韋公，曰：「不可以爲道。」醒後不解其故，是科領薦後，被磨勘，罰停二科。以次藝〈日月星辰繫焉〉文，有「於穆」二字犯下；孟藝〈孔子登東山〉一節文，有「道」字犯下故耳。旋以禮闈尙遠，就幕淮安，暇日過關廟，見懸牌書「神機詳夢」四字，生以前夢請詳。其人掀髯笑曰：「是何難解？黑衣眞人，烏木道士也。曰『不可以爲道』，吸後語『伐柯伐柯』是也。君殆有美中不足乎？」生始悟黑衣爲於穆，道下爲伐柯，即罰科之轉聲。韋公示意元妙乃爾！〔註55〕

（九）自刻落卷，涉嫌謗訕考官，被革去舉人

有浙江顧孝廉者，因自刻其會試落卷，後跋涉及考官，大有謗訕之語，爲言官所劾，革去舉人，後改名，鄉試復中式。〔註56〕

〔註51〕見《制義叢話》卷二十二，頁 884～885。
〔註52〕同註 51，頁 889～890。
〔註53〕同註 51 卷二十一，頁 869。
〔註54〕同註 51 卷二，頁 43。
〔註55〕同註 51 卷二十四，頁 953～954。
〔註56〕同上註，頁 947。

五、其 他

（一）廷對不取時文

俞桐川曰：「張君一（以誠）未遇時，受知於華亭相國，相國決其文必元，既而登賢書不元，相國訝之。辛丑捷南宮，又不元，相國訝甚。及廷對果元，相國乃悅。夫相國決其元者，決之於時文也。廷對不取時文，雖得元，於相國何與？蓋去奇就平，含濃即淡，有包括群才之度，故決其可元。然則廷對即不元，君一之元自在也。陶石簣曰：闢徑開畦，人推鍾斗，若氣淳矩正，上紹成宏，君一之功居多，然則君一雖不元，當時固以元目之矣。」〔註57〕

（二）主考專責

朱珪曰：「十八房中各有一房首，謂之房元。雖主考不能與爭。惟十九名始為主考所專，亦與各房無與」。〔註58〕

六、各期文風

（一）陸清獻公曰：「成宏以前之文，敘題面處多，發所以然處少，而題意已顯然於題面之中；成宏以後之文發所以然處多，敘題面處少，而題面亦躍然於題意之內，兩者不可偏廢也。」〔註59〕

（二）徐存菴曰：「嘉靖以前，文以實勝；隆萬以後，文以虛勝。嘉靖文轉處皆折，隆萬始圓，圓機，田（指田一雋）、鄧（指鄧以讚）開之也。後漸趨於薄矣。嘉靖文妙處皆生，隆慶萬曆始熟，熟調，湯（指湯顯祖）、許（指許獬）開之也，後漸入於腐矣。」〔註60〕

（三）顧亭林曰：「隆慶二年會試，為主考者，厭五經而喜老莊，黜舊聞而崇新學。首題《論語》曰〈由，誨汝知之乎〉一節，其程文破云：『聖人教學者以真知，在不昧其心而已』。始明以《莊子》之言入之文字，自此五十年間，舉業所用無非釋老之書矣。」又曰：「嘉靖中，姚江之書雖盛行於世，而士子舉業尚知謹守程、朱，無敢以禪竄聖者。自興化、華亭兩執政尊王氏學，於是隆慶戊辰，《論語》程義首開宗門，此後遂浸淫無所底止矣。」〔註61〕

〔註57〕見《制義叢話》卷十二，頁491。
〔註58〕同註57卷十八，頁755。
〔註59〕同註57卷二，頁63。
〔註60〕同註57卷六，頁166。
〔註61〕同註57卷二，頁48。

（四）錢吉士曰：「萬曆癸未以前，會元墨卷多平淡之篇，平淡而兼深古，惟成宏以上有之。正嘉以來，或兼雄渾，或兼敏妙，或兼圓熟，各自成家，亦各有宗派，然皆有平淡之風。癸未以後或太露筋骨，或太用識見，一時得之，似誠足以起衰儒，破雷同。然於平淡兩字相去已遠矣。久而厭之，復求平淡，則又以低腐爲平，淺薄爲淡，而三等秀才之文駸駸乎有會元之望矣。」〔註62〕

（五）閻百詩（若璩）《潛邱箚記》云：「顧亭林嘗言萬曆以前八股之文可傳於世者不過二三百篇，其間皆無一字無來處。」〔註63〕

（六）王巳山曰：「我朝於順治乙酉開科取士，諸墨皆深醇蒼勁，渾然一開國規模。如順天賀公應旌墨，實以精氣緯以英思。」〔註64〕

（七）嘉慶中葉，文體詭異，士子往往捃摭僻書字句以炫新奇，而不顧理法。甲戌闈後，辛筠谷侍郎（從益）爲磨勘官，遂疏稱：「各省鄉試取中之闈墨，如〈隱居以求其志〉三句題，文中用乘麟以理，駕龍而游，及金策書聖，銀策書賢，玉策書功等語，於題義殊爲廓落。又如「冉有曰既庶矣」兩節題文，抄用《鬻子》東門曰虛，西門曰堧，南門曰庇，北門曰側。又用《漢書郡國志注》，夏禹之時民千三百五十五萬三千九百有二十三，成周之時民千三百七十一萬四千九百有七十三等語，雖出古書，究於本題富教之義不切，文體亦屬支離。……又近來士子爭效尤侗、王廣心文，謂之尤王體。查尤，王文體最爲浮靡，其運用故實，往往換字縮腳，幾於唐人鸚鵡虬戶之澀體，費人猜想，究其義實爲膚淺。是以欽定本朝《四書文》概不收錄。今乃復取而誦習摹倣之，科名既掇，效尤滋多，遂成風尚。現屆會試之期，天下人才萃於京師，應請預飭典試分校各官嚴裁僞體，務歸清眞雅正，其穿貫經史，書卷紛綸者，固宜取中，亦必求其文從字順，於題義實有發明，庶眞才出而文體正，士習端矣。奏入，上是之。

梁章鉅曰：侍郎時爲臺諫，屢與磨勘之役，京中呼之爲磨王，然其所指摘則不爲過也。〔註65〕

（八）道光中，時文家揣摩之法愈出而愈奇，近有所謂「且夫調」者，每於提比之後，或末比之前，突用「且夫」二字，以振其勢，並不必關顧前

〔註62〕見《制義叢話》卷十二，頁479。
〔註63〕同註62卷一，頁32。
〔註64〕同註62卷八，頁258。
〔註65〕同註62卷二十四，頁948。

後語脈。鄉會場中率多用此爲秘訣，而司校閱者亦往往入其彀中，竟有以此掄元者。如壬辰科會試〈君使臣以禮〉題，會元文中段云：「且夫君公至貴也，臣下至賤也；天澤至嚴也，而堂廉又至遠也；臣以爲必出於禮，何哉？」又己亥順天鄉試〈貨悖而入者〉二句題，解元文中段云：「且夫盈虛消長天理也，欲惡取予人情也，而多寡乘除則尤理有固然，而勢有必至者也。」此外，用此調獲雋者尚層見叠出，展轉相承，未見其已也。

梁章鉅曰：前明王浸大有〈道之以德〉一節文，後兩比起處各用「且夫」字，此調似託始于此，然彼是靠實發揮，此則純衍虛機而已。〔註66〕

七、有關坊刻諸事

（一）房書坊刻之始

1. 李光地曰：「房書坊刻始於李衷一，可謂作俑，坊刻出而八股亡矣。」〔註67〕

2. 阮葵生《茶餘客話》云：「明坊間時文刻本興於隆萬間。房書之刻始於李衷一。十八房之刻自萬曆壬辰《鈞元錄》始。旁有批點自王房仲選程墨始。厥後坊刻乃有四種，曰程墨，則三場主司及士子之文；曰房稿，則十八房進士平日之作；曰行卷，則舉人平日之作；曰社稿，則諸生會課之作。」〔註68〕

3. 徐越《嶺雲編》所錄，上自洪武，下訖昭代己未，不下三千篇。其自作紀，略云：「文章之名曰程文、曰墨卷、曰房書、曰行書、曰社稿，是以其人與其人之時異之，其實未有殊也。在未遇曰社稿，一遇則曰行書，再遇則曰房書。墨卷之不同於房、行書，有福慧鬼神相其成，功令衷其是者也。程文之不同於墨卷者，力爲矜式，不騁才，不炫美，而一以書旨題情爲式天下者也。」〔註69〕

（二）坊刻有偽作

顧亭林曰：坊刻有偽作，羅倫〈致知在格物〉一篇，其破題曰：「良知者廓於學者也。」按：羅文毅中成化二年進士，當時士無異學，使果有此文，則良知之說始於彝正，不始於伯安矣。況前人作破亦無此體，以其爲先朝名

〔註66〕見《制義叢話》卷二十四，頁951。
〔註67〕同註66卷一，頁17。
〔註68〕同註67，頁30。
〔註69〕同註67，頁26。

臣而借之耳。

梁章鉅曰：按俞長城《百二十名家》中尚載此文。〔註70〕

八、有關諸集諸事

（一）《天鏗》、《龍鸞集》

厲鶚謂何維熊家藏社稿及房行書最多，凡爲文五萬餘篇。後擇其尤雅者千首有奇，都爲一集，顏曰《天鏗》。意在闡發幽潛，尚艱剗剌，深以爲憾。其令嗣太旃復拔其沈博絕麗者若干篇，名爲《龍鸞集》，先梓以行。龍鸞者，用班孟堅〈答賓戲〉中語也。今《龍鸞集》之名，時文家已不能盡識，語以《天鏗》，則更不知所謂矣。〔註71〕

（二）《行遠集》

梁章鉅曰：閻百詩初交何義門時年二十四歲。與議論時文，欲將有明名家制義其中錯解題，誤用事者，盡標出爲一帙，凡數百條。謂此乃代聖賢立言，豈有使別字、用譌事者。義門擊節歎賞，歸而抄撰制義爲《行遠集》，悉如百詩之旨。義門曰：「必如是方見制義之難也」。〔註72〕

（三）周振采之批訂

張惕菴曰：王耘渠選《明文冶》風行一時，然已盡破前人之法。曩時何義門選《行遠集》，其指歸悉本閻潛邱。李安溪前後選諸集，皆徐壇長、何義門所手定。方望溪選《四書文》，其總批、線批，皆由兵曹郵寄周白民改定，然後出示同館。蔡方三選《三十家》，亦白民汰易其大半。〔註73〕

九、有關諸派之傳承

汪武曹曰：「談元派、元度者，謂始自石城，至昆湖而大，至定宇而神。其後有月峰、九我，至丙戌而始變（袁宗道科），至己丑而更變（陶石簣科），迄于壬辰而其派遂亡（吳因之科）。」

梁章鉅曰：朱大復謂戊子開時文一脈，乙未許導其源，甲辰瞿衍其派，誠然定一時局。又謂學瞿者易庸易弱，竊嘗以其說推之，以爲談元派、元度

〔註70〕見《制義叢話》卷二十三，頁 911。
〔註71〕同上註卷一，頁 36。
〔註72〕同註 71，頁 33。
〔註73〕同註 71，頁 31。

而失之者，多不免庸弱之患，固不若學陶學吳者之爲愈矣。〔註74〕

十、軼　事

（一）防弊軼事

梁章鉅曰：近時好出割截題，欲以杜鈔錄成文之弊。其作法全在釣渡挽上見工夫，而於聖賢立言之本旨則未暇顧也。然此風似不始於今日，明人說部中有〈以杖叩其脛闕黨童子〉題，或作中段渡勢云：「一杖而原壞痛，再杖而原壞仆，三杖而原壞死矣。三魂渺渺，七魄沈沈，一陣清風化爲闕黨童子。」此雖戲言，亦可見前明即尚此巧法矣。又有戲作〈王如好色至有託其妻子於其友〉題者，其渡下云：「夫王之好色，不與王之臣同之，而與百姓同之者，以王之臣自有妻子故也。」其挽上云：「夫王之臣，不託其妻子於王，而託於其友者，以王好色故也。」善謔而近虐，實足解頤。〔註75〕

（二）諸家軼事

1. 方樸山軼事

方樸山垂老猶健於文，鬻文金盈甕。有一愛孫常在左右，擬以與之，已而甕金亡。私問孫，孫不承，因疑他孫竊之，乃大恨，請道士上章呪之，而愛孫死，樸山傷之，遂沒。通人之蔽至老而甚，讀此文爲慨然，孫且不免憾，況朋友耶！〔註76〕

2. 陳際泰佚聞

林暢園嘗曰：崇禎甲戌，闈中文湛持得首卷，決爲陳大士，請作元。鄰房項煜欲會元出其門，亦指一卷爲楊維斗，相持不肯下。湛持曰：「但願眼明耳。果維斗作會元，大士即第二，豈不極盛乎？」遂讓之。及拆項卷乃李青也，唱次名，果陳際泰，滿堂鬨然。頌湛持法眼，項面黑，向稱「項黑」。至是有「項黑得李青」之語。〔註77〕

3. 張文貞軼事

《石鼓齋雜錄》云：順治丁酉科場大獄，因尤侗著〈鈞天樂〉而起。時尤侗、湯傳楹高才不第，乃隱姓名爲沈白，揚雲，描寫主考何某，盡態極妍。三

〔註74〕見《制義叢話》卷十二，頁479。
〔註75〕同註74卷二十四，頁968～969。
〔註76〕同註74卷十，頁367。
〔註77〕同註74卷七，頁209～210。

鼎甲爲賈斯文、程不識、魏無知，亦窮形盡相，科臣陰應節糾參。殿廷、覆試之日不完卷者銀鐺下獄，吳漢槎本知名士，戰慄至不能握筆。審無情弊，流尙陽堡。惟張文貞公時方十八歲，從容抒寫而出，公輔器度固自不凡也。〔註78〕

4. 紀昀軼事

相傳河間紀文達少時負神童之譽，而務泛覽博涉，不主故常，四子書讀一過即棄去。應歲試時，題爲〈名之必可言也〉二句，其破題云：「君子於其言無所苟而已矣」。遂寘劣等。自是專攻經義，逾年竟領解。〔註79〕

（三）命題軼事

1. 學使者出題之巧，莫過於彭文勤公在江南時，科試七屬題爲〈歲辛丑二月再來〉，每屬一字。蓋年月恰值副此巧思，一時傳爲佳話。又考某屬，親書三個「洋洋乎」付監場教官傳云：一係〈鬼神之爲德〉章，一係〈大哉聖人之道章〉，一係〈關雎之亂〉章。教官稟稱，今日試四屬，尙少一題，公笑曰：少則洋洋焉，因補書之，其敏給如此。又相傳公在浙江時，歲試金華四屬老生，府學題爲〈今有受人之牛羊而爲之牧之者〉，金華題爲〈今有同室之人鬪者〉，蘭溪題爲〈今有人日攘其鄰之雞者〉，東陽題爲〈今有禦人於國門之外者〉，值此四學諸生不馴，公於考之次日，罰令向文廟拔除宿草，諸生作詩揭於通衢云：府學牧牛羊，金華鬧一場，蘭溪猶小竊，大盜起東陽。公聞，急釋之。〔註80〕

2. 繆蓮仙曰：彭文勤公視學浙省，時試題多觸景生情，機趣橫溢。乾隆戊戌冬，案臨處州，初場府尊不到，委同知點名。至次場來謁，公曰：太尊今日纔來。對曰：方從省垣歸，前不獲已，故委同知來。公曰：來與不來，應聽太尊自便，但尙有童生正場，太尊能來益昭愼重耳。曰：敢不如命。是日七學，出題，自一字至七字止，一曰〈來〉，二曰〈醫來〉，三曰〈遠者來〉，四曰〈送往迎來〉，五曰〈厚往而薄來〉，六曰〈不遠千里而來〉，七曰〈而未嘗有顯者來〉。經題《易》爲〈七日來〉，復《書》爲〈鳳凰來儀〉；《詩》爲〈貽我來牟〉；《春秋》爲〈郯子來朝〉；《禮》爲〈禮聞來學〉，以是日問答中多來字故也。及試童生，聞郡中適有重案，遂以五刑命題，一爲〈以杖〉，二爲〈其徒〉，三爲〈若流〉，四爲〈則絞〉，五爲〈而斬〉。再次場而府尊又奉

〔註78〕 見《制義叢話》卷九，頁 319～320。
〔註79〕 同註78 卷二十三，頁 928。
〔註80〕 同註78 卷二十二，頁 896～897。

檄進省，仍委同知點名。公笑謂教職曰：太尊今日又不獲來矣。出題一爲〈又其次也〉，二爲〈委而去之〉，三爲〈同其好惡〉，四爲〈知其所止〉，五爲〈來者不拒〉。合之爲〈又委同知來〉五字也。及次年科試其地，點名畢，所留監場教職有二人稟，今日某鄉官治喪，卑職與有舊，不能不往。公笑而許之。俄頃出題，一爲〈伯牛有疾〉，二爲〈康子饋藥〉，三爲〈子路請禱〉，四爲〈充虞路問〉，五爲〈右師往弔〉。覆試日有一文生，二武生補考，文題〈且一人之身〉，武題〈夫二子之勇〉，迨試金華，凡九學同場，將命題。一教職偶稟他事，語雜仲四先生，公問仲四何人？曰：武義歲貢設帳郡齋者，遂連書九題，一爲〈武王是也〉，二爲〈義然後取〉，三爲〈歲不我與〉，四爲〈進不隱賢〉，五爲〈士志於道〉，六爲〈仲尼之徒〉，七爲〈四體不勤〉，八爲〈先行其言〉，九爲〈生之者眾〉。合之爲〈武義歲進士仲四先生〉九字也。童生初場題亦分出四仲字，一爲〈微仲〉，二爲〈虞仲〉，三爲〈管仲〉，四爲〈牧仲〉。及次場，各教職耳語，曰：今日恐不能再切仲四矣。公微聞之，即書四題，一爲〈太王〉，二爲〈尊賢〉，三爲〈西子〉，四爲〈席也〉。仍補足前日設帳郡齋之語。覆試總題則〈仲王四年也〉，後仲四聞之，謂太守曰：宗師前後試題勝於爲我作傳也。〔註81〕

3. 《堅瓠集》云：順治庚寅，吳仲郡守王光晉，府試時，同知石映星攝長邑事與之同試，出題。首題乃「雍也可使南面，仲弓問子桑伯子」，命吏書牌呈驗。王見不寫註字，曰：這許多何不竟寫一行？石曰：此是搭題。王曰：石老爺，考童子竟出蠻子家題目，罷了！何必要出嗒題。眾爲匿笑。〔註82〕

（四）破題佚聞

1. 《堅瓠集》云：平涼趙公時春，年九歲應童子試，文佳甚，學使者疑其代作，面試之，以〈子曰〉二字命題，公應聲曰：「匹夫而爲百世師，一言而爲天下法。」復命自賦其姓名，公亦應聲曰：「姓冠百家之首，名居四序之先。」又商邱安世鳳衝太守前導，守指路旁「此屋出賣」四字，令作破題，安應聲曰：「曠安宅而弗居，求善價而沽諸。」又雲間莫如忠六歲應試，主司訝其小，面試一破以〈爲政、八佾、里仁、公冶長〉爲題，莫應聲曰：「化隆於上而有潛，非其禮者；俗美於下而有犯，非其罪者。」主司歡賞，遂入泮。〔註83〕

〔註81〕見《制義叢話》卷二十二，頁 893～895。
〔註82〕同上註，頁 882～883。
〔註83〕同註81卷二十三，頁 922～923。

2.《堅瓠集》又云：成化丙戌陳公甫（憲章），莊孔暘（昶），章德懋（懋）應試南宮。主試者相戒曰：場中有此三人，不可草率。及塡榜，章莊高列，獨不見陳卷，亟覓之，題爲〈老者安之〉三句，陳破云：「人各有其等，聖人等其等。」同考者業批其旁云：「若要中進士，還須等一等。」見者哄堂。又南直宗師歲考某縣諸生，題爲〈斯民也，三代之所以直道而行也。〉一生文中有「一代一代又一代」句，宗師批云：「二等二等再二等」。遂寘之六等云。〔註84〕

（五）承題佚聞

1. 繆蓮仙曰：傳聞某省有小邑，赴童子試者僅數學額，故能作一破或一承，便可獲售。宗師閱是邑卷，皆不過至承題而止，其中惟一卷於承題後大書「且夫」二字，因批云：「大有作起講之意」，遂拔置榜首。〔註85〕

2. 繆蓮仙曰：嘗聞諸誠劉文清相國，其姪在京爲相國買宅，久而虛置。人問之，則曰：吾叔父意所不愜也。紀文達爲集四書句作破承題云：「曠安宅而弗居，敬叔父也甚矣；地之相去也千有餘里，惡在其敬叔父也。噫！爲其爲相歟！」又曰：吾杭張某好葉子戲，生四子皆有父風，其妻故儒家女，嘗集《孟子》句成一破題諷其夫曰：「子好游乎，夫有所受之也。」乎字借音，俗語鬥紙牌謂之游湖，子字坐實講，夫讀如字，受與授同，亦可謂錦心繡口矣。〔註86〕

3. 陳厚甫曰：「有師訓其徒曰：『作文之法，破題要正做，承題必須先反後正，然後得勢。』」其徒頗似領會。一日師以〈未有學養子而後嫁者也〉命題，其徒做承題，先反兩句云：「養子而後嫁，人之常情也。」見者無不匿笑。〔註87〕

（六）其他軼事

1. 梁章鉅曰：國初嘉應州有諸生李文固者，善諧謔。考試日，宗師以〈古之人古之人〉六字命題，並未註明何章。李乃揖而進曰：《孟子》中有兩處「古之人古之人」，不知宗師所出者是上句「古之人古之人」抑是下句「古之人古之人」。若是上句「古之人古之人」，生員好做上句「古之人古之人」；若是下

〔註84〕見《制義叢話》卷二十三，頁923～924。
〔註85〕同註84，頁933。
〔註86〕同註84，頁930。
〔註87〕同註84，頁931。

句「古之人古之人」，生員好做下句「古之人古之人」。倘是上句「古之人古之人」，做了下句「古之人古之人」，或是下句「古之人古之人」，做了上句「古之人古之人」，便將宗師所出「古之人古之人」題目做錯了，敢請。數語皆一氣說下，聞著無不失笑。宗師急麾之曰：任你去做。一日，又遇考試題是〈割不正不食〉，李已完卷，收處又添一段云：噫！予生也晚，未能與孔子同時，一食其所膾零頭碎角之肉，豈不惜哉！宗師閱其文甚佳，及見結處不覺爲之噴飯，竟置四等。〔註88〕

2. 繆蓮仙曰：浙江某宗師歲試杭州，題出〈禮大夫有賜於士〉三句，諸生疑而未決。有云：大夫三句是禮文，非引禮爲說，若將禮字截斷，則上「而惡無」三字不成文也，抑另有別解耶？時宗師見有出號紛紛耳語者，急取四書閱之，見硃點於禮字旁略高，書吏因之誤寫過硃，時未經詳審耳！因就題牌用硃筆圈去禮字。〔註89〕

3. 繆蓮仙又曰：保定某令係翰林改授者，邑試出〈雖有鎡基〉題，「鎡」作「滋」，童生有點者詣案前問曰：滋基是何物？令曰：田器，汝不讀註耶？童曰：田器亦不一，此莫非桔橰乎？曰：既從金旁，當是錢鏄之屬，繼覺其言有異，取視題牌，果寫水旁。乃笑曰：本縣一時筆誤，幸有爾詰問，業已說明金旁，否則成笑柄矣！遂改正焉。〔註90〕

4. 又江蘇某宗師歲試某府，題爲〈昔者竊聞之〉一節，失寫子張，諸生譁然，教官慰之，云：此書吏遺寫之過。眾以目擊宗師手書，如何委諸書吏，一士戲占曰：祭酒聲名久播揚，四書語句頓遺忘，想因文學推游夏，失却堂堂一子張。〔註91〕

5. 梁章鉅曰：余四叔父太常公視學陪京，恭逢嘉慶十年東巡大典。先一月奉天歲試諸生童，僉言學臣應帶領新進文童接駕。適有八十歲老童，皓首龐眉，人甚輕健，公於點名頃目之，擬即取進，以爲諸生領袖。是日，試題爲〈周公謂魯公曰〉，公當堂收閱老童卷，講下云：「不觀周公乎？不觀魯公乎？不觀周公謂魯公乎？不觀周公謂魯公曰乎？」公笑曰：「如此出落，宜其爲諸童領袖矣！」後竟取殿奉庠云。〔註92〕

〔註88〕見《制義叢話》卷二十二，頁907～908。
〔註89〕同註88，頁896。
〔註90〕同註88，頁895。
〔註91〕同註88，頁895～896。
〔註92〕同註88卷二十四，頁969。

6. 又曰：張船山太守在登州府試，以〈伯夷叔齊〉命題，有作八股文者，則伯二比，夷二比，叔二比，齊二比也。太守題俳語於卷上云：孤竹君哭聲悲，叫一聲我的兒呵！我只道你在首陽山下做了餓死鬼，誰知道被一個混帳的東西，做成了一味喫不得的大碟八塊。可為噴飯。〔註93〕

7. 陳秋坪曰：有士人患其子不務正業，游手放閒，因取章日炘〈父母惟其疾之憂〉題文，誦其後股出比以警之曰：罔極之深恩未報，而又徒留不肖之肢體，貽父母以半生莫殫之愁。子不敢出聲。一日適其父狎妓歸，子偵知之，遂朗誦前文對比云：百年之歲月幾何，而忍吾親以有限之精神，更消磨於生我劬勞之後。父乃默然。予謂對比三語尤妙在意餘言外也。〔註94〕

8. 陳秋坪曰：有武生進內場鈔錄夾帶，文字中有「昔賢」二字，筆畫稍長，賢字又小寫作矣。遂誤作「廿一日上天」五字。主司批云：爾既於廿一日上天去，本院亦不留爾。又一武生於卷中錄「蓋人君之於天下」句，誤作「羊血倉三打天下」七字，至今以為笑柄。〔註95〕

9. 袁簡齋曰：余弱冠在都，即聞吳江布衣徐靈胎有權奇惆懷之名，終不得一見。庚寅七月，患臂痛，乃買舟訪之，一見懽然。年將八十矣，猶談論風生，留余小飲，贈以良藥。門鄰太湖七十二峰，招之可到。有佳句云：一生那有真閒日，百歲仍多未了緣。自題墓門云：滿山靈草仙人藥，一徑松風處士墳。靈胎有戒賭、戒酒、勸世道情語，雖俚恰有意義。刺時文云：「讀書人最不濟，爛時文爛如泥，國家本為求才計，誰知道變做了欺人技。三句承題，兩句破題，擺尾搖頭，便道是聖門高弟。可知道三通四史是何等文章，漢祖唐宗是那一朝皇帝。案頭放高頭講章，店裏買新科利器。讀得來肩臂高低，口角噓唏。甘蔗渣兒嚼了又嚼，有何滋味。辜負光陰，白白昏迷一世，就教他騙得高官，也是百姓朝廷的晦氣。」〔註96〕

10. 陳東橋（應元）曰：相傳前明萬曆庚辰科，題為〈不能死，又相之〉，有錢某者既脫稿，隱几假寐，見一古衣冠丈夫自稱管子，正容告之曰：君文通場所無，不患不雋，然握拳透爪，使我無地自容，若能改去數語，我當助子成元。錢笑曰：余文向不加點，元可不得，文不可改也。須臾驚寤，揭曉

〔註93〕見《制義叢話》卷二十四，頁970。
〔註94〕同註93，頁967。
〔註95〕同註93，頁967～968。
〔註96〕同註93，頁973。

竟無名，迨閱落卷，則講下「既爲糾也臣，則宜爲糾也死，既不爲糾也死，亦不宜爲桓也相」四句，房考於每句皆以也字斷讀，批費解二字擯之。

梁章鉅曰：是科有錢櫃闈墨，講下正此四句，並無房考黜落之事，或另有一錢姓而誤衍爲此談歟！〔註97〕

11. 施愚山先生督學山左時，有名士入場作「寶藏興焉」，文誤爲水，一節錄畢，始悟，料無不黜之理。作詞於文後曰：寶藏在山間，誤認却在水邊。山頭蓋起水晶殿，珊長峰尖，珠結樹顚，這一回崖中直跌，撑船漢告蒼天，留點蒂兒好與友朋看。愚山閱文至此，和之曰：寶藏將山誇，忽然間在水涯，樵夫慢說漁翁話，題目雖差，文字却佳，怎肯放在他人下。常見得登高怕險，那曾見會水淖殺。仍錄附榜末。〔註98〕

12. 鄭光策曰：《顏氏家訓》有云：讀天下書未徧，不得妄下雌黃。夫書中雌黃未必遽於人有損也，若司文柄者以妄行批抹，屈抑眞才，則直是草菅人命矣。《記遣愁集》中載，余存齋年未三十，督學浙江，一士子文中用「顏苦孔卓」語，徐勒之，批云：「杜撰」，抑置四等。及發落，士子將領責，執卷進曰：「大宗師見教誠當，但此語出揚子《法言》，實非生員杜撰也。」徐起立曰：「本道僥倖太早，未嘗學問，今承教多矣。」改置一等。又一生作〈文莫吾猶人也〉題，解「文莫」爲「勉強」，亦被一學政呵斥，將以杜撰置劣等。生執卷爭曰：「《晉書》欒肇《論語》駁曰：燕齊謂『勉強』爲『文莫』，非生員所能杜撰也。」學政亦拱手謝之。此兩段公案，不特司文柄者當知之，即鄉塾中評閱課文者，亦不可不留意矣。〔註99〕

13. 廖佩香曰：朱伯樂者楚之貧士也。弱冠後補弟子員，數蹎場屋，家益窘。一日於友人案頭得「貧而無怨難」時藝一篇，愛其沈鬱痛快，因錄存之。無聊時輒朗誦一遍以舒憤懣，誦至末段云：「冬煖而兒號寒，年豐而妻啼饑，吾縱安之若素，其如室家之交謫何？更有父不以之爲子，兄不以之爲弟，雖曰命之不猶，其如形神之交瘁何？貧不能不多所取，貧之所以傷廉也；貧不能復有所與，貧之所以傷惠也，貧不復講酬酢之節文，貧之所以忍耻而廢禮也」等句，拍案叫絕曰：似此文甚于戚友之慰藉多矣，以作餽貧糧，不亦可乎！〔註100〕

〔註97〕見《制義叢話》卷五，139～140。
〔註98〕同註97卷二十四，頁959。
〔註99〕同註98，頁943～944。
〔註100〕同註98，頁942～943。

14. 《書香堂筆記》云：聞乾隆初，長樂有江雯者，八股文最著，又能頃刻成篇。值學使歲考，江到已在扃門之後，乃撾門求進。學使聞其名，開門納之。諭曰：汝到遲，已有罪，須多做數藝以自贖。乃當堂另揮題紙與之。云：一至一，二至二，三聖人，四孔子。通場皆爲茫然。江揮筆如飛，自午至未，四篇已就。首題爲〈一朝而獲十禽至終日不獲一〉。次題爲〈二者皆法堯舜至道二〉。三題爲〈聞君行聖人之政〉三句。四題爲〈陽貨欲見孔子〉四句。學使奇賞之，而名益噪矣。〔註101〕

15. 陸次雲《北墅奇書》云：順治中山左有李神仙者，游行京邸，庚子北直鄉試有兩生密詢試題者，李笑曰：「君等皆道德仁義中人也，奚以卜爲？」題出，乃〈志於道〉全章，後二人皆中式。辛丑會試又有以試題問者，李曰：「五後四句」，後首題乃〈知止而后有定〉全節，二題〈夫子之文章〉全節，三題〈易其田疇〉二節。〔註102〕

16. 陳琬《曠園雜志》云：康熙己酉鄉試，山陰袁顯襄以闈題問乩。批云：不可語。再叩曰：豈終無一言耶？批曰：題目即在不可語上。又乞明示，批一「署」字。及入闈，乃〈知之者〉一章，題有四者字，且在〈中人以上〉一章用不可語之句也。袁晤，遂中式。

梁章鉅按：余金熙朝新語以此爲祈夢于忠肅祠事。〔註103〕

17. 嘉慶丁卯浙江鄉試，有人以闈題叩乩仙者。批云：「內一大，外一大，解元文章四百字。」及出題，乃〈天何言哉？〉三句。「一大」者，天也。內外者，題內題外也。四百字者，明指四時行，百物生也。隱語亦可謂巧矣。又某科有以闈題問乩者，批云：「不知」，問：「既爲乩仙，那得不知？」又批云：「不知」，問：「既問乩仙，終求告我」，又批云：「不知」。及出題，乃〈不知命〉全章也。〔註104〕

〔註101〕見《制義叢話》卷二十二，頁890～891。
〔註102〕同註101，頁883。
〔註103〕同註101，頁885～886。
〔註104〕同註101，頁887。

第六章 關於八股之文獻

　　八股文與明清科舉之關係密切，影響亦深，然有關之文獻見錄于史冊者不多，《明史》卷九十九〈藝文志〉所錄唯《國朝試錄》、《經義模範》及《四書程文》，《四庫全書》所錄亦僅《欽定四書文》、《經義模範》、《書義矜式》、《作義要訣》。其他有關八股文之專著，因乏人整理，故鮮爲人知。今就《制義叢話》所載及他書所錄者，略加整理如下：

第一節　《制義叢話》所載者

甲、專　書

一、見於《制義叢話題名》者

《王守溪文稿》	明・王鏊作。
《錢鶴灘稿》	明・錢福作。
《茅鹿門稿》	明・茅坤作。
《歸震川稿》	明・歸有光作。
《胡思泉稿》	明・胡友信作。
《李九我稿》	明・李廷機作。
《顧涇陽稿》	明・顧憲成作。
《萬二愚稿》	明・萬國欽作。
《鄒泗山制義》	明・鄒德溥作。
《玉茗堂稿》	明・湯顯祖作。
《吳會元眞稿》	明・吳默作。

《魏合盧先生稿》	明‧魏光國作。
《許鍾斗稿》	明‧許獬作。
《韓求仲稿》	明‧韓敬作。
《程墨文室》	明‧韓敬作。
《駢枝集》	明‧黃道周作。
《章大力稿》	明‧章世純作。
《金正希稿》	明‧金聲作。
《東野堂稿》	明‧項煜作。
《凌茗柯稿》	明‧凌義渠作。
《明文定》	明‧艾南英作。
《明文待》	明‧艾南英作。
《羅文止稿》	明‧羅萬藻作。
《曹允大稿》	明‧曹勳作。
《楊維斗自訂稿》	明‧楊廷樞作。
《同文錄》	明‧楊廷樞、錢禧合選。
《太乙山房稿》	明‧陳際泰作。
《已吾集》 十四卷	明‧陳際泰作;清‧李來泰刻。
《癡山集》 六卷	明‧陳孝威作。
《壺山集》 三卷	明‧陳孝逸作。
《陳臥子稿》	明‧陳子龍作。
《程墨隆運集》	明‧陳子龍作。
《式靡編》	明‧吳偉業作。
《楊維節稿》	明‧楊以任作。
《馬君常稿》	明‧馬世奇作。
《明文六十家選》	明‧陳名夏編。
《李太青稿》	明‧李青作。
《黃陶菴稿》	明‧黃淳耀作。
《徐思曠稿》	明‧徐方廣作。
《錢吉士稿》	明‧錢禧作。
《包長明稿》	明‧包爾庚作。
《直木居稿》	明‧包爾庚作。
《王柳潭稿》	明‧王自超作。
《章雲李稿》	清‧章金牧作。

《采芝堂文稿》	清·賀應旌作。
《弗過軒制義》	清·楊雍建作。
《嶺雲編》	清·徐越作。
《劉克猷稿》	清·劉子壯作。
《熊鍾陵稿》	清·熊伯龍作。
《施愚山稿》	清·施閏章作。
《王邁人稿》	清·王庭作。
《蘭雪堂制義》	清·王廣心作。
《李石臺稿》	清·李來泰作。
《明文弋》	清·汪琬作。
《錢湘靈稿》	清·陸燦作。
《張京江文稿》	清·張玉書作。
《馬章民稿》	清·馬世俊作。
《顏修來稿》	清·顏光敏作。
《廖蓮山稿》	清·廖騰煃作。
《榕村制義》	清·李光地作。
《陸稼書稿》	清·陸隴其作。
《有懷堂制義》	清·韓菼作。
《南畇文稿》　十二卷	清·彭定求作。
《翁寶林稿》	清·翁叔元作。
《尤西堂傳稿》	清·尤侗作。
《鼇峰拔萃集》	清·張伯行作。
《趙榜眼存稿》	清·趙晉作。
《明文必自集》	清·汪份作。
《汪武曹時文》	清·汪份作。
《何屺瞻稿》	清·何焯作。
《行遠集》	清·何焯作。
《集虛齋自訂全稿》	清·方楘如作。
《徐壇長稿》	清·徐用錫作。
《自知集》	清·方舟作。
《抗希堂稿》	清·方苞作。
《梁村制義》	清·蔡世遠作。
《任香谷稿》	清·任蘭枝作。

《經畬堂自訂全稿》、《課孫稿》	清・儲在文作。
《敦復堂稿》	清・王步青作。
《制義所見集》	清・王步青作。
《程墨所見集》	清・王步青作。
《考卷所見集》	清・王步青作。
《八法集》	清・王步青作。
《橐中集》	清・王汝驤作。
《虛牝集》	清・王汝驤作。
《牆東集》	清・王汝驤作。
《明文冶》	清・王汝驤作。
《張太史時文三集》	清・張江作。
《周勿逸稿》	清・周學健作。
《向若編》	清・周學健作。
《任翼聖稿》	清・任啓運作。
《橫塘陳氏一門硃卷》	清・陳宏謀作。
《鄭荔鄉稿》	清・鄭方坤作。
《三鄭合稿》	清・鄭方坤作。〔註1〕
《紫竹山房制義》	清・陳兆崙作。
《鏤冰集》	清・杭世駿作。
《袁太史稿》	清・袁枚作。
《朱梅崖制義》	清・朱士琇作。
《四書翼注論文》	清・張甄陶作。〔註2〕
《國朝文範》	清・張甄陶作。
《周白民藏稿》	清・周振采作。
《吳狀元稿》	清・吳鴻作。
《復初齋時文》	清・翁方綱作。
《槃陀老人制義》	清・朱珪作。
《吉毅陽時文》	清・吉夢熊作。
《鄭芥舟稿》	清・鄭天錦作。
《清獻堂稿》	清・趙佑作。
《房行書精華》	清・紀昀作。

〔註1〕鄭方坤、鄭方城、鄭天錦之制義合刻之謂，有陳祖范為之序。
〔註2〕臺灣公藏普通本線裝書目書名索引亦著錄是書，十二卷，為清鄭獻甫撰。

《吳香亭稿》　　　　　　　　　　清‧吳玉綸作。

《積石山房四書文》　　　　　　　清‧龔景瀚作。

《管韞山制義》　　　　　　　　　清‧管世銘作。

《有正味齋稿》　　　　　　　　　清‧吳錫麒作。

《西霞制義賸稿》　　　　　　　　清‧鄭光策作。

《思庭應試文》　　　　　　　　　清‧張騰蛟作。

《青陽堂制藝》　　　　　　　　　清‧許作屏作。

《瑞芝草堂文稿》　　　　　　　　清‧謝叔元作。

《近文大觀》　　　　　　　　　　清‧林茂春作。

《茹古堂文稿》　　　　　　　　　清‧朱秉鑑作。

《石執如制義》　　　　　　　　　清‧石韞玉作。

《恩慶堂制義》　　　　　　　　　清‧英和作。

《來雨軒時文稿》　　　　　　　　清‧莫晉作。

《就正草》　　　　　　　　　　　清‧陳鍾麟作。

《聽雨軒前後集》　　　　　　　　清‧陳鍾麟作。

《淵雅堂制義》　　　　　　　　　清‧王芑孫作。

《晉堂時文》　　　　　　　　　　清‧姚學塽作。

《百尺樓文稿》　　　　　　　　　清‧陳廷煥作。

《雪龕制義》　　　　　　　　　　清‧朱秉銘作。

《宜蘭室制義》　　　　　　　　　清‧劉建韶作。

《海秋制義》　　　　　　　　　　清‧湯鵬作。

《書香堂筆記》　　　　　　　　　清‧梁劍華作。

《四勿齋隨筆》　　　　　　　　　清‧梁上治作。

《芝音閣雜筆》　　　　　　　　　清‧梁上國作。

二、見於《制義叢話》各卷引用者

（一）卷一

《經義模範》一卷　　　　　　　　明‧楊慎作。

《榮進集》　　　　　　　　　　　明‧吳宗伯撰

《可儀堂一百二十名家制義》　四十八卷　清‧俞長城編。〔註3〕

〔註3〕俞長城爲康熙二十四年（1685）進士。所編《可儀堂一百二十名家制義》，共四十八卷，收錄了宋王安石、陸九淵、文天祥等七家，明于謙、薛瑄、李東陽、李夢陽、王守仁、歸有光、黃道周、董其昌等九十一家，清初劉思敬、

《劉安節集》	宋・劉安節撰。〔註4〕
《作義要訣》　一卷	元・倪士毅撰。
《書義矜式》　六卷	元・王充耘撰。
《分甘餘話》　四卷	清・王士禛撰。
《欽定四書文》　四十一卷	清・方苞編。
《宋文鑑》　一百五十卷	宋・呂祖謙編。
《日知錄》　三十二卷	清・顧炎武撰。
《讀書作文譜》　十二卷	清・唐彪撰。
《榕村語錄》　三十卷	清・李光地作。
《四書翼注論文》三十八卷	清・張甄陶著。
《四書文話》	清・阮元撰。〔註5〕
《鈍吟雜錄》　七卷	清・馮班撰。
《嶺雲編》	清・徐越編。
《制義科瑣記》　四卷	清・李調元撰。
《茶餘客話》　十二卷	清・阮葵生撰。
《鈞元錄》	明・沈祖鈞選。
《瞥記》　七卷	清・梁玉繩撰。
《國史補》	唐・李肇撰。
《明文冶》	清・王汝驤選。
《行遠集》	清・何焯選。
《潛邱剳記》　二卷	清・閻若璩撰。
《天崇欣賞集》	清・桑調元編。
《明文海》　四百八十二卷	清・黃宗羲編。
《天堅集》	清・何維熊輯。
《龍彎集》	清・何太旃輯。
《四勿齋隨筆》	清・梁上治著。

張玉書、陸爛、趙炳、李光地、金居敬等十九家的制義之作。

〔註4〕　《文淵閣四庫全書》輯錄有《劉左史集》四卷。《宋史・藝文志》著錄爲《劉安節文集》五卷。

〔註5〕　《制義叢話》卷一載云：初稿兩本，一藏揚州，一留廣州學海堂，然今未見是書，或未付梓。待考。

《十二家精選》 何飛鳳輯。

《塾課分編》　八集及續集 清・王步青輯。

（二）卷二

《藤陰雜記》　十二卷 清・戴璐撰。

《四書典制類聯》 不詳。〔註6〕

《四書人物類典串珠》 不詳。〔註7〕

《曲洧舊聞》　十卷 宋・朱弁撰。〔註8〕

《舉業瑣言》 明・李廷機撰。

《三魚堂集》　十二卷 清・陸隴其撰。

《池北隅談》　二十六卷 清・王士禎撰。

《玉堂嘉話》　八卷 王暉撰。〔註9〕

《甲癸集》 蘇翔鳳輯。

《國朝文範》 清・張惕庵撰。

《明人文行集》 衛壯謀集。

（三）卷四

《閩文復古編》六卷 清・梁章鉅撰。

《明貢舉考略》二卷 清・黃崇蘭撰。

《敬業堂集》 清・查慎行撰。

（四）卷五

《近溪會語》 明・楊起元輯。

（五）卷六

《駢枝集》二十卷 明・黃道周撰。

〔註6〕　不詳何人所撰，《制義叢話》謂嘉慶二十年姚元之奏請飭禁。
〔註7〕　同註6。另據《臺灣公藏普通本線裝書目書名索引》（中央圖書館編印），頁901著錄清臧志仁輯《四書人物類典貫珠》四十卷，未知是否同爲一書。
〔註8〕　《臺灣公藏善本書目人名索引》頁135朱弁（宋）條下有《曲洧舊聞》十卷、《曲洧舊聞》四卷及《曲洧舊聞》一卷，三種，並無《曲洧舊聞》，未知孰是。
〔註9〕　《制義叢話》卷二謂爲王暉所作，而《臺灣公藏善本書目人名索引》及《京都大學人文科學研究所漢籍目錄》所著錄皆作元、王惲撰。

《四大家稿》　　　　　　　　　　　明‧艾南英輯。

《明文小題選》　　　　　　　　　　不詳。

《五山志林》八卷　　　　　　　　　清‧羅天尺撰。

《西堂雜俎二集》　八卷　　　　　　清‧尤侗撰。

（六）卷七

《同文錄》　　　　　　　　　　　　明‧楊廷樞與錢禧合選。

《四書讀》　　　　　　　　　　　　明‧陳際泰撰。

《四家稿》　　　　　　　　　　　　明‧陳際泰撰。

《五家稿》　　　　　　　　　　　　明‧陳際泰撰。

《太乙山房稿》　　　　　　　　　　明‧陳際泰撰。〔註10〕

《搜玉集》　　　　　　　　　　　　不詳。

《癡山集》六卷　　　　　　　　　　明‧陳孝威撰。〔註11〕

《壺山集》三卷　　　　　　　　　　明‧陳孝逸撰。〔註12〕

《已吾集》十四卷　　　　　　　　　明‧陳際泰撰。

《十家文矩》　　　　　　　　　　　清‧方望溪選。

《芝音閣雜著》　　　　　　　　　　清‧梁上國撰。

《東野堂稿》　　　　　　　　　　　明‧項煜撰。

《天崇百篇》　　　　　　　　　　　清‧吳懋政選。

《寒支集》　　　　　　　　　　　　清‧李世熊作。〔註13〕

（七）卷八

《談叢》　　　　　　　　　　　　　宋‧陳後山作。〔註14〕

〔註10〕《臺灣公藏善本書目人名索引》頁744陳際泰（明）條下作：《太乙山房文集》
　　　　十五卷。

〔註11〕《四庫禁燬書叢刊‧集部》頁49，作：癡山集，六卷（明）陳孝逸撰。

〔註12〕清初李來泰白下刊本作：壺山集，三卷（明）陳孝威撰。《臺灣公藏善本書目
　　　　人名索引》頁734陳孝威（明）條下作：《壺山集》三卷，《癡山集》六卷。
　　　　以上所載皆與《制義叢話題名》異。

〔註13〕按李世熊有《寒支初集》十卷，未見《寒支集》。

〔註14〕《後山談叢》六卷（宋）陳師道撰；李偉國校點。上海市：上海古籍出版社，
　　　　2007年3月，第1版，收錄於《宋元筆記小說大觀》第2冊，頁1561～1631，
　　　　以適園叢書本後山集中的談叢為底本校點。另有《後山談叢》四卷，（宋）陳

《江南課士錄》	清・楊中訥作。〔註15〕
《寄園寄所寄》十二卷	清・趙吉士輯。〔註16〕
《西堂全集》	清・尤侗撰。
《同文錄》	清・沈受祺與錢禧共選。〔註17〕
《餘映錄》	不詳。〔註18〕

（八）卷九

《榕邨藏稿》	清・李光地作。
《午亭文編》　五十卷	清・陳廷敬作。
《淡墨錄》　十六卷	清・李調元撰。
《履園叢話》　二十四卷	清・錢泳撰。
《京江集》	清・張玉書撰。
《石鼓齋雜錄》	清・戴菔塘撰。〔註19〕
《大清會典》	清・王安國奉敕總篡。

（九）卷十

《抗希堂集》	清・方苞撰。
《三朝玉尺文式》	魏笛生編。〔註20〕
《恩慶堂制義》	清・英和編。〔註21〕
《王漢階時文》	清・王步青撰。
《敦複堂稿》	清・王步青撰。
《巳山先生存稿》	清・王步青撰。
《敦複堂存稿定本》	清・王步青撰。
《紫竹山房文集》二十卷	清・陳兆崙撰。

　　　師道撰：民國十一年（1922）上海文明書局石印本。
〔註15〕《制義叢話題名》作楊中訥。《中國人名大辭典》亦作楊中訥。
〔註16〕上海市：上海古籍出版社，2002據清康熙三十五年刻本影印。
〔註17〕此與卷之七所載異，然皆出於俞長城所編《可儀堂一百二十名家制義》。前者
　　　　出於俞著《楊維斗稿》卷首〈題識〉，後者出於俞著《沈實吉稿》卷首〈題識〉。
〔註18〕《制義叢話》所載謂爲梁章鉅搜得。
〔註19〕見《制義叢話》卷二十二，頁889。
〔註20〕《制義叢話》謂爲魏笛生觀察編梓。
〔註21〕《制義叢話》謂爲實則曾斌所編。頁363。

（十）卷十一

《松靄稿》	清・周春作。
《三狀元稿》	不詳。
《墨卷萬選》	不詳。
《香亭集》	清・吳玉綸作。
《來雨軒稿》	清・莫晉撰。〔註22〕
《有正味齋集》	清・吳錫麒作。
《慕義堂帖》	不詳。
《鳴盛集》　四卷	明・林鴻撰。

（十一）卷十二

《名文探微》	凌義遠撰。
《葵陽全稿》	不詳。
《閒雁齋筆談》	不詳。
《金陵瑣事》　四卷	明・周暉撰。〔註23〕
《明文百家萃》	不詳。
《廣輿記》　二十四卷	明・陸應陽撰。
《全浙詩話》五十四卷	清・陶元藻輯。
《百家萃評》	不詳。
《明墨弋評》	不詳。
《北湖小志》六卷	清・焦循撰。
《耳新》　十卷	明・鄭仲夔撰。
《式靡編》	清・吳偉業撰。
《重訂歷科元墨選》	王方鄴選。
《漁洋山人文略》　十四卷	清・王士禎撰。
《聰訓齋語》　二卷	清・張英撰。
《會元薪傳》	清・朱錦撰。

〔註22〕或作《來雨軒存稿》四卷，（清）莫晉撰。

〔註23〕專記明初以來金陵掌故，上涉國朝典故、明人佳話，下及街談巷議、民風瑣聞。另有續瑣事二卷，二續瑣事二卷，明萬曆庚戌（三十八年，1610）原刊本。

《墨卷賞心集》	清・張錚撰。
《熙朝新語》十六卷	清・徐錫麟、錢泳合撰。〔註24〕

（十二）卷十三

《寒碧齋集》	清・韓菼撰。
《自知集》	清・方舟撰。
《鄉黨文補編》	清・江愼修撰。
《四書類編》	清・周永年編撰。

（十三）卷十四

《采芝堂集》十六卷	明・陳益祥撰。

（十四）卷十六

《小積石山房四書文》	清・龔景瀚編。
《三鄭合稿》	清・鄭方坤、鄭方城、鄭天錦共撰。

（十五）卷十七

《儀鄭堂稿》	清・孔廣森撰。
《雪龕制義》	清・朱秉銘撰。
《宜蘭室稿》	清・劉建韶撰。

（十六）卷十八

《閩文典制鈔》四卷	清・梁章鉅選輯。

（十七）卷二十

《策學彙編》	清・梁劍華編輯。
《新科墨穎》	不詳。

〔註24〕另據王德昭《清代科舉制度研究》頁14作「錢泳與徐錫麟合輯的《熙朝新話》」。《東京大學東洋文化研究所漢籍分類目錄》頁178作「《熙朝新語》一六卷，清・徐錫麟、錢泳撰，道光四年刊本，鳴盛堂藏版。」王德昭所謂《熙朝新話》當爲《熙朝新語》之誤。又《制義叢話》卷二十二有「余金《熙朝新話》」之錄。

（十八）卷二十二

《陔餘叢考》 四十三卷	清·趙翼撰。
《欽定學政全書》不分卷	清·素爾訥等纂修。
《欽定科場條例》六十卷，首一卷	清·杜受田等修；（清）英匯等纂。
《堅瓠集》 六十六卷	清·褚人穫撰。
《隙光亭雜記》 六卷	清·揆敘撰。
《詞林典故》 一卷	明·張位、于慎行等撰。〔註25〕
《北墅奇書》	清·陸次雲撰。
《曠園雜誌》 二卷	清·陳琬撰。〔註26〕
《梧門詩話》 十六卷	清·法式善撰。
《灤陽消夏錄》 六卷	清·紀昀撰。〔註27〕
《秋行齋隨筆》	不詳。
《炙硯瑣談》	湯大奎撰。
《秋燈叢話》 十八卷	清·王棫撰。〔註28〕
《槐廳載筆》 二十卷	清·法式善撰。
《恩福堂筆記》 二卷	清·英和撰。
《大學衍義補》 一六〇卷	明·邱濬撰。
《香祖筆記》 十二卷	清·王士禎撰。
《樂圃閒述》	顏崇槼撰。
《懷秋集》	不詳。
《震滄集》	顧棟高撰。
《吟花課藝》	茹棻編次。

（十九）卷二十三

《螢雪雜苑》	不詳。
《科場舊例》	不詳。
《學文第一傳》	清·梁素冶撰。
《先正文鈔撮要》	徐儆弦撰。

〔註25〕另有《詞林典故》八卷，清乾隆九年官撰，《詞林典故》八卷，清鄂爾泰，張廷玉等奉敕撰。

〔註26〕《京都大學人文科學研究所漢籍目錄》下冊，頁394下作「《曠園雜志》二卷，清·吳陳琰撰」。

〔註27〕又道光癸巳年羊城木刻版《灤陽消夏錄》六卷。

〔註28〕另有《秋燈叢話》一卷，清、戴延年撰，道光十三年刊本。

《明良記》　四卷　　　　　　　　明・楊儀撰。〔註29〕
《遣愁集》　十四卷　　　　　　　清・張貴勝撰。
《見聞錄》　八卷　　　　　　　　明・陳繼儒撰。〔註30〕
《諧鐸》十二卷　　　　　　　　　清・沈起鳳撰。〔註31〕
《諧史》一卷　　　　　　　　　　宋・沈徵撰。〔註32〕
《秋雨菴隨筆》　　　　　　　　　清・梁紹壬撰。〔註33〕
《了閑》　　　　　　　　　　　　清・孫辰東選輯。〔註34〕
《四書體注》　　　　　　　　　　清・范翔著。〔註35〕

（二十）卷二十四

《秋坪隨筆》　　　　　　　　　　清・陳登龍作。
《典制文琳》　　　　　　　　　　不詳。
《敬十八房書說》　　　　　　　　明・顧仲恭作。
《炳燭齋集》　　　　　　　　　　明・顧大韶撰。
《韻鶴軒雜著》　　　　　　　　　不詳。

第二節　他書所載者

甲、專　書

一、以下所錄，散見于盧前《八股文小史》各章中
《文學史》　　　　　　　　　　　黃人作。
《藝概》　六卷　　　　　　　　　清・劉熙載作。
《時文說》　　　　　　　　　　　清・焦循撰。
《葉鶴塗文集序》　　　　　　　　清・章學誠撰。

〔註29〕另有《明良記》一卷，（明）楊儀撰，清順治丁亥（四年，1647）兩浙督學李
　　　　際期刊本。
〔註30〕見《臺灣公藏善本書目人名索引》頁750。
〔註31〕見《臺灣公藏普通本線裝書目人名索引》頁193。
〔註32〕見《臺灣公藏善本書目人名索引》頁178。
〔註33〕見《臺灣公藏普通本線裝書目人名索引》頁565作「《兩般秋雨庵隨筆》八
　　　　卷」。
〔註34〕《制義叢話》謂孫狀元辰東……所選丁亥房書曰《了閑》。另有（清）王應奎
　　　　撰《柳南隨筆》六卷，其第二卷爲《了閑集》收錄於《筆記小說大觀》十八
　　　　編：第七冊。
〔註35〕據日本內閣文庫藏清嘉慶元年（1796）同文堂刊本影印。

《易餘籥論》　二十卷	清・焦循撰。
《經翼》	明・周鍾撰。
《石壽山房集》	民國・吳崒撰。
《盧編修傳》	清・陳作霖撰。
《清代科舉制度》	清・韋中如撰。
《作義要訣》	元・倪士毅撰。
《制義科瑣記》	清・李調元撰。
《制義章稿》	明・王祖庚撰。
《近溪會語》	明・楊起元輯。

二、以下所錄載見于《明史・藝文志四》

《經義模範》　一卷	明・楊慎編。〔註36〕
《國朝試錄》　六百四十卷	明・黎淳輯。〔註37〕
《四書程文》　二十九卷	不載作者姓名

三、以下所錄皆載王德昭著《清代科學制度研究》〔註38〕

《皇朝掌故彙編》　內編六十卷 　　　　　　　　外編四十卷	清・張壽鏞編
《碑傳集》一六〇卷	清・錢儀吉撰。
《筆記小說大觀》	台北新興書局・西元 1960 年。〔註39〕
《暝庵雜識》、《二識》	清・朱克敬撰。
《鸝砭軒質言》	清・戴蓮芬撰。
《庸盦隨筆》	清・薛福成撰。
《庸閒齋筆記》	清・陳其元撰。
《墨餘錄》	清・毛祥麟撰。
《冷廬雜識》	清・陸敬安撰。
《熙朝新語》　一六卷	清・錢泳、徐錫麟合輯。

〔註36〕據《四庫全書提要》云：前有王廷表序，謂朱良矩刻，載宋人經義十六篇。
〔註37〕輯明成化前試士之文，邱濬爲之序。
〔註38〕香港中文大學 1982 年初版。
〔註39〕民國 3 年，上海進步書局編印五百冊，所收諸書，皆於卷首附有提要，民國
　　　49 年台北新興書局影印，合爲二十五冊，民國 62 年重印，輯爲正、續二篇，
　　　民國 66 年新編，以十冊爲一輯，除已收諸書外，又有新增。

《履園叢話》　二十四卷　　　　　清‧錢泳撰。

《榆巢雜識》　　　　　　　　　　清‧趙遵路撰。

《燕下鄉脞錄》　十六卷　　　　　清‧陳康祺撰。〔註40〕

《嘯亭雜錄》　十卷　　　　　　　清‧昭槤撰。（中央圖書館藏）

《國朝鼎甲徵信錄》　　　　　　　清‧閻湘蕙編、張椿齡增定。

《國朝翰詹源流編年》　　　　　　清‧吳鼎雯撰。

《清秘述聞》　　　　　　　　　　清‧法式善作。

《郎潛紀聞》　十四卷　　　　　　清‧陳康祺撰。

《閩文復古編》　六卷　　　　　　清‧梁章鉅輯。

《南省公餘錄》　八卷　　　　　　清‧梁章鉅撰。

《樞桓記略》　十六卷　　　　　　清‧梁章鉅撰。

《歸田瑣記》　八卷　　　　　　　清‧梁章鉅撰。

《浪蹟叢談》　十一卷；續談　　　清‧梁章鉅撰。
　　　　　八卷；三談　六卷。

《明清進士題名碑錄索引》　　　　清‧朱保炯、謝沛霖編。

四、以下所錄載於《東京大學東洋文化研究所漢籍分類目錄》

《八股文小史》　　　　　　　　　民國‧盧前撰。

《時代文學》　　　　　　　　　　民國‧錢基博撰。〔註41〕

《明文學史》　　　　　　　　　　民國‧宋佩韋撰。

《漚簃擬墨》　一卷　　　　　　　清‧袁昶撰。附于湖小集。

《畫妃試帖》　一卷　　　　　　　清‧樊增祥撰。

《樊山時文》　一卷　　　　　　　清‧樊增祥撰。

《軾師堂試帖》　一卷　　　　　　清‧王先恭撰。

《一樂齋試帖》　一卷　　　　　　清‧王先和撰。

《式如堂試帖》　一卷　　　　　　清‧王先惠撰。

《廣雅堂試帖》　一卷　　　　　　清‧張之洞撰。

《魯瞻試帖》　一卷　　　　　　　清‧吳錫岱撰。

《怡典齋試帖》　一卷　　　　　　清‧王迪光撰。

〔註40〕爲《郎潛紀聞》之續編，多記朝野間遺聞瑣事。
〔註41〕今已收入台灣商務印書館人人文庫。

《啓秀堂試帖》 一卷	清・王章撰。
《左文襄公說帖》 一卷	清・左宗棠撰。
《攜雪堂時文》 一卷；試帖 一卷	清・吳可讀撰。
《唐中丞制藝》 二卷	清・唐訓芳撰。
《五經讀》不分卷	明・陳際泰撰。
《臨川章大力新薊》 一卷	明・章世純撰。
《四書大全》	明・胡廣等奉敕輯。
《登科記考》 三十卷	清・徐松撰。
《欽定學政全書》 八十六卷	清・嘉慶十七年・官撰。
《京學志》 八卷	明・焦竑撰。
《精選新政應試必讀六種》 六卷	清・顧厚焜輯。
《試場異聞錄五種》	清・呂相燮輯。〔註42〕
《五經大全》	明・胡廣等奉敕撰。
《學科考略》 一卷	明・董其昌撰。
《歷代貢學志》 一卷	明・馮夢禎撰。
《常談》 一卷	清・陶福履撰。
《制科義》 一卷。	清・陸世儀撰。
《制科雜錄》 一卷	清・毛奇齡撰。
《臚傳記事》 一卷	清・繆彤撰。
《試場實鑑》 十三卷	清・闕名輯。
《精選增入文筌諸儒奧論策學統宗前集》 五卷	元・譚金孫輯。
《制科古人律書》不分卷	清・尤侗輯。
《東武劉氏貢舉文集》 四卷	清・劉文霑輯。
《海豐吳硃卷》不分卷附《試藝》一卷《作文家法》 一卷	清・吳重憙輯。

〔註42〕 包括（1）《國朝科場異聞錄》九卷、（2）《前明科場異聞錄》二卷、（3）《唐宋科場異聞錄》三卷、（4）《直省科場異聞錄》四卷、（5）《小試異聞錄》 一卷。並附：（1）《科名佳話》一卷、（2）《梓里紀聞》一卷，清・邵彬儒批評、（3）《教學微言》，清・程□撰。

《皇清同治各科欽點翰林院庶吉士　　清‧闕名輯。
考卷》

《光緒辛丑壬寅恩正併科會試闈墨》　清‧闕名輯。
一卷

《東三省試牘》　七卷　首一卷　　清‧王家璧輯。

《江西試牘》　四卷　　　　　　　清‧龍湛霖輯。

《江蘇試牘》　十四卷　　　　　　清‧溥良輯。

《殿試策》不分卷　　　　　　　　清‧張于皋輯。

順治三年至雍正五年

《狀元策》不分卷　　　　　　　　清‧謝蘭生輯。

乾隆四十三年至道光二十年

《欽定狀元策》不分卷　　　　　　清‧闕名輯。

《欽取朝考卷》不分卷　　　　　　清‧闕名輯。

咸豐二年至十年。

乙、專　文

一、見於盧前《八股文小史》第七章〈關於八股之文獻〉〔註43〕：

見於《學海堂集》者：有

　　鄭灝若、梁傑、楊懋建、周以春、侯康各有〈四書文源流考〉一篇。

　　阮元有〈四書文話序〉。

見於汪之昌《青學齋集》有：

　　〈四書文緣起〉。

　　任兆麟《有竹居集》有〈與莊文山論制義書三道〉。

　　焦循《雕菰集》有〈時文說〉三篇。

　　謝章鋌《賭棋山莊集》有〈答潁叔論時文〉。

　　陳玉樹《後樂堂文鈔》有〈論時文〉。

　　翁方綱《復初齋文集》有〈制義江西五家論〉。

　　錢謙益《牧齋初學集》有〈黃蘊生經義序〉、〈歷朝應制詩序〉。

見於黃百家《學箕初稿》者：有

　　陳介眉〈制義稿序〉，范國雯〈制義稿序〉，仇滄柱〈時義稿序〉。

〔註43〕盧前作，上海商務印書館，民國二十六年五月初版。

王夫之《薑齋文集》有〈殷浴日時藝序〉。

吳偉業《梅村家藏稿文集》有〈兩郡名文序〉。

見於潘耒《遂初堂文集》者：有

〈許時菴制義序〉，〈吳楞香制義序〉。

陸隴其《三魚堂文集》有〈黃陶菴先生制義序〉、〈歷科小題永言集序〉。

張履祥《楊園先生集》有〈自題制義序〉。

見於毛奇齡《西河合集》者：有

〈童煒行稿序〉、〈傅生時義一刻字〉、〈傅生時義二刻序〉、〈傅生時義三刻序〉、〈王時府季試文序〉、〈彙刻小試文卷序〉、〈李生試文序〉、〈李白山續刻試草序〉、〈何氏二童子擬應制詩序〉、〈唐人試帖序〉、〈江皐草堂應試文序〉、〈素園試文序〉、〈先正小題選序〉、〈應和堂試文序〉、〈季跪小品制文引〉。

見於呂留良《呂晚村先生文集》者：有

〈今集附舊序〉、〈庚子程墨序〉、〈五科程墨序〉、〈戊戌房書序〉、〈選大題序〉。

張爾岐《蒿菴文集》有〈自訂書義序〉。

姜宸英《湛園未定稿》有〈張子制義序〉。

見於何焯《義門先生集》者：有

〈姜西溟四書文序〉、〈楊易亭制義序〉。

趙士麟《讀書堂綵衣全集》有〈管希洛時藝序〉、〈徐子文時義序〉。

董以寧《文友文選》有〈倪闇公制義十九首序〉。

陳祖范《陳司業文集》有〈序時人文稿〉、〈時義自序〉。

全祖望《鮚埼亭集外編》有〈帖經小課題詞〉。

吳德旋《初月樓文續鈔》有〈劉海峰先生經義鈔目錄序〉。

吳定《紫石泉山房文集》有〈海峰夫子時文序〉。

見於劉大魁《海峰先生文》者：有

〈東皐先生時文序〉、〈徐笠山時文序〉、〈郭昆甫時文序〉、〈方晞原時文序〉、〈顧備九時文序〉、〈宋運夫時文序〉、〈綦自堂時文序〉、〈張蓀圃時文序〉、〈潘在澗時文序〉、〈張俊生時文序〉、〈葉書山時文序〉。

見於方苞《望溪先生文集》者：有

〈余東木時文序〉、〈楊黃在時文序〉。

見於方苞《望溪先生集外文》者：有

〈進四書文選表〉、〈溧陽會業初編序〉、〈書時文稿〉、〈歲寒章四義後〉、
〈記時文稿行不由經〔註44〕三句後〉。

方苞《望溪先生集外文補遺》有〈記時文稿興於詩三句後〉、〈記時文稿
有爲者譬若掘井一節後〉。

顧鎮《虞東先生文錄》有〈陳體齋制義序〉。

王植《崇德堂薖》有〈湯君時璉時文序〉。

見於徐乾學《憺園文集》者：有

〈顏光敏書義序〉、〈韓元少制義序〉、〈代宋蒿南制義
序〉、〈山東行卷序〉、〈戊辰會墨錄眞序〉、〈葉元禮制義序〉。

見於韓菼《有恒堂文藁》者：有

〈乙卯順天鄉闈墨序〉、〈秦吉人先生經義稿序〉、〈丁丑房書序〉、〈歷科
房書選序〉、〈江西己卯闈墨序〉。

見於朱潤震《空山堂文集》者：有

〈刻同門試卷序〉、〈石君時文稿序〉、〈陳布在時文稿序〉。

王源《居業堂文集》有〈王葑林時藝序〉。

王懋竑《白田草堂存稿》有〈曲江會藝序〉。

雷鋐《經笥堂文鈔》有〈李雪崖時文序〉。

見於朱軾《朱文端公文集》者：有

〈王疇五時文序〉、〈張豈石時文序〉、〈程啓生時文序〉、〈公鼎時文序〉。

朱筠《笥河文集》有〈安徽試卷序〉。

王昶《春融堂集》有〈沈柏參時文稿序〉。

陸耀《切問齋集》有〈張耘孟制義序〉。

見於任兆麟《有竹居集》者：有

〈戴東原制義序〉、〈二任先生文稿合刻序〉、〈心齋四書文自敘〉、〈修吉
堂會業序〉、〈制義正宗序〉、〈題文山莊子四書文〉。

袁枚《小倉山房文集》有〈胡勿厓時文序〉。

杭世駿《道古堂文集》有〈制義宗經序〉。

見於翁方綱《復初齋文集》者：有

〈貴溪畢生時文序〉、〈彭晉畆時文序〉、〈吳懷舟時文序〉、〈樹蘭齋時文

〔註44〕案「經」乃「徑」之誤。《論語・雍也》有澹臺滅明者，行不由徑。

序〉。

翁方綱《復初齋集外文》有〈朱仰山時文序〉。

盧見曾《雅雨堂文集》有〈試帖初桄序〉。

錢陳群《香樹齋文集》有〈戴生窗藝序〉。

見於李紱《穆堂初稿》者：有

〈雲南鄉試墨卷序〉、〈浙江庚子鄉試卷序〉、〈閻仲容試草序〉、〈裘約斯時文序〉、〈三馮試草序〉、〈胡天益時文序〉、〈陳耿南時文序〉、〈王修撰時文序〉、〈李而上時文序〉、〈馮夔颺時文序〉、〈王嚴公時文序〉、〈徐伊匡時文序〉、〈邵庶常時文序〉。

見於李紱《穆堂別稿》者：有

〈草廬書院會課序〉、〈程文學四書文序〉、〈秋山課義序〉。

見於姚鼐《惜抱軒文集》者：有

〈張仲絜時文序〉、〈左筆泉先生時文序〉、〈徐六階時文序〉、〈陳仰韓時文序〉。

邵晉涵《南江文鈔》有〈徐薛堂時義序〉、〈姜星六時文序〉、〈傅素餘時文序〉。

見於法式善《存素堂文集》者：有

〈同館試律彙鈔序〉、〈同館試律續鈔序〉、〈成均學選錄序〉、〈曹定軒紫雲山房試帖詩序〉、〈曹景制藝序〉、〈吳蕉衫制藝序〉、〈吳鳳白必悔齋制藝序〉。

彭元瑞《思餘堂輯稿》有〈策問存課自序〉、〈門人史彭齡時文序〉。

見於彭紹升《二林居集》者：有

〈二林居經義敘〉、〈二林居制義第二敘〉、〈二林居制義第三敘〉、〈汪子制義敘〉、〈蒙泉制義序〉。

程瑤田《讀書求解》有〈胡左元時文序〉。

見於張廷玉《澄懷園文存》者：有

〈許醇夫四書文序〉、〈丁巳科會墨選序〉、〈丁巳館課序〉、〈同館課藝序〉、〈國朝館選錄序〉。

見於章學誠《章氏遺書》者：有

〈導歘集序為梁少傅撰〉、〈杜書山時文序〉、〈趙立齋時文題式引言〉、〈文格舉隅序〉、〈跋屠懷三制義〉、〈跋戊申秋課〉。

凌廷堪《校禮堂文集》有〈學勤齋時文自序〉。

武億《授堂文鈔》有〈吳碩亭時文序〉。

見於吳定《紫石泉山房文集》者：有

〈方立中夫子時文序〉、〈李仲醇夫子時文序〉、〈佘麗梧先生時文序〉、〈姚姬傳先生時文序〉。

王引之《王文簡公文集》有〈信宜四李先生制義序〉。

管同《因寄軒文集補遺》有〈刊刻敬敷書院課藝序〉。

魯九皋《魯山木先生文集》有〈曹抑堂先生制義序〉、〈理學制義序〉、〈宋伊謙先生制義序〉。

見於管世銘《韞山堂文集》者：有

〈趙榕岡文學制義序〉、〈周宿航制義序〉、〈韋靜山制義序〉。

馮浩《孟亭居士文稿》有〈汪魯堂制藝序〉、〈嚴保林時文蘋洲集序〉。

見於唐仲冕《陶山文錄》者：有

〈譚培齋課試時文序〉、〈屠韞齋時文序〉、〈紫琅書院課藝序〉、〈許玉田制藝序〉。

石韞玉《獨學廬初稿》有〈辛壬試藝序〉。

石韞玉《獨學廬二稿》有〈試帖偶鈔序〉。

石韞玉《獨學廬三稿》有〈郟絅菴先生制藝序〉、〈紫陽課藝序〉。

石韞玉《獨學廬四稿》有〈芹香課藝序〉、〈天崇文英序〉、〈院課存眞序〉、〈國朝文英序〉、〈國朝文英二集序〉、〈借秋亭試帖序〉。

石韞玉《獨學廬五稿》有〈江鐵君制義序〉。

秦瀛《小峴山人文集》有〈王念豐制義序〉。

見於王芑孫《惕甫未定稿》者：有

〈制義自序〉、〈試帖詩課合存序〉、〈樂儀書院課藝序〉、〈史恒齋試帖詩書時文讀本後〉。

見於王宗炎《晚聞居士遺集》者：有

〈何秋田先生時文序〉、〈墨守內篇敘〉、〈墨守外篇敘〉、〈紫陽書院課藝序〉。

見於金廷燦《存吾文藳》者：有

〈城南課藝敘〉、〈黃君振南時文序〉、〈范研人時文序〉、〈蔣玉澗時文序〉。

見於吳德旋《初月樓文鈔》者：有

〈族叔晉望時文集序〉、〈四書文選序〉、〈楊隨安時文集序〉、〈汪筠莊先
生時文序〉。

吳德旋《初月樓文續鈔》有〈吳耶溪經義序〉。

姚文田《邃雅堂集》有〈皇甫香疇時文序〉。

姚文田《邃雅堂文集續編》有〈嚴二如時文序〉。

阮元《揅經室三集》有〈華陔草堂書義序〉。

見於朱珔《小萬卷齋文稿》者：有

〈實事求是之齋經義序〉、〈制義叢話序〉、〈鍾山課藝序〉。

胡培翬《研六室文鈔》有〈鍾山書院課藝序〉。

見於朱珔《小萬卷齋文稿》者：有

〈正誼書院課選二編序〉、〈正誼書院課選三編序〉、〈紫陽書院課藝序〉、
〈肄雅堂課藝相長錄序〉、〈石門制義序〉、〈芝堂制義序〉、〈窺一軒制義
序〉、〈一椽齋制義序〉、〈觀省堂制義序〉。

胡承珙《求是堂文集》有〈朱咸中時藝遺稿序〉。

見於李宗昉《聞妙香室文》者：有

〈月槎時文鈔序〉、〈李鄴芸手批河間試律矩存稿序〉、〈黃氏館課詩賦合
編序〉。

朱彬《遊道堂集》有〈玉山草堂課藝序〉、〈天心閣時文序〉。

朱為弼《茮聲館集》有〈葉雨鞞同年洗心書屋制藝序〉。

見於韓夢周《理堂文集》者：有

〈劉南川制義序〉、〈滕瑞子先生制義序〉、〈西澗制義序〉、〈法迂齋先生
制義存稿序〉、〈制義文自序〉、〈理堂制藝序〉、〈理堂制藝續集小序〉、〈邱
蘭成時文序〉、〈沈秋崖時文序〉。

趙紹祖《琴士文鈔》有〈法詩龕存素堂時文序〉。

陳用光《太乙舟文集》有〈存素堂制藝序〉。

見於潘奕雋《三松堂集》者：有

〈墨準初刻序〉、〈墨準二刻序〉、〈墨準三刻序〉、〈墨準四刻序〉。

趙紹祖《琴士文鈔》有〈朱題士時文序〉、〈李敷五時文序〉。

湯金釗《寸心知室文存》有〈熊大司半泉集時藝序〉。

葛其仁《味經齋文集》有〈古紫陽書院課藝序〉。

張雲璈《簡松草堂文集》有〈義莊課藝序〉、〈呂耜堂先生制藝序〉。

見於陳用光《太乙舟文集》者：有

〈南石先生制義序〉、〈重訂姚先生四書文選〉、〈韓幼徽四書文冊跋〉。

梅曾亮《柏梘山房文集》有〈湯子燮試帖詩稿書後〉、〈李蘊山時義序〉、〈錫山文續序〉。

梅曾亮《柏梘山房文續集》有〈太乙舟山房時義序〉、〈陳淮山時義序〉。

孫志祖《申鄭軒遺文》有〈帖經小課跋〉。

見於孫原湘《天眞閣集》者：有

〈素修堂約課序〉、〈李小雲時義序〉、〈虞山試律鈔序〉。

馬國翰《玉函山房續集》有〈紅藕花軒課草序〉。

見於孫衣言《遜學齋文鈔》者：有

〈蔣氏莫如樓時文後序〉、〈永嘉先生時文序〉、〈書王秀峰時文〉、〈陳菊潭時文跋〉。

龔景瀚《澹靜齋文鈔》有〈鄭在謙四書文敘〉、〈尹某四書文敘〉、〈積石山房四書文自序〉。

見於陶澍《印心石屋文鈔》者：有

〈黃雲浦制義序〉、〈胡竹塘制義序〉、〈先太史萸江制義恭跋〉。

姚椿《晚學齋文集》有〈樗寮課兒試帖詩題辭〉。

龔自珍《定盦續集》有〈四先生功令文序〉。

黃式三《儆居雜箸》有〈塾課序〉。

何紹基《東洲草堂文鈔》有〈魯服齋制藝敘〉。

見於李兆洛《養一齋文集》者：有

〈毓文書院課藝序〉、〈舉業筌蹄序〉、〈墨卷望氣序〉、〈南村制義序〉、〈史自怡時文序〉、〈吳雲瀾時文序〉、〈蕉峰時文稿序〉、〈石齋先生時文序〉、〈金選小題文序〉、〈金選大題文序〉、〈書劉柳溪先生時文後〉、〈西峯時文序〉。

戴鈞衡《味經山館文鈔》有〈朱楚卿時文序〉。

黃承吉《夢陔堂文集》有〈談星臺時文序〉。

見於馮桂芬《顯忘堂稿》者：有

〈可自怡齋試帖序〉、〈惜陰書舍戊申課藝序〉、〈蔣丹林制藝序〉、〈洪銘之時文序〉、〈沈汝松時文序〉、〈懷青山館制藝序〉、〈憶樊居制藝序〉。

錢泰吉《甘泉鄉人稿》有〈沈蓮溪濂時文序〉。

錢儀吉《衍石齋記事續稿》有〈粵海堂諸子課業評〉。

見於黃本驥《三長物齋文略》者：有

〈鄭雪堂經義序〉、〈試劍餘墨序〉。

龍啓瑞《經德堂文集》有〈紹濂堂制藝序〉、〈朱約齋先生時文序〉。

謝章鋌《賭棋山莊集》有〈時藝殘稿自序〉。

謝章鋌《賭棋山莊文續集》有〈城東菊隱舊廬試帖詩序〉。

見於黃彭年《陶樓文鈔》者：有

〈小隱齋制藝序〉、〈蓮池課藝序〉。

華蘅芳《行素軒文存》有〈行素軒時文自序〉。

陳澧《東塾集》有〈徐達夫先生試律詩序〉、〈溫伊初時文序〉。

高均儒《續東軒遺集》有〈書王子鴻制藝近稿後〉。

錢兆鵬《述古堂文集》有〈白雲山樵制義序〉、〈蕚華堂試藝序〉。

唐鑑《唐確慎公集》有〈直省卿墨序〉。

俞樾《春在堂雜文》有〈紫陽課藝序〉。

俞樾《春在堂雜文五編》有〈嚴緇生達叟時文序〉。

俞樾《春在堂雜文六編》有〈孫卅盦試帖詩序〉。

見於胡鳳丹《退補齋文存》者：有

〈盾餘齋試帖詩序〉、〈棣蕚山房試帖序〉。

胡鳳丹《退補齋文存二編》有〈退補齋制藝自序〉。

周壽昌《思益堂古人》有〈思益堂試帖自序〉。

王玉樹《薌林草堂文鈔》有〈賈益樓試律約評序〉。

見於錢保塘《清風堂文鈔》者：有

〈經訓書院課士文序〉、〈（代吳筠軒觀察）樂易山房制義序〉。

郭嵩燾《養知書屋文集》有〈熊雲渠先生時文序〉、〈丁伊輔先生館課藏本書後〉。

孫葆田《校經室文集補遺》有〈周文忠公制義後序〉。

見於馬徵麐《淡園文集》者：有

〈制藝養氣集敘〉、〈吳定孫孝廉五經試帖敘〉。

張壽榮《舫廬文存》有〈經藝碧海鯨序〉。

李楨《晼蘭齋文集》有〈晼蘭齋時文序〉。

王頌蔚《寫禮廎文集》有〈戴藝邪不薄今齋時文續刻序〉。

王榮商《容膝軒文稿》有〈顧湖舫先生時文序〉。

見於李佐賢《石泉書屋類稿》者：有

〈利津李氏貢舉制藝序〉、〈魏又瓶學博制藝序〉、〈石泉書屋制義自序〉、
〈石泉書屋制義補編序〉。

龍文彬《永懷堂文鈔》有〈制藝自序〉、〈錫厚菴時文序〉。

見於王先謙《虛受堂文集》者：有

〈龐澍卿時義序〉、〈王氏塾課初編序〉、〈孫漁笙時文序〉、〈國朝試律詩
鈔序〉、〈四書文圖序〉、〈楊丹山試藝序〉、〈江左制義輯存序〉。

賀濤《賀先生文集》有〈楚禽堂制義序〉。

汪之昌《青學齋集》有〈正誼書院課藝跋〉。

葉德輝《郎園山居文錄》有〈歲寒居士制藝序〉。

陳漢章《綴學堂初稿》有〈序經藝斠話〉。

第七章　結　論

　　吾國自古以農立國，士農工商階級分明，讀書應試，不僅爲入仕之正途，更爲士人唯一之本業。科舉爲中國造就一特殊之階級，構成傳統中國統治機構一個重要之部分。何炳棣先生於其所著《明清社會史論》一書中，認爲儒家學說一則主張身分社會，一則又主張社會身分應取決於個人之成就。此一學說似若矛盾，實則相成。吾國自唐朝確立科舉制度，至明清兩朝更建立府、州、縣學，乃至維持一全國性之廩餼制度後，此一學說便更能付之實施矣。科舉制度爲中國提供一可行之舉才途徑，亦爲社會下層分子提供上進之途徑，使社會不斷進行階級對流。換言之，雖爲貧農，但寒窗苦讀十年，只要一朝及第，亦可爲官，改變自己之社會身分。是故科舉對中國之政治與社會產生極大之穩定作用，而人才之不斷代謝更新，更有利於國家之富強。

　　梁章鉅先生自道光元年以考差引見後，嘗兼署廣西學政，並監臨廣西文武兩闈。及二度監臨粵西文武兩闈。於科舉制度之利弊，自瞭然於胸中，故能獨排眾議，革除廣西文闈多年之積弊，〔註1〕並於監臨粵西文武兩闈時，猶汲汲於《制義叢話》之編纂。其所以如此醉心於時文之搜集與編纂，若非於舉業有十足之關心與充分之信心，何臻至此！其於《制義叢話》之費心，又豈亞於亭林之於《日知錄》者乎？

　　明清兩代之科舉取士，皆以八股文爲其主要手段，因此「明清兩代五百年間的文士學者，差不多沒有不曾經過此種文體的練習的。國家以此取士，士大夫以此爲進身的工具，……，其實八股文的影響，豈但是古文一方面，

─────────────

〔註1〕見《年譜》道光丁酉條。

又豈但在文學一方面，簡直可以大膽一點說中國的文化也受它不小的影響咧」！〔註2〕是故，吾人若謂明清兩代之學術文化為八股文之時代，實亦不為過。因此兩朝之八股名家輩出，各擅勝場，猶如諸子百家之於戰國時代。及至後世，由於若干人士之輕視，八股文已有漸趨沒落之勢，甚且將消聲匿跡矣。幸有艾南英、清初俞長城、清末梁章鉅諸人於八股園地辛勤之耕耘，而稍字一線之幽光耳。若艾南英者，可謂八股文之事業家也，其所專注者，刊刻評論時文佳作，兼為販售營生之資；俞長城者，可謂八股文之選家也，其畢生心力之所注，在表彰氣節名家之文，以垂不朽焉；至於梁章鉅，則可謂八股文之掌故家也，其所留心者，八股叢話之紀錄也。三家之成就雖異，而有益於今人研究八股文化則一，初無輕重之別也。本論文特選制義唯《制義叢話》得以有系統補其闕故也。

梁啟超于《中國近三百年學術史》中曾謂：「（清朝）學術界最大的障礙物，自然是八股，八股和一切學問都不相容，而科學為尤甚。清朝襲用明朝的八股取士，不管他是否有意借此愚民，抑或誤認為一種良制度，總之，當時功名富貴皆出於此途，有誰肯拋棄這種捷徑而去學艱辛迂遠的科學呢？（中略）所以科舉制度，我認為是科學不興的一個原因」。〔註3〕可為晚近一般士人對八股文看法之代表，幾視八股文為毒蛇猛獸，避之唯恐不及。實則考試權之獨立，為吾國之創舉，而澤及於他國者。試觀八股科舉取士期間，吾國豈不一如往昔有過多方面之成就乎？改朝換代之事，在未有八股之前早已有之，八股文更非使國家積弱不振之劊子手。吾國傳統士人之困苦，當不專在八股；文化之病根，亦不專在科舉；而我國家民族之前途，實不以廢八股，或詬八股而即獲利賴也明矣。

昔人云：「舉業不患妨功，唯患奪志。」為學又何嘗不如是哉！梁著《制義叢話》誠然有益於吾人對八股掌故、沿革等多方面之瞭解，若能輔以方苞所編之《欽定四書文》，及俞長城所編之《可儀堂一百二十名家制義》，則必能瞭然于八股升降之跡，進而對國家興衰之因亦能知其所以然也。如此於八股取士之科舉制度，方不致於如瞎子摸象，不得其全矣。

〔註2〕 見宋佩韋撰《明文學史》第六章明代的八股文，第一節八股文的起源及其演變。

〔註3〕 見《中國近三百年學術史》三、《清代學術變遷與政治的影響（中）》（收入南嶽出版社，梁啟超學術論叢通論類（一））。

第八章 《制義叢話題名正補》

梁章鉅《制義叢話》末附《制義叢話題名》，其例言中云「今就集中所有之人，各爲考其仕履、字諡，其著述有關於制義者皆詳列之，題於卷終，並家集中諱號仕履，亦另附于後，使讀者一覽瞭然，亦制義家創格，後人或可仿此而爲之也。」然或因資料殘缺，或因手民誤植，缺誤在所難免。特參校相關資料補正之。各家排列順序以其成進士先後爲斷，未成進士者以成舉人爲斷。

宋、嘉祐間

1. 王安石　字介甫，又字半山，臨川人。慶曆二年進士，左僕射、觀文殿大學士，諡文，追舒王，《宋史》有傳。

2. 蘇轍　字子由，又字潁濱，眉山人。嘉祐丁酉進士，端明殿學士，諡文定。《宋史》有傳。

紹興間

3. 楊萬里　字廷秀，又字誠齋，吉水人，紹興甲戌進士，寶謨閣學士，諡文節。《宋史》入〈儒林傳〉。

乾道間

4. 陸九淵　字子靜，又字象山，金溪人。乾道辛巳進士，知荊門軍，諡文安。《宋史》入〈儒林傳〉。

案：《宋史》卷四三四〈儒林傳〉作「（陸九淵）登乾道八年進士第」，乾道八年應爲壬辰。而辛巳則爲紹興三十一年。故知「辛巳」當爲「壬辰」之誤。今正。

淳熙間〔註1〕

5. 陳傅良　字君舉，又字止齋，瑞安人。乾道辛巳進士，寶謨閣待制，諡文節。《宋史》入〈儒林傳〉。

案：孫藥田著《宋陳文節公傅良年譜》作「（乾道）八年壬辰，三十六歲，登進士第。」故知「辛巳」爲「壬辰」之誤。今正。

淳祐間

6. 汪立信　字誠甫，又字紫源，六安人。淳祐丙午進士，端明殿學士、江淮招討使，贈太傅。《宋史》有傳。

7. 文天祥　字履善，又字宋瑞，吉水人。淳祐丙辰進士，右丞相兼樞密使，加少保、信國公。《宋史》有傳。

案：李安撰《宋文丞相天祥年譜》，「理宗寶祐三年（西元 1255 年）乙卯，二十歲」條下作「是歲，大比。以字（天祥）舉郡貢士。……冬與弟璧隨父赴京，參加禮部會試。」又「寶祐四年（西元 1256 年）丙辰，二十一歲」條下作「二月初一日，禮部開榜，與弟同登。」故知「淳祐」當爲「寶祐」之誤。今正。

明、洪武間

8. 劉基　字伯溫，青田人。元進士，入明，官御史中丞，封誠意伯，諡文成。《明史》有傳。

案：《明史》卷一二八作「元至順間舉進士」。今補。

9. 黃子澄　初名湜，以字行，更字伯淵，分宜人。洪武乙丑會元，官太常寺卿兼翰林學士。《明史》有傳。

10. 劉三吾　初名湜，字坦甫，茶陵人。元末提學靖江學，洪武中用薦官左贊善，擢學士。《明史》有傳。

案：《明史》卷一三七作「初名如孫，以字行。」今正。

建文間

11. 楊溥　字宏濟，石首人。建文庚辰進士，武英殿大學士，諡文定。《明史》有傳。

12. 楊榮　字勉仁，建安人。建文庚辰進士，謹身殿大學士，諡文敏。《明史》

〔註1〕梁章鉅在敘陳傅良時，已將之列爲「乾道」進士，故「淳熙間」三字可去。

有傳。

案：《明史》卷一四八作「楊榮，字勉仁，建安人，初名子榮，建文二年進
　　士。」今補。

永樂間

13. 姚廣孝　初爲僧，名道衍，字斯道，長洲人。永樂初復姓，賜今名。封
　　榮國公，諡恭靖。《明史》有傳。

14. 于謙　字廷益，錢塘人。永樂辛丑進士，官兵部尚書，加少保，諡忠肅。
　　《明史》有傳。

正統間

15. 商輅　字宏載，淳安人。正統乙卯解元，乙丑會元、狀元，謹身殿大學
　　士，諡文毅。《明史》有傳。〔註2〕

景泰間

16. 邱濬　字仲深，瓊山人。景泰甲戌進士，武英殿大學士，諡文莊。

成化間

17. 林瀚　字亨大，閩縣人。成化丙戌進士，南京吏部尚書，諡文安。《明史》
　　有傳。

18. 吳寬　字原博，又字匏菴，長洲人。成化壬辰會元、狀元，禮部尚書，
　　諡文定。《明史》有傳。

19. 王鏊　字濟之，又字守溪，吳縣人。成化甲午解元，乙未會元、探花，
　　武英殿大學士，諡文恪。《明史》有傳。有《王守溪文稿》。

20. 蔡清　字介夫，晉江人。成化丁酉解元，甲辰進士，南京國子監祭酒，
　　贈禮部侍郎，諡文莊。從祀文廟。《明史》入〈儒林傳〉。

21. 邵寶　字國賢，又字二泉，無錫人。成化甲寅進士，南京禮部尚書，諡
　　文莊。《明史》入〈儒林傳〉。

弘治間

22. 錢福　字子謙，又字鶴灘，華亭人。宏治庚戌會元、狀元，翰林修撰。

〔註 2〕梁章鉅將之列於景泰之後，誤。應是英宗「正統」在前，代宗「景泰」在後。
　　　今正。

有《錢鶴灘稿》。

23. 顧清　字士廉，華亭人。宏治壬子解元，癸丑進士，南京禮部尙書。《明史》有傳。

24. 唐寅　字伯虎，又字子畏，吳縣人。宏治戊午解元。

25. 倫文敍　字伯疇，南海人。宏治己未會元、狀元。

26. 林庭㭿　字利瞻，閩縣人，瀚子。宏治己未進士，工部尙書，諡康懿。《明史》附〈林瀚傳〉。

27. 王守仁　字伯守，又字陽明，餘姚人。宏治己未進士，兵部尙書，封新建伯，諡文成，《明史》有傳。

案：《明史》卷一九五作「王守仁，字伯安，餘姚人。」今正。

正德間

28. 邵銳　字士仰，仁和人。正德戊辰會元，太僕寺卿，諡康僖。

29. 唐皋　字心菴，又字守之，歙縣人。正德癸酉舉人，甲戌進士、狀元，侍講學士。

30. 汪應軫　字子宿，又字青湖，山陰人。正德丁丑進士，江西提學僉事。《明史》有傳。

31. 季本　字明德，又字彭山，山陰人。正德丁丑進士，長沙知府。

32. 張經　寄姓蔡，字廷彝，侯官人。正德丁丑進士，以兵部尙書兼都御史，總制南直隸、湖廣、江西、閩、浙、山東、兩廣七省，爲趙文華所誣，論死，諡襄愍。《明史》有傳。

嘉靖間

33. 王愼中　字道思，又字遵巖，晉江人。嘉靖丙戌進士，河南參政。《明史》入〈文苑傳〉。

34. 羅洪先　字達夫，又字念菴，吉水人。嘉靖己丑進士、狀元，春坊左贊善，諡文莊。《明史》入〈儒林傳〉。

35. 唐順之　字應德，又字義修，又稱荊川，武進人，嘉靖己丑會元，僉都御史巡撫淮揚，諡文襄。《明史》有傳。

36. 梁懷仁　字宅之，晉江人。嘉靖己丑進士。

37. 鄭晉　字□□，南安人。嘉靖辛卯舉人，壬辰進士。〔註3〕

〔註3〕　《制義叢話》頁148作「鄭普」。又《明人傳記資料索引》及《中國人名大辭

案：《明人傳記資料索引》作「鄭普，字汝德，號海亭。」今補正之。

38. 林春　字子仁，□□人，寄籍泰州。嘉靖壬辰進士、狀元。

案：《明史》卷二八三作「春字子仁，泰州人，……嘉靖十一年進士。」今
　　補正之。

39. 呂本　字汝立，又字南渠，餘姚人。嘉靖壬辰進士。

案：《明人傳記資料索引》作「呂本，字汝立，號南渠，初冒姓李，後復本
　　姓，餘姚人。嘉靖十一年進士。」故《明清進士題名碑錄索引》嘉靖壬
　　辰科有「李本」，無「呂本」。

40. 葉經　字東園。

案：《明史》卷二一○作「葉經，字叔明，嘉靖十一年進士。」《明人傳記資
　　料索引》作「葉經，字叔明，號東園，上虞人。嘉靖十一年進士。」今
　　補。

41. 許穀　字仲貽，上元人。嘉靖乙未進士，江西提學僉事、南尚寶卿。

42. 薛應旂　字仲常，又字方山，武進人。嘉靖甲午舉人，乙未會元，陝西
　　提學副使。

43. 諸燮　字理齋，□□人。嘉靖甲午舉人，乙未進士。

案：《明清進士題名碑錄索引》作「浙江餘姚」人。今補。

44. 嵇世臣　字□□，□□人。嘉靖乙未進士。

案：《明清進士題名碑錄索引》頁747作「浙江歸安」人。今補。

45. 茅坤　字順甫，又字鹿門，歸安人。嘉靖戊戌進士，大名兵備副使，《明
　　史》列〈文苑傳〉，有《茅鹿門稿》。

46. 高拱　字肅卿，新鄭人。嘉靖辛丑進士，大學士，諡文襄。《明史》有傳。

47. 瞿景淳　字師道，又字昆湖，常熟人。嘉靖癸卯舉人，甲辰會元，南京
　　吏部侍郎，諡文懿。《明史》有傳。

48. 王樵　字明逸，金壇人。嘉靖丁未進士，南京右都御史。

49. 王世貞　字元美，又字弇州，太倉人。嘉靖丁未進士，刑部尚書。《明史》
　　入〈文苑傳〉。

50. 張居正　字太岳，江陵人。嘉靖丁未進士，太師、吏部尚書，中極殿大
　　學士，諡文忠。《明史》有傳。

51. 胡正蒙　字目門，又字正甫，餘姚人。嘉靖丁未會元、探花，國子祭酒。

典》（商務）並作「鄭普」。

52. 林爌　字貞恒，又字對山，閩縣人。嘉靖丁未進士，南京禮部尚書，諡文恪。《明史》附見〈林瀚傳〉。

53. 王任用　字汝欽，太倉人。嘉靖丁未進士。

54. 楊繼盛　字仲芳，又字椒山，容城人。嘉靖丁未進士，兵部員外郎，諡忠愍。《明史》有傳。

55. 海瑞　字汝賢，又字剛峰，瓊山人。嘉靖□□舉人，南京右都御史，諡忠介。《明史》有傳。

案：《明人傳記資料索引》作「嘉靖二十八年（己酉）舉人。」今補。《題名》列於嘉靖間首位。今正。

56. 邵圭潔　字伯如，一字茂齋，又稱北虞，常熟人。嘉靖己酉舉人。

57. 傅夏器　字廷璜，又字錦泉，南安人。嘉靖庚戌會元，郎中。

58. 孫溥　字□□，豐城人。嘉靖壬子解元。

59. 胡定　字二溪，□□人。

案：《明清進士題名碑錄索引》作「湖廣崇陽」人。並將之列入明嘉靖三十五年丙辰科三甲第七十名。今補。

60. 王錫爵　字元馭，又字荊石，太倉人。嘉靖壬戌會元、榜眼，大學士，諡文肅。《明史》有傳。

61. 許孚遠　字孟中，又字敬菴，德清人。嘉靖壬戌進士，南京兵部侍郎，諡恭簡，《明史》入〈儒林傳〉。

62. 歸有光　字熙甫，又字震川，崑山人，徙居嘉定。嘉靖庚子舉人，乙丑進士，太僕寺丞。《明史》入〈文苑傳〉，有《歸震川稿》。

63. 陳棟　字隆之，南昌人。嘉靖乙丑會元，探花。

隆慶間

64. 胡友信　字思泉，德清人。嘉靖己酉舉人，隆慶戊辰進士，有《胡思泉稿》。

案：《制義叢話題名》歸入嘉靖間，今正。

65. 章禮　字約之，會稽人。嘉靖甲子解元，戊辰進士，通政司參議。

案：「戊辰」當為隆慶二年。《明清進士題名碑錄索引》，亦將之列入隆慶二年進士，故應於「戊辰」二字之前加「隆慶」二字。今補。《制義叢話題名》歸為嘉靖間，今正。

66. 田一儁　字德萬，大田人。隆慶戊辰進士，禮部侍郎。《明史》有傳。

67. 黃洪憲　字懋中，又字葵陽，秀水人。隆慶丁卯舉人，辛未進士，少詹事。

68. 鄧以讚　字汝德，又字定宇，新建人。隆慶辛未會元、探花，吏部侍郎，贈禮部尚書，諡文潔。《明史》入〈儒林傳〉。

萬曆間

69. 孫鑛　字文融，又字月峰，餘姚人。萬曆甲戌進士，南京兵部尚書。

70. 趙南星　字夢白，又字儕鶴，高邑人。萬曆甲戌進士，吏部尚書，諡忠毅。《明史》有傳。

71. 楊起元　字貞復，歸善人，隆慶丁卯（元年）舉人，萬曆丁丑進士，吏部侍郎，兼翰林院侍講學士，諡文毅。

72. 蘇濬　字君禹，又字紫溪，晉江人。萬曆癸酉解元，丁丑進士，廣西參政。

73. 顧憲成　字叔時，又字涇陽，無錫人。萬曆丙子解元，庚辰進士，吏部文選郎中，贈吏部右侍郎，諡端文。《明史》有傳，有《顧涇陽稿》。

74. 劉廷蘭　字國徵，又字紉華，漳浦人。萬曆丙子解元，庚辰進士。

75. 魏允中　字懋權，南樂人。萬曆庚辰進士，吏部主事。

76. 錢櫃　□□□，□□□，萬曆庚辰進士。

案：《明清進士題名碑錄索引》頁作「浙江會稽」人。又《中國人名大辭典》作「會稽人。字岳陽，舉進士，以文章名，萬曆中知袁州，後督學江西。」今補。

77. 李廷機　字爾張，又字九我，晉江人。隆慶庚午北直解元，萬曆癸未會元、榜眼，東閣大學士，諡文節。有《李九我稿》。

78. 萬國欽　字二愚，江西人。隆慶庚午舉人，萬曆癸未進士，南京刑部郎中。有《萬二愚稿》，《明史》有傳。

79. 鄒德溥　字汝光，又字泗山，安福人。司經局洗馬。《明史》附〈儒林傳〉，有《鄒泗山制義》。

案：《明史》卷二八三作「德溥由萬曆（癸未）進士，歷司經局洗馬。」今補。

80. 湯顯祖　字若士，又字義仍，臨川人。萬曆癸未（十一年）進士，禮部

主事，謫徐聞典史，稍遷遂昌知縣，《明史》有傳，有《玉茗堂稿》。

81. 葉修　字永溪，南昌人。萬曆癸未進士。

82. 張壽朋　字沖龢，南城人，萬曆癸未（十一年）進士，廬州通判。

83. 方大美　缺

案：《明清進士題名碑錄索引》頁22作「方大美，直隸桐城」人，列入明萬曆十四年（丙戌）進士。今補。《制義叢話題名》歸入隆慶間，今正。

84. 吳道明　□□□，□□□，萬曆丙戌進士。

案：《明清進士題名碑錄索引》作「吳道明，直隸元城」人，明嘉靖四十四年（乙丑）進士，又有「吳應明，直隸歙縣」人，明萬曆十四年（丙戌）進士。「吳道明」或為「吳應明」之誤。待考。

85. 錢士鼇　字季梁。

案：《明人傳記資料索引》作「錢士驁，字季梁，號存庵，錢塘人，萬曆十四年進士。」「鼇」作「驁」，《明清進士題名碑錄索引》亦作「驁」，今補正之。

86. 王士驌　字房仲。

案：《明史》卷二八八〈王穉登傳〉有「及（王）世貞歿，其仲子士驌，坐事繫獄，穉登為傾身救援。」今補。

87. 袁黃　字了凡，嘉善人，萬曆丙戌進士，兵部主事。

88. 陶望齡　字周望，又字石簣，會稽人，萬曆乙酉舉人，己丑（十七年）會元、探花，國子祭酒，諡文簡。

89. 董其昌　字元宰，又字思白，華亭人，萬曆己丑進士，南京禮部尚書，諡文敏，《明史》入〈文苑傳〉。

90. 郝敬　字楚望，又字仲輿，京山人，萬曆己丑進士，禮科給事中，《明史》附〈文苑李維楨傳〉。

91. 吳默　字因之，又字無障，吳縣人，萬曆壬辰會元，有《吳會元真稿》。

92. 李騰芳　字湘洲。

案：《明史》卷二一六作「李騰芳，字子實，湘潭人，萬曆二十年（壬辰）進士，改庶吉士。」今補。

93. 吳化　字敬之，黃安人，萬曆戊子解元，乙未進士。

94. 湯賓尹　字嘉賓，宣城人，萬曆甲午舉人，乙未會元、榜眼，南京國子祭酒。

95. 孫愼行　字聞斯，又字淇澳，武進人，萬曆乙未進士、探花，南京禮部尚書，諡文介，《明史》有傳。

96. 曹學佺　字能始，又字石倉，侯官人，萬曆乙未進士，四川按察使，唐王時授太常卿，遷禮部侍郎，加尚書，《明史》入〈文苑傳〉，賜諡文節。

97. 駱日升　字台晉，晉江人，萬曆辛卯舉人，乙未進士，四川參政，贈光祿卿。

98. 黃汝亨　字貞父，仁和人，萬曆辛卯舉人，戊戌進士，江西參議。

99. 王畿　字翼邑，又字慕蓼，晉江人，萬曆戊戌進士，浙江布政使。

100. 王衡　太倉人，錫爵子，字辰玉，又字緱山，萬曆戊子解元，辛丑進士、榜眼，翰林編修，《明史》附〈王錫爵傳〉。

101. 許獬　字子遜，又字鍾斗，同安人，萬曆辛丑會元，翰林編修，有《許鍾斗稿》。

102. 張以誠　字君一，青浦人，萬曆辛丑會元，春坊諭德。

103. 劉宗周　字起東，又字念臺，山陰人，萬曆辛丑進士，左都御史，賜諡忠介，《明史》有傳。

104. 王納諫　字聖俞，江都人，萬曆癸卯解元，丁未進士。

105. 李光元　字□□，□□人，萬曆庚子應天舉人，丁未進士。

案：《明清進士題名碑錄索引》作「江西進賢」人。今補。

106. 魏光國　字士爲，□□人，萬曆庚戌進士，有《魏合盧先生稿》。

案：《明清進士題名碑錄索引》作「江西東鄉」人，今補。

107. 韓敬　字求仲，歸安人，萬曆庚戌會元，狀元，翰林修撰，有《韓求仲稿》，《程墨文室》。

108. 鍾惺　字伯敬，天門人，萬曆庚戌進士，福建提學僉事，《明史》附〈文苑袁宏道傳〉。

109. 方應祥　字孟旋，歸安人，萬曆丙午舉人，丙辰會元。

110. 姜曰廣　字居之，又字燕及，新建人，萬曆乙卯舉人，己未進士，吏部左侍郎，左遷南京太常卿，福王時爲禮部尚書，東閣大學士，《明史》有傳。

111. 顧錫疇　字九疇，又字瑞屏，崑山人，萬曆己未進士，南京禮部左侍郎，宏光中進尚書，《明史》有傳。

112. 李若愚　字愚公，漢陽人，萬曆己未進士。

天啟間

113. 章世純　字大力，臨川人，天啓辛酉舉人，柳州知府，《明史》附〈文苑艾南英傳〉，有《章大力稿》。

114. 黃道周　字幼元，一字螭若，又字石齋，漳浦人，萬曆戊午舉人，天啓壬戌進士，少詹事，後爲唐王禮部尚書，武英殿大學士，《明史》有傳，賜諡忠端，從祀文廟，有《駢枝集》。

115. 文震孟　字文起，又字湛持，長洲人，天啓壬戌進士，狀元，東閣大學士，諡文肅，《明史》有傳。

116. 艾南英　字千子，東鄉人，天啓甲子舉人，唐王時授兵部主事，改御史，《明史》入〈文苑傳〉，有《艾子著書》、《文定》、《文待》。

117. 何楷　字元子，漳州鎮海衛人，天啓甲子舉人，乙丑進士，吏科給事中，唐王時爲禮部尚書，《明史》有傳。

118. 葉紹袁　字仲韶，吳江人，天啓乙丑進士，工部主事。

119. 項煜　字仲昭，又字水心，吳縣人，天啓甲子舉人，乙丑士，有《東野堂稿》。

120. 華琪芳　字未齋，無錫人，天啓乙丑會元、榜眼。

121. 凌義渠　字峻甫，又字茗柯，烏程人，天啓甲子舉人，乙丑進士，大理寺卿，贈刑部尚書，諡忠清，本朝賜諡忠介，《明史》有傳，有《凌茗柯稿》。

122. 黃文煥　字維章，永福人，天啓甲子舉人，乙丑進士，翰林，由知縣擢編修。

123. 熊開元　字魚山，嘉魚人，天啓乙丑進士，吏科給事中，甲申後爲僧。

124. 顧炎武　初名絳，字寧人，又字亭林，順治初諸生。

案：《文獻徵存錄》載：「顧炎武，字寧人……明贊善紹芳孫，年十四，補諸生。」炎武生於明萬曆四十一年，〔註4〕可知其補諸生當在天啓六年，非順治初。今正。

125. 羅萬藻　字文止，臨川人，天啓丁卯舉人，崇禎戊辰進士，有《羅文止稿》。

〔註4〕見《顧亭林先生年譜》卷一三〇、《清儒學案》卷六及《清史列傳》卷六八。又麥仲貴《明清儒學家著述生卒年表》頁二六〇。皆作〈顧炎武年十四，爲諸生〉。

案：《明史》卷二八八作「羅萬藻，字文止，世純同縣人，天啓七年舉于鄉，崇禎中行保舉法，祭酒倪元璐以萬藻應詔，辭不就，福王時爲上杭知縣，唐王立於閩，擢禮部主事，南英卒，哭而殯之，居數月，亦卒。」未有舉進士之載《明清進士題名碑錄索引》頁 2604，崇禎元年戊辰科，亦無羅文止其人。故「崇禎戊辰進士」一句當刪。

126. 譚元春　字友夏，天門人，天啓丁卯（七年）舉人。

崇禎間

127. 金聲　字正希，嘉魚人，休甯籍，天啓甲子順天舉人，崇禎戊辰進士，山東僉事，唐王時以右都御史總督諸道軍，諡文毅，《明史》有傳，有《金正希稿》。

128. 黎元寬　字□□，□□人，天啓丁卯舉人，崇禎戊辰進士。

案：《明清進士題名碑錄索引》作「江西南昌」人。今補。

129. 曹勳　字允大，又字裵雪，嘉善人，崇禎戊辰會元，有《曹允大稿》。

130. 史可法　字憲之，又字道鄰，祥符人，崇禎戊辰進士，南京兵部尚書，宏光時爲督師武英殿大學士。

131. 楊廷樞　字維斗，長州人，崇禎庚午解元，福王時兵科給事中，有《楊維斗自訂稿》，與《錢吉士合選同文錄》。

132. 章淳

案：《制義叢話》卷七引李雨村曰：「崇禎庚午（三年）應天鄉試，主司姜燕及（曰廣）得章淳卷，……，置第四名。」今補。

133. 彭賓　字燕又，又字穆如，華亭人，崇禎庚午舉人。

134. 左懋弟　字蘿石。

案：《明史》卷二七五作「左懋弟，字蘿石，萊陽人，崇禎四年（辛未）進士，授韓城知縣。」今補。

135. 沈幾　字去疑，長洲人，天啓丁卯解元，崇禎辛未進士。

136. 夏曰瑚　字塗山，山陽人，天啓丁卯舉人，崇禎辛未進士，探花。

137. 吳偉業　字駿公，又字梅村，太倉人，崇禎辛未會元、榜眼，國子祭酒，有《式靡編》。

138. 楊以任　字維節，瑞金人，崇禎辛未進士，國子監博士，有《楊維節稿》。

139. 馬世奇　字君常，無錫人，天啓甲子舉人，崇禎辛未進士，翰林侍讀，本朝賜諡文肅，《明史》有傳，有《馬君常稿》。

140. 劉侗　字同人，麻城人，崇禎甲戌進士，吳江知縣。

141. 陳際泰　字大士，臨川人，崇禎庚午舉人，甲戌進士，行人司行人，《明史》入〈文苑傳〉，有《太乙山房稿》，《己吾集》。

142. 陳孝逸　際泰子，有《壺山集》。

143. 陳孝威　際泰子，有《癡山集》。

144. 章日炌

案：《明清進士題名碑錄索引》作「浙江德清」人，列于崇禎七年甲戌科進士，今補。

145. 李青　字太青，又字竹君，金壇人，崇禎甲戌會元，有《李太青稿》。

146. 陳子龍　字大樽，又字臥子，華亭人，崇禎庚午舉人，丁丑進士，兵科給事中，《明史》有傳，有《陳臥子稿程墨》，《隆運集》。

147. 包爾庚　字長明，□□人，崇禎丙子舉人，丁丑進士，有《包長明稿》，《直木居稿》。

案：《明清進士題名碑錄索引》作「直隸上海」人，今補。

148. 孫淡一　字自一，□□人，崇禎庚辰進士。

案：《明清進士題名碑錄索引》作「孫自一，河南光山」人，明崇禎十三年（庚辰）進士。又《明史》卷二三三亦作「自一，光山人。」今補。

149. 黃廷才　字辛陽。

案：《明清進士題名碑錄索引》作「直隸泗州」人，列入崇禎十三年（庚辰）進士。今補。

150. 方以智　字密之，桐城人，崇禎庚辰進士，翰林院檢討，甲申後爲僧。

151. 陳名夏　字百史，溧陽人，崇禎癸酉舉人，癸未會元、探花，入本朝爲秘書院大學士，緣事伏法，有《自訂制義》，《明文六十家選》。

152. 林垐　字子野，福清人，崇禎癸酉舉人，癸未進士，海甯知縣。

153. 黃淳耀　初名金耀，字松厓，又字蘊生，以讀書陶菴中，又號陶菴，嘉定人，崇禎癸未進士，未受職，歸殉節死，本朝賜諡忠節，《明史》入〈儒林傳〉，有《黃陶菴稿》。

154. 王毓耆　字元趾，會稽人，其門人私諡正義先生，《明史》附〈劉宗周傳〉。
〔註5〕

〔註5〕「王毓耆」當爲「王毓蓍」之誤。《明史》卷二五五作「（王）毓蓍，字元趾，會稽人。」

155. 徐方廣　字思曠，太倉人，崇禎間諸生，有《徐思曠稿》。

156. 錢禧　字吉士，□□人，有《錢吉士稿》。

157. 王自超　字茂遠，又字柳潭，□□人，崇禎壬午舉人，癸未進士，有《王柳潭稿》。

158. 周鍾　字介生，金沙人，崇禎癸未進士，翰林院編修，有《手授全稿》、《未刻全稿》。

159. 梁清標　字玉立，又字蕉林，正定人，前明進士，入本朝（清朝）官保和殿大學士。

案：《明清進士題名碑錄》作「梁清標，直隸眞定府錦衣衛」人，崇禎十六年（癸未）進士。

160. 徐麟高

161. 邱義　字明大，甯化人，崇禎末諸生。

清、順治間

162. 章金牧　字雲李，由貢生官栢鄉知縣，有《章雲李稿》。

163. 賀應旌　字□□，大興人，順治乙酉舉人，有《采芝堂文稿》。

案：大清畿輔先哲傳有「嘯肥鄉有賀應旌者，字宣三，號懷菴，順治二年舉人。」今補。

164. 程定鼎　字扶埜。

165. 魏裔介　字貞白，又字石生，栢鄉人，順治丙戌進士，保和殿大學士，諡文毅。

166. 劉思敬　字覺岸。

案：《顏氏家藏尺牘所附姓氏考》有：「劉思敬，字純之，江蘇上元人，順治四年進士，歷官參議。有徹贍八編，江南通志。」今補。

167. 邰炳元　字飛虹，長垣人，順治乙酉解元，丁亥進士，提學道。

168. 李之芳　字鄴園，武定人，順治丁亥進士，文華殿大學士，諡文襄。

169. 劉子壯　字克猷，黃岡人，順治己丑進士、狀元，翰林修撰，有《劉克猷稿》。

170. 熊伯龍　字次侯，又字鍾陵，漢陽人，順治己丑進士、榜眼、翰林侍讀學士，有《熊鍾陵稿》。

171. 施閏章　字尚白，又字愚山，宣城人，順治丙戌舉人，己丑進士，康熙己未）詞科，翰林侍講，有《施愚山稿》。

172. 王庭　字言遠，又字邁人，嘉興人，前明舉人，順治己丑進士，山西布政使，有《王邁人稿》。

173. 王廣心　字伊人，又字農山，華亭人，順治己丑進士，有《蘭雪堂制義》。

174. 趙吉士　字恒夫，又字漸岸，又稱寄園，休甯人，順治辛卯舉人，戶科給事中。

175. 范承謨　字覲公，又字螺山，瀋陽人，順治壬辰進士，福建總督，諡忠貞。

176. 徐越　字山琢，又字存菴，山陽人，順治壬辰進士，監察監史，有《嶺雲編》。

177. 張永祺　字爾成，大興人，順治壬辰進士。

案：《明清進士題名碑錄索引》將之列入順治九年壬辰科第一甲第二名。故當補「榜眼」二字。

178. 李來泰　字仲章，又字石臺，臨川人，順治壬辰進士，康熙己未詞科，翰林院侍講，有《李石臺稿》。

179. 湯斌　字孔伯，又字潛菴，又字荊峴，睢州人，順治壬辰進士，康熙己未詞科，工部尚書，從祀文廟，諡文正。

180. 楊雍建　字以齋，海甯人，順治閒拔貢生，兵部左侍郎，有《弗過軒制義》。

案：《明清進士題名碑錄索引》將之列入順治十二年乙未科三甲第九十九名。今補。

181. 伊闢　字盧源，又字翁菴，新城人，順治戊子舉人，乙未進士，湖南巡撫。

182. 宋德宜　字右之，長洲人，順治乙未進士，文華殿大學士，諡文恪。

183. 汪琬　字鈍翁，又字堯峰，長洲人，順治乙未進士，康熙己未詞科，翰林編修，有《明文弋》。

184. 陸燦　本姓錢，字湘靈，又字圓沙，常熟人，順治丁酉舉人，有《錢湘靈稿》。

185. 王士禎　字貽上，又字阮亭，新城人，順治乙未進士，刑部尚書，諡文簡。

案：《明清進士題名碑錄索引》將之列入順治十五年戊戌科第二甲第三十六名。注云：一作王士正。今正。

186. 熊錫履　字敬存，又字青岳，孝感人，順治戊戌進士，東閣大學士，謚文端。

187. 陳廷敬　字說巖，又字子端，又稱午亭，澤州人，順治戊戌進士，文淵閣大學士，謚文貞。

188. 葉方藹　字子吉，崑山人，順治己亥進士、探花，禮部侍郎，贈尙書，謚文敏。

189. 蔣德峻　字公遜，□□人，順治戊戌進士。

案：《國朝耆獻類徵初編》中彭啓豐所撰「蔣維城、蔣德埈合祠碑」作「兩先生故產於吳之婁門。……、公遜諱德埈，摺上第，終以不仕。」又《明清進士題名碑錄索引》順治十八年辛丑科二甲第七十一名有「蔣德埈」，而「戊戌」科並無「蔣德峻」其人。《索引》部分作「江南長洲人」，故知「蔣德峻」當爲「蔣德埈」之誤，「戊戌」當爲「辛丑」之誤。今正。

190. 張玉書　字素存，丹徒人，順治辛丑進士，文華殿大學士，謚文貞，有《張京江文稿》。

191. 馬世俊　字章民，又字倒臣，溧陽人，順治庚子進士，狀元，翰林侍讀，有《馬章民稿》。

案：《明清進士題名碑錄索引》將之列入順治十八年辛丑科狀元。而庚子科並無「馬世俊」其人。故知當爲辛丑科狀元。今正。

康熙間

192. 顏光敏　字遜甫，又字修來，又字學仙，曲阜人，康熙丁未進士，吏部郎中，有《顏修來稿》，《未信堂近稿》。〔註6〕

193. 張英　字敦復，桐城人，康熙癸卯舉人，丁未進士，文華殿大學士，贈太傅，謚文端。

194. 廖騰煃　字占五，又字蓮山，將樂人，康熙己酉舉人，戶部侍郎，有《廖蓮山稿》。

195. 牛奎渚　字滄洲，高郵人，康熙己酉解元。

196. 李光地　字晉卿，又字厚菴，又稱榕村，安溪人，康熙庚戌進士，文淵閣大學士，謚文貞，有《榕村制義》。

〔註6〕見《俞長城一百二十名家制義》卷四十六。

197. 趙申喬　字慎旃，又字伍松，武進人，康熙庚戌進士，戶部尚書，諡恭
　　　肅。

198. 陸隴其　初名龍其，字稼書，平湖人，康熙庚戌進士，監察御史，贈內
　　　閣學士，禮部侍郎，從祀文廟，諡清獻，有《陸稼書稿》。

199. 韓菼　字元少，又字慕廬，長洲人，康熙壬子順天舉人，癸丑會元、狀
　　　元，禮部尚書，諡文懿，有《有懷堂制義》。

200. 陳錫嘏　字介眉，又字怡庭，鄞縣人，康熙乙卯解元，丙辰進士，翰林
　　　編修。

201. 彭定求　字訪廉，又字南畇，長洲人，康熙丙辰會元、狀元、翰林侍講，
　　　有《南畇文稿》。

202. 翁叔元　字寶林，又字鐵菴，常熟人，康熙丙辰進士，探花，刑部尚書，
　　　有《翁寶林稿》。

203. 朱彝尊　字錫鬯，又字竹垞，秀水人，康熙己未詞科，翰林檢討。

204. 尤侗　字展成，又字海菴，又稱艮齋，又稱西堂，長洲人，康熙己未詞
　　　科，翰林侍講，有《尤西堂傳稿》。

205. 金德嘉　字會公，又字蔚齋，廣濟人，康熙壬戌會元，翰林檢討。

206. 許汝霖　字時菴，海甯人，康熙壬戌進士，禮部尚書。

207. 張伯行　字孝先，儀封人，康熙乙丑進士，禮部尚書，諡清恪，有《鼇
　　　峰拔萃集》。

208. 楊名時　字賓實，江陰人，康熙辛未進士，禮部尚書，諡文定。

209. 陳鵬年　字北溟，又字滄洲，湘潭人，康熙辛未進士，河道總督，諡恪
　　　勤。

210. 楊中訥　字晚研，海甯人，雍建子，康熙辛未進士。

211. 朱軾　字可亭，高安人，康熙甲戌進士，文華殿大學士，贈太傅，諡文
　　　端。

212. 張廷玉　字衡臣，又字研齋，桐城人，英子，康熙庚辰進士，保和殿大
　　　學士，封勤宣伯，諡文和。

213. 趙晉　字晝三，又字二今，侯官人，康熙癸未進士，榜眼，有《趙榜眼
　　　存稿》。

214. 汪份　字武曹，長洲人，康熙癸未進士，有《汪武曹時文》，《明文必自
　　　集》。

215. 何焯　字屺瞻，又字義門，長洲人，康熙癸未進士，庶吉士，贈侍講學
　　　士，有《何屺瞻稿》，《行遠集》。

216. 方欵如　字文翰，又字樸山，淳安人，康熙乙酉舉人，丙戌進士，永濟
　　　知縣，有《集虛齋自訂全稿》。

217. 方舟　字百川，桐城人，康熙初諸生，有《自知集》。

218. 方苞　字靈皋，又字望溪，桐城人，舟弟，康熙己卯解元，丙戌進士，
　　　內閣學士，兼禮部侍郎，有《抗希堂稿》。

　案：蘇惇元輯《清方望溪先生苞年譜》，（康熙）四十五年丙戌條下有「先生
　　　三十九歲，春，至京師，……，應禮部試，成進士第四名。……，殿試，
　　　朝論翕然推爲第一人，而先生聞母疾，遽歸。李文貞公馳使留之不得。」
　　　以其未與殿試，實不得謂之進士，宜稱之爲「貢士」，是以榜上無名，故
　　　《明清進士題名碑錄索引》亦不錄。

219. 李承祺　字鶚君，桐城人。

220. 何世璂　字桐叔，新城人，康熙甲子舉人，己丑進士，吏部侍郎，直隸
　　　總督，諡端簡。

221. 張照　字得天，又字天瓶，婁縣人，康熙己丑進士，刑部尚書，諡文敏。

222. 徐用錫　字晝堂，又字壇長，宿遷人，康熙己丑進士，翰林侍講，有《徐
　　　壇長稿》。

223. 蔡世遠　字聞之，又字梁村，漳浦人，康熙己丑進士，禮部侍郎，贈尚
　　　書，諡文勤，有《梁村制義》。

224. 儲在文　字六雅，一字禮執，又稱中子，宜興人，康熙戊子舉人，辛丑
　　　會元，有《經畬堂自訂全稿》、《課孫稿》。

　案：《明清進士題名碑錄索引》列入康熙四十八年己丑科，非辛丑科。今正。

225. 劉捷　字月三，桐城人，康熙辛卯解元。

226. 任蘭枝　字香谷，又字隨齋，溧陽人，康熙癸巳進士，榜眼，刑部尚書。
　　　有《任香谷稿》。

227. 謝道承　字又紹，又字古梅，侯官人，康熙庚子解元，辛丑進士，內閣
　　　學士，兼禮部侍郎。

雍正間

228. 鄭方坤　字則厚，又字荔鄉，建安人，「雍正」丁酉舉人，癸卯進士，兗

州知府，有《鄭荔鄉稿》，《三鄭合稿》。

案：雍正無丁酉，當爲康熙五十六年丁酉之誤，今正。

229. 王步青　字巳山，又字漢階，又稱罕皆，金壇人，康熙甲午舉人，雍正癸卯進士，翰林檢討，有《敦復堂稿制義》，《所見集程墨》，《所見集考卷》，《所見集八法集》。

230. 王汝驤　字雲衢，又稱耘渠，金壇人。由貢生官通江知縣，有《橐中集》、《虛牝集》、《牆東集》、《明文治》。

231. 張江　字百川，又字曉樓，南城人，雍正癸卯進士，翰林編修，有《張太史時文三集》。

232. 周學健　字勿逸，又字力堂，新建人，雍正癸卯進士，江南河道總督，有《周勿逸稿》，《向若編》。

233. 楊炳　字郢川，又字蔚友，鍾祥人，雍正癸卯會元、狀元、翰林院學士。

234. 王安國　字書臣，高郵人，雍正甲辰會元，榜眼，禮部尚書，謚文肅。

235. 陳宏謀　字汝咨，又字榕門，桂林人，雍正癸卯解元，甲辰進士，東閣大學士，謚文恭，有《橫塘陳氏一門硃卷》。〔註7〕

236. 胡天游　字稚威，山陰人，雍正己酉副榜，乾隆丙寅詞科。

237. 陳兆崙　字句山，又字星齋，仁和人，雍正庚戌進士，太僕寺卿，有《紫竹山房制義》。

238. 任啓運　字翼聖，又字釣臺，宜興人，雍正癸卯舉人，癸丑進士，翰林編修，有《任翼聖稿》。

乾隆間

239. 趙青藜　字然乙，涇縣人，乾隆丙辰會元，監察御史。

240. 秦蕙田　字味經，金匱人，乾隆丙辰進士，探花，刑部尚書，謚文恭。

241. 吳鑾　字玉坡，江南人，乾隆丙辰舉人。

242. 杭世駿　字大宗，又字菫浦，仁和人，乾隆丙辰詞科，翰林院編修，有《鏤冰集》。

243. 于敏中　字重裳，金壇人，乾隆丁巳進士，狀元，文華殿大學士，謚文襄。

244. 程景伊　字□□，武進人，乾隆己未進士，文淵閣大學士，謚文恭。

〔註7〕《明清進士題名碑錄索引》不錄。待考。

案：《中國人名大辭典》作「程景伊，清武進人，字聘三，乾隆進士。」今補。

245. 袁枚　字子才，又字簡齋，錢塘人，乾隆己未進士，江甯知縣，有《袁太史稿》。

246. 朱佩蓮　字東江，海鹽人，乾隆壬戌進士，翰林編修。

247. 王炳文　字在中，崑山人，乾隆初諸生。

248. 張甄陶　字惕菴，閩縣人，乾隆甲子舉人，乙丑進士，高要知縣，有《四書翼注論文》，《國朝文範》。

249. 蔣元益　字希元，長洲人，乾隆乙丑會元。

250. 周振采　字白民，淮安人，乾隆初諸生。有《周白民藏稿》。

251. 喻世欽　字□□，長沙人，乾隆初諸生。

252. 朱士琇　字斐瞻，又字梅崖，建甯人，乾隆甲子解元，戊辰進士，官知縣，改福甯府教授，有《朱梅崖制義》。

253. 鄭忬　字藝民，靖江人，乾隆戊辰會元，禮部郎中。

254. 朱珪　字石君，大興人，乾隆戊辰進士，體仁閣大學士，謚文正，有《槃陀老人制義》。

255. 馬國果　字□□，無錫人，乾隆庚午解元。

256. 吳鴻　字頡雲，錢塘人，乾隆丁卯解元，辛未進士，狀元，有《吳狀元稿》。

257. 翁方綱　字正三，又字覃溪，又稱蘇齋，大興人，乾隆壬申進士，內閣學士，兼禮部侍郎，有《復初齋時文》。

258. 吉夢熊　字渭崖，丹陽人，乾隆壬申進士，通政使，有《吉毅陽時文》。

259. 鄭天錦　字芥舟，建安人，方坤從子，乾隆壬申進士，連山知縣，有《鄭芥舟稿》。

260. 趙佑　字鹿泉，仁和人，乾隆壬申進士，有《清獻堂稿》。

261. 田玉　字蔚田，無錫人，乾隆壬申解元，甲戌進士。

262. 紀昀　字曉嵐，獻縣人，乾隆丁卯解元，甲戌進士，協辦大學士，禮部尚書，謚文達，有《房行書精華》。

263. 周春　字松靄，海甯人，乾隆甲戌進士，岑溪知縣。

264. 林人欀　字□□，侯官人，乾隆丁卯舉人。

案：《明清進士題名碑錄索引》將之列入乾隆二十五年庚辰科二甲第四十五名進士。今補。

265. 孟超然　字朝舉，又字瓶菴，閩縣人，乾隆乙卯解元，庚辰進士，吏部郎中。

案：乾隆乙卯爲乾隆六十年，焉有成解元在進士之後者，故知當爲乾隆二十四年「己卯」之誤。今正。

266. 曹文埴　字薺原，歙縣人，乾隆庚辰進士，戶部尙書，諡文敏。

267. 陸錫熊　字健男，又字耳山，上海人，乾隆辛巳進士，副都御史。

268. 吳玉綸　字香亭，光州人，乾隆辛巳進士，兵部侍郎，有《吳香亭稿》。

269. 江筠　字震滄，江蘇人，乾隆壬午舉人。

270. 吳珏　字井山，歙縣人，乾隆壬午解元，癸未進士，內閣中書。

271. 林喬蔭　字樾亭，侯官人，乾隆乙酉舉人，江津知縣。

272. 林樹蕃　字香海，侯官人，喬蔭弟，乾隆乙酉舉人，辛卯進士，翰林院編修。

273. 邵晉涵　字二雲，餘姚人，乾隆乙酉舉人，辛卯會元。

274. 龔景瀚　字海峰，閩縣人，乾隆戊子舉人，辛卯進士，蘭州知府，有《積石山房四書文》。

275. 吳錫麒　字聖徵，又字穀人，錢塘人，乾隆甲午舉人，乙未進士，國子監祭酒，有《有正味齋稿》。

276. 管世銘　字韞山，又字緘若，陽湖人，乾隆甲午舉人，戊戌進士，有《管韞山制義》。

277. 鄭光策　字憲光，又字蘇年，閩縣人，乾隆己亥舉人，庚子進士，有《西霞制義賸稿》。

278. 汪如洋　字潤民，又字雲壑，秀水人，乾隆丁酉舉人，庚子會元，狀元。

279. 劉青照　字乙資，陽湖人，乾隆庚子進士。

280. 盧蔭溥　字霖生，又字南石，德州人，乾隆辛丑進士，體仁閣大學士，諡文肅。

281. 曹振鏞　字儷笙，歙縣人，文埴子，乾隆辛丑進士，武英殿大學士，諡文正。

282. 陳錦　字□□，錢塘人，乾隆癸卯解元。

283. 章世繩　字□□，江蘇人，乾隆癸卯舉人。

284. 胡應魁　字鶴清，丹陽人，乾隆辛卯舉人，甲辰進士。

285. 侯健融　字狦菴，歸安人，乾隆甲辰會元。

286. 王芑孫　字惕甫，又字鐵夫，長洲人，乾隆甲辰召試學人，華亭教諭，有《淵雅堂制義》。

287. 薩玉衡　字葱如，又字檀河，閩縣人，乾隆丙午舉人，陝西知縣。

288. 洪晨芳　字京植，晉江人，乾隆丙午舉人。

289. 林茂春　字崇達，又字暢園，侯官人，乾隆丙午舉人，龍溪教諭，有《近文大觀》。

290. 曾奮春　字禹門，侯官人，乾隆丙午舉人，臨安知縣。

291. 朱秉鑑　字清如，浦城人，乾隆丙午舉人，丁未進士，福甯府教授，有《茹古堂文稿》。

292. 方鎮　字定遠，霞浦人，乾隆戊申舉人。

293. 張經邦　字佑賢，又字變軒，閩縣人，乾隆己亥解元，己酉進士，溧陽知縣。

294. 阮元　字伯元，又字芸臺，儀徵人，乾隆丙午舉人，己酉進士，體仁閣大學士。

295. 游光繹　字彤卣，霞浦人，乾隆癸卯學人，己酉進士，監察御史。

296. 汪廷珍　字瑟菴，山陽人，乾隆己酉進士，協辦大學士，禮部尚書，諡文端。

297. 謝震　字位東，又字甸男，侯官人，乾隆己酉舉人，順昌教諭。

298. 錢楷　字裴山，嘉興人，乾隆己酉會元，安徽巡撫。

299. 鄭大謨　字青墅，侯官人，乾隆戊申舉人，庚戌進士，河南知州。

300. 張師誠　字蘭渚，歸安人，乾隆庚戌進士，江蘇巡撫。

301. 朱文翰　字滄湄，歙縣人，乾隆庚戌會元，浙江溫處道。

302. 石韞玉　字琢堂，吳縣人，乾隆庚戌進士，狀元，山東按察使，有《石執如制義》。

303. 葉大觀　字蓮山，羅源人，乾隆庚戌進士，翰林院編修。

304. 張騰蛟　字孟詞，甯化人，乾隆癸卯解元，癸丑貢士，有《思庭應試文》。

305. 許作屏　字畫山，侯官人，乾隆癸卯舉人，「庚戌」進士，有《青陽堂制藝》。

案：《明清進士題名碑錄索引》頁 167 將之列入乾隆五十八年癸丑科三甲第二名。今正。

306. 謝叔元　字春洲，晉江人，乾隆丙午解元，癸丑進士，翰林院編修，有

《瑞芝草堂文稿》。

307. 吳貽詠　字惠蓮，桐城人，乾隆癸丑會元。

308. 英和　字樹琴，又字煦齋，滿洲人，乾隆壬子舉人，癸丑進士，協辦大學士，戶部尚書，有《恩慶堂制藝》。

309. 黃瓊　字雲岡，侯官人，乾隆甲寅舉人。

310. 王曇　字仲瞿，錢塘人，乾隆甲寅舉人。

311. 莫晉　字錫三，又字寶齋，會稽人，乾隆甲寅舉人，乙卯進士，榜眼，倉場侍郎，有《來雨軒時文稿》。

312. 葉申譪　字次幔，侯官人，乾隆乙卯舉人，無錫知縣。

313. 應丹詔　字鳳樓，又字銘石，延平人，乾隆丙午舉人，乙卯進士。

314. 廖英　字佩香，侯官人，乾隆末諸生。

嘉慶間

315. 姚學塽　字晉堂，歸安人，嘉慶丙辰進士，內閣中書，有《晉堂時文》。

316. 郭龍光　字則徵，又字韶溪，福清人，乾隆乙卯舉人，嘉慶丙辰進士，國子監學正。

317. 鄭兼才　字六亭，大田人，嘉慶戊午解元，臺灣教諭。

318. 陳壽祺　字梅修，又字恭甫，閩縣人，乾隆己酉舉人，嘉慶己未進士，翰林院編修。

319. 陳鍾麟　字厚甫，元和人，乾隆甲寅舉人，嘉慶己未〔進士，杭嘉湖道，有《就正草》、《聽雨軒前後集》。

320. 趙在田　字穀士，侯官人，乾隆乙卯舉人，嘉慶己未進士，翰林院編修。

321. 余本敦　字朗山，西安人，嘉慶己未進士，監察御史。

322. 萬世美　字濟其，又字虞臣，甌甯人，乾隆戊申舉人、嘉慶辛酉進士，內閣中書。

323. 楊惠元　字蓉蜂，閩縣人，乾隆甲寅舉人，嘉慶辛酉進士，泰安知府。

324. 馬有章　字倬亭，通州人，嘉慶辛酉會元，內閣中書。

325. 張翹　字陟菴，浦城人，嘉慶辛酉解元。

326. 朱秉銘　字緘三，浦城人，秉鑑弟，嘉慶辛酉舉人，有《雪龕制義》。

327. 葉申萩　字莘昀，侯官人，申藹兄，嘉慶戊午舉人，壬戌進士。

328. 吳廷琛　字棣華，元和人，「嘉慶」壬子舉人，壬戌會元、狀元，雲南按察使。

案：《續碑傳集》朱瑏所撰〈吳廷琛墓誌銘〉曰：「公姓吳氏，諱廷琛，字震南，棣華其號，隸籍蘇之元和，……乾隆戊申，年十六，初應縣試，壓其曹，……，壬子舉於鄉。……，嘉慶壬戌遂魁南宮。」故知「嘉慶壬子舉人，壬戌會元，狀元」當爲「乾隆壬子舉人，嘉慶壬戌會元，狀元。」今正。

329. 朱士彥　字詠齋，寶應人，嘉慶壬戌進士，探花，吏部尚書，諡文定。

330. 顧蒓　字吳羹，又字南雅，吳縣人，嘉慶壬戌進士，翰林院侍讀學士。

331. 陳廷煥　字采屏，侯官人，嘉慶戊午舉人，乙丑進士，興化教授，有《百尺樓文稿》。

332. 張夢魁　字維北，又字暖雲，浦城人，嘉慶丁卯舉人。

333. 陳肇波　字研畬，又字子瀾，連江人，嘉慶戊辰舉人，來賓知縣。

334. 萬雲程　字芝林，甌甯人，世美子，嘉慶戊辰舉人。

335. 郭尚先　字蘭石，莆田人，嘉慶丁卯解元，己巳進士，大理寺卿。

336. 林則徐　字少穆，侯官人，嘉慶辛未進士，雲貴總督。

337. 曾秉文　字建堂，侯官人，嘉慶□□舉人。

338. 陳繼昌　初名守叡，字蓮史，臨桂人，嘉慶癸酉解元，庚辰會元，狀元，直隸布政使。

道光間

339. 林彭年　字壽夫，侯官人，士蕃子，道光癸未進士，刑部主事。

340. 湯鵬　字海秋，益陽人，道光癸未進士，戶部郎中，有《海秋制義》。

341. 許德樹　字蔭坪，閩縣人，嘉慶辛酉舉人，道光丙戌進士。

342. 吳鍾駿　字崧甫，吳縣人，道光壬午舉人，壬辰進士，狀元，現官國子監祭酒。

343. 劉建韶　字聞石，長樂人，道光乙酉舉人，乙未進士，現官陝西知縣，有《宜蘭室制義》。

家　集

1. 梁劍華　字執瑩，又字天池，乾隆間諸生。有《書香堂筆記》。

2. 梁上寶　字斯震，又字叶所，乾隆間諸生。

3. 梁上治　字斯志，又字翼齋，中學後更名贊圖。乾隆戊子舉人，寧化教諭，有《四勿齋隨筆》。

4. 梁上泰　字斯明，又字岱巖。乾隆乙酉舉人，餘慶知縣。

5. 梁上國　字斯儀，又字九山。乾隆戊子舉人，乙未進士。太常寺卿，有《芝音閣雜筆》。

6. 梁功　後易名際昌，字用中，又字盧白，乾隆甲寅舉人。

7. 梁雷　後易名運昌，字曼雲，又字江田，乾隆甲寅舉人，嘉慶己未進士。翰林院編修。

8. 梁雲銑　字剛中，又字澤卿，乾隆乙卯舉人。

9. 梁雲鏞　字大中，又字蘭笙，嘉慶己卯舉人，南安教諭。

10. 梁逢辰　字聿磐，又字吉甫。道光乙酉舉人，辛丑進士，兵部員外郎。

附錄一 俞（長城）方（苞）梁（章鉅） 三家八股名家分期對照表

朝代	時期	一百二十名家制義	欽定四書文	制義叢話題名
宋代	嘉祐期	1. 王安石 2. 蘇 轍		1. 王安石 2. 蘇 轍
	紹興朝	3. 楊萬里		3. 楊萬里
	乾興朝	4. 陸九淵		4. 陸九淵
	淳熙朝	5. 陳傅良		5. 陳傅良
	淳祐朝	6. 汪立信 7. 文天祥		6. 汪立信 7. 文天祥
明代	洪武朝			8. 劉 基 9. 黃子澄 10.劉三吾
	建文朝			11.楊 溥 12.楊 榮
	永樂朝	8. 于謙 9. 薛瑄	1. 李時勉 2. 楊 慈 3. 薛 瑄	13.姚廣孝 14.于 謙
	宣德朝			

	正統朝	※10.商 輅
		  11.陳獻章
		  12.岳 正
		  13.王 恕
			※4. 商 輅
			  5. 陳獻章
			  6. 岳 正
			  7. 王 恕
				※16.商輅

	景泰朝	※14.丘濬	※8.丘濬	※15.邱濬
	天順朝	15.李東陽	9.李東陽	

明代	成化朝	16.羅　倫 17.林　瀚 ※18.吳　寬 ※19.王　鏊 20.謝　遷	10.羅　倫 11.董　越 ※12.吳　寬 ※13.王　鏊 14.趙　寬 15.蔡　清 16.儲　巏 17.羅　圯	17.林　瀚 ※18.吳　寬 ※19.王　鏊 20.蔡　清 21.邵　寶
	弘治朝	※21.錢　福 ※22.顧　清 23.李夢陽 ※24.唐　寅 25.倫文敘 ※26.王守仁 27.董　圯 28 顧鼎臣	※18.錢　福 19.靳　貴 ※20.顧　清 21.李夢陽 22.朱希周 ※23.唐　寅 ※24.王守仁 25.顧鼎臣 26.程　楷 27.孫紹先 28.崔　銑 29.董　圯	※22.錢　福 ※23.顧　清 ※24.唐　寅 25.倫文敘 26.林庭㭿 ※27.王守仁
	正德朝	29.唐　龍 30.鄒守益 31.楊　慎 32.汪應軫 33.季　本 34.崔　桐 35.陸　鈇	30.唐　龍 31.鄒守益 32.江汝璧	28.邵　銳 29.唐　臯 30.汪應軫 31.季　本 32.張　經
明代	嘉靖朝	※36.唐順之 37.羅洪先 ※38.薛應旂 ※39.諸　燮 40.嵇世臣 41.張　元 ※42.茅　坤 ※43.瞿景淳 44.袁福徵 45.孫　樓 ※46.王　樵 47.周思兼 48.陶　澤 49.海　瑞 ※50.胡　定	33.王愼中 ※34.唐順之 35.項　喬 36.孫　陞 ※37.諸　燮 38.張　元 ※39.薛應旂 ※40.茅　坤 41.陸樹聲 42.潘仲驂 ※43.瞿景淳 44.尤　瑛 45.張居正 ※46.王　樵 47.周思兼	33.海　瑞 34.王愼中 35.羅洪先 ※36.唐順之 37.梁懷仁 38.鄭　晉 39.林　春 40.呂　本 ※41.王　樵 42.許　穀 ※43.薛應旂 ※44.諸　燮 45.嵇世臣 ※46.茅　坤 47.葉　經

明代	嘉靖朝	※51.王錫爵 ※52.許孚遠 ※53.歸有光	48.王世貞 49.湯日新 50.錢有威 51.傅夏器 ※52.胡　定 53.王世懋 ※54.王錫爵 ※55.許孚遠 ※56.歸有光 57.陳　棟 58.陳思育 59.吳　嶔 60.金九皐	※48.歸有光 49.高　拱 ※50.瞿景淳 51.王世貞 52.張居正 53.胡正蒙 54.林　爒 55.王任用 56.楊繼盛 ※57.胡友信 58.邵圭潔 59.傅夏器 60.孫　溥 ※61.王錫爵 ※62.許孚遠 63.章　禮 64.陳　棟 ※65.胡　定
	隆慶朝	※54.胡友信 ※55.鄧以讚 ※56.黃洪憲	※61.胡友信 62.田一儁 63.李維楨 ※64.黃洪憲 ※65.鄧以讚 66.錢　岱	※66.黃洪憲 67.田一儁 68.楊起元 69.李廷機 ※70.鄧以讚 71.方大美
	萬曆朝	※57.孫　鑛 ※58.趙南星 59.馮夢禎 60.楊起元 ※61.顧憲成 ※62.鄒德溥 ※63.萬國欽 ※64.湯顯祖 65.葉　修 66.張壽朋 67.錢士鰲 ※68.陶望齡 ※69.董其昌 ※70.郝　敬 ※71.吳　默 72.顧天竣 ※73.孫慎行 ※74.黃汝亭	※67.孫　鑛 ※68.趙南星 69.馮夢禎 70.張　棟 71.蘇　濬 ※72.顧憲成 ※73.陶望齡 ※74.湯顯祖 ※75.鄒德溥 76.郭正域 77.王堯封 ※78.萬國欽 79.潘士藻 80.馬　慤 81.顧允成 82.方大美 ※83.董其昌 ※84.郝　敬	72.蘇　濬 ※73.孫　鑛 ※74.趙南星 ※75.顧憲成 76.劉廷蘭 ※77.萬國欽 78.魏允中 79.錢　橝 ※80.鄒德溥 ※81.湯顯祖 82.葉　修 83.吳道明 ※84.陶望齡 85.王　衡 ※86.董其昌 87.吳　化 ※88.郝　敬 ※89.吳　默

明代	萬曆朝	※75.許　獬 ※76.張以誠 ※77.方應祥 　78.顧錫疇 　79.石有恆 ※80.王士騏	85.歸子慕 　86.劉一焜 　87.顧天埈 ※88.吳　默 　89.沈　演 　90.吳　化 ※91.孫慎行 ※92.黃汝亨 ※93.張以誠 　94.王　衡 　95.葛寅亮 ※96.許　獬 　97.左光斗 　98.徐日久 　99.周宗建 100.李繼貞 101.張魯唯 ※102.方應祥 103.魏大中 104.石有恆 105.姚希孟 ※106.王士騏 107.張　榜 108.林齊聖	※90.黃汝亨 　91.魏光國 　92.湯賓尹 ※93.孫慎行 　94.曹學佺 　95.王　畿 　96.駱日升 ※97.許　獬 ※98.張以誠 　99.劉宗周 100.王納諫 101.李光元 102.韓　敬 103.鍾　惺 104.張壽朋 105.錢士鰲 ※106.王士騏 ※107.方應祥 108.袁　黃 109.黃道周 110.姜曰廣 111.顧錫疇 112.李若愚
	天啓朝	※81.章世純 　82.文震孟 　83.黃道周 ※84.艾南英 ※85.凌義渠 ※86.羅萬藻	※109.章世純 110.鄭　鄤 ※111.艾南英 112.熊開元 113.侯峒曾 ※114.凌義渠 115.李　模 116.路振飛 ※117.羅萬藻 118.譚元春 119.曾異撰 120.吳　雲	113.文震孟 ※114.章世純 ※115.金　聲 116.何　楷 117.左懋弟 118.葉紹袁 119.項　煜 120.華琪芳 ※121.凌義渠 ※122.艾南英 123.黃文煥 124.熊開元 ※125.羅萬藻 126.譚元春 127.章　淳 128.沈　幾 129.夏日瑚 ※130.黎元寬

		87.曹　勳	※121.金　聲	131.曹　勳
		※88.黎元寬	122.張　采	※132.楊廷樞
		※89.金　聲	※123.黎元寬	133.劉　侗
		※90.楊廷樞	※124.楊廷樞	※134.陳際泰
		91.左懋第	※125.楊以任	135.陳孝威
		※92.楊以任	126.楊廷麟	136.陳孝逸
		※93.陳際泰	127.馬世奇	※137.陳子龍
		94.陳之遴	128.沈　幾	138.吳偉業
		95.包爾庚	129.張　溥	※139.楊以任
		※96.陳子龍	130.尹奇逢	140.馬世奇
		97.金　堡	131.劉　侗	141.陳名夏
		※98.黃淳耀	※132.陳際泰	142.章日炌
		※99.徐方廣	133.袁彭年	143.林　垐
		※100.錢　禧	134.羅　炌	144.李　青
明代	崇禎朝		135.夏允彝	145.孫淡一
			※136.陳子龍	146.黃廷才
			137.吳韓起	※147.黃淳耀
			138.沈宸荃	148.王毓耆
			139.王紹美	※149.徐方廣
			140.方以智	※150.錢　禧
			※141.黃淳耀	151.包爾庚
			142.劉　曙	152.彭　賓
			143.張家玉	153.王自超
			※144.錢　禧	154.史可法
			145.夏　思	155.李騰芳
			※146.徐方廣	156.方以智
			147.吳　堂	157.徐麟高
			148.徐孚遠	158.周　鍾
			149.李　愫	159.邱　義
			150.高作霖	
清代	順治朝	101.劉思敬	※151.熊伯龍	160.顧炎武
		※102.劉子壯	152.尹明廷	161.梁清標
		※103.熊伯龍	※153.王　庭	162.章金牧
		※104.王　庭	※154.張永祺	163.賀應旌
		105.戚　藩	155.湯　斌	164.趙吉士
		※106.李來泰	156.張　標	165.程定鼎
		※107.張永祺	※157.李來泰	166.楊雍建
		108.唐德亮	158.唐德亮	167.劉思敬
		109.陸　燦	159.王　撰	168.魏裔介
		110.俞之琰	160.汪　琬	169.郜炳元

清代	順治朝	※111.張玉書 112.郭　溶 113.沈受祺 114.章金牧	161.曾王孫 162.朱　昇 163.鍾　郎 164.鄭爲光 ※165.張玉書 166.朱　彝 167.蔣德埈 168.馬世俊 169.戚　藩	170.范承謀 171.徐　越 172.李之芳 173.伊　闢 ※174.劉子壯 ※175.熊伯龍 176.施閏章 ※177.王　庭 178.王廣心 ※179.張永祺 ※180.李來泰 181.湯　斌 182.宋德宜 183.汪　琬 184.王士禎 185.陸　燦 186.熊賜履 187.陳廷敬 188.蔣德峻 189.葉方藹 ※190.張玉書 191.馬世俊
	康熙朝	115.趙　炳 116.顏光敏 ※117.李光地 ※118.韓　菼 119.金居敬	※170.劉子壯 171.趙　炳 172.張　英 173.張玉裁 174.廖騰奎 ※175.李光地 176.錢世熹 177.徐乾學 178.陸龍其 179.徐春溶 ※180.韓　菼 181.張志棟 182.蔣　伊 183.雲中官 184.祝翼權 185.趙　衍 186.陳錫嘏 187.張榕端	192.顏光敏 193.張　英 194.廖騰煃 195.牛奎渚 ※196.李光地 197.趙申喬 198.陸隴其 ※199.韓　菼 200.陳錫嘏 201.彭定求 202.翁叔元 203.朱彝尊 204.尤　侗 205.金德嘉 206.許汝霖 207.張伯行 208.楊名時 209.陳鵬年

			188.楊大鶴	210.楊中訥
			189.張克嶷	211.朱 軾
			190.金德嘉	212.趙 晋
			191.許汝霖	213.汪 份
			192.史流芳	214.何 焯
			193.吳 涵	215.方粲如
			194.汪 薇	216.何世璂
			195.謝陳常	217.張 照
			196.姜 橚	218.徐用錫
			197.金居敬	219.方 舟
			198.俞長城	220.方 苞
			199.仇兆鰲	221.李承祺
			200.陶元淳	222.蔡世遠
			201.田從典	223.張廷玉
			202.顏光斆	224.劉 捷
			203.張曾裕	225.任蘭枝
			204.張尚瑗	226.謝道承
			205.姚士薑	227.儲在文
			206.陶自悅	
			207.潘宗洛	
			208.楊名時	
清代	康熙朝		209.張 瑗	
			210.文志鯨	
			211.陳鵬年	
			212.狄 億	
			213.孫維祺	
			214.張 昺	
			215.胡任輿	
			216.殷元福	
			217.吳學顥	
			218.顧圖河	
			219.呂履恆	
			220.嚴虞惇	
			221.汪士鋐	
			222.姜宸英	
			223.沈近思	
			224.陸 師	
			225.史 普	
			226.魏方泰	
			227.劉 巖	

清代	康熙朝		228.何　焯	
			229.張自超	
			230.朱　書	
			231.汪　份	
			232.吳士玉	
			233.黃　越	
			234.儲在文	
			235.徐用錫	
			236.朱元英	
			237.張大受	
			238.蔡世遠	
			239.呂謙恆	
			240.劉　捷	
			241.李鍾僑	
			242.吳　襄	
			243.陳萬策	
			244.王兆符	
			245.邵　基	
			246.吳端升	
			247.吳啟昆	
			248.儲　欣	
			249.陳鶴齡	
			250.陳　詵	
			251.劉　齊	
			252.方　舟	
			253.魏嘉琬	
			254.李東欒	
			255.邵　恢	
			256.李沛霖	
			257.汪起謐	
			258.徐念祖	
			259.陳世治	
			260.李　琛	
			261.劉輝祖	
			262.谷　誠	
			263.趙景行	
			264.李鍾倫	
			265.陸　循	
			266.萬　儼	
			267.畢世持	

清代	雍正朝		268.張　江 269.朱　鑑 270.曹一士 271.王汝驤	228.王步青 229.王汝驤 230.張　江 231.周學健 232.任啓運 233.楊　炳 234.王安國 235.陳宏謀 236.鄭方坤 237.胡天游 238.陳兆崙
	乾隆朝			239.趙青藜 240.秦蕙田 241.吳　鑾 242.杭世駿 243.于敏中 244.程景伊 245.袁　枚 246.朱佩蓮 247.朱士琇 248.王炳文 249.張甄陶 250.蔣元益 251.周振采 252.喻世欽 253.林人櫆 254.吳　鴻 255.翁方綱 256.鄭　忬 257.朱　珪 258.馬國果 259.吉夢熊 260.鄭天錦 261.趙　佑 262.田　玉 263.陸錫熊 264.紀　昀 265.周　春 266.吳玉綸 267.孟超然 268.曹文植

				269.吳　珏
				270.江　筠
				271.林喬蔭
				272.林樹藩
				273.邵晉涵
				274.胡應魁
				275.龔景瀚
				276.管世銘
				277.吳錫麒
				278.張經邦
				279.鄭光策
				280.汪如洋
				281.劉青照
				282.盧蔭溥
				283.曹振鏞
				284.陳　錦
				285.張騰蛟
				286.許作屏
				287.章世繩
				288.阮　元
清代	乾隆朝			289.游光繹
				290.侯健融
				291.謝淑元
				292.薩玉衡
				293.洪晨芳
				294.林茂春
				295.曾奮春
				296.朱秉鑑
				297.鄭大謨
				298.張師誠
				299.萬世美
				300.方　鎮
				301.汪廷珍
				302.陳壽祺
				303.謝　震
				304.錢　楷
				305.朱文翰
				306.石韞玉
				307.葉大觀
				308.吳貽詠
				309.英　和
				310.楊惠元

清代	乾隆朝			311.黃　瓊 312.莫　晉 313.王　曇 314.陳鍾麟 315.趙在田 316.郭龍光 317.葉申藹 318.應丹詔 319.廖　英 320.王芑孫
	嘉慶朝			321.姚學塽 322.鄭兼才 323.陳廷煥 324.葉申棻 325.余本敦 326.馬有章 327.吳廷琛 328.朱士彥 329.顧　蒓 330.張　翹 331.朱秉銘 332.許德樹 333.郭尚先 334.林則徐 335.張夢魁 336.陳肇波 337.萬雲程 338.曾秉文 339.陳繼昌
	道光間			340.吳鍾駿 341.林彭年 342.劉建韶 343.湯　鵬

說明：1.表中《一百二十名家制義》及《制義叢話題名》所列各家之序，皆依其原錄，未加更動。《欽定四書文》原分為化治、正嘉、隆萬、啓禎及國朝（清朝），表中各家之序，略依其成進士之先後分之，中有難於查考者，統列於各該期之末。

2.表中之※號為三家所錄相同者。

3.各欄作家姓名皆依原表，未加更動。如顧天竣（一百二十名家72）作顧天埈（欽定四書文87）蔣德埈（欽定四書文167）作蔣德峻（制義叢話題名188）錢士鰲（一百二十名家67）作錢士鼇（制義叢話題名105）等。唯《制義叢話題名》將正統朝之商輅與景泰朝之邱濬誤置，加以正之。

附錄二　梁章鉅先生簡譜

　　梁章鉅，字閎中，又字茝林，晚年自號退菴，系出安定梁氏。父贊圖，字斯志，又字翼齋，行二。乾隆三十三年戊子舉於鄉。考補內廷咸安宮教習。

乾隆四十年（西元 1775 年）乙未
　　七月初六日生於福州漳仁里。

乾隆四十一年（西元 1776 年）丙申　二歲。

乾隆四十二年（西元 1777 年）丁酉　三歲。

乾隆四十三年（西元 1778 年）戊戌　四歲。
　　伯兄梁際昌為發蒙，母王太夫人自課之。

乾隆四十四年（西元 1779 年）己亥　五歲。
　　十月，祖母林太淑人歿。

乾隆四十五年（西元 1780 年）庚子　六歲。
　　在家讀書，父自課之。

乾隆四十六年（西元 1781 年）辛丑　七歲。
　　父授徒於經院巷彭宅，隨往讀書。

乾隆四十七年（西元 1782 年）壬寅　八歲。
　　父授徒於開元頭林宅，隨往讀書。

乾隆四十八年（西元 1783 年）癸卯　九歲。
　　父授徒於楊橋巷蔣宅，隨往讀書。始學作小詩。是年，同懷弟章坫生。

乾隆四十九年（西元 1784 年）甲辰　十歲。

　　閏三月，母王太夫人歿。

乾隆五十年（西元 1785 年）乙巳　十一歲。

　　祖梁劍華歿。秋，父為廈防郡丞劉公延請課子，隨往讀書。冬，以臺灣林爽文滋事，道梗不得歸。

乾隆五十一年（西元 1786 年）丙午　十二歲。

　　仍留廈門，始學作八股文。並隨其父偕同里先達鄭光策、何西泰、林雨化、張經邦等人，徧遊廈島各巖洞及鼓浪嶼之勝。

乾隆五十二年（西元 1787 年）丁未　十三歲。

　　隨父回福州，移往新美里，與四叔梁上國同居，並從伯兄梁際昌舉學子業。

乾隆五十三年（西元 1788 年）戊申　十四歲。

　　以第九名童生入鼇峯書院肄業。

乾隆五十四年（西元 1789 年）己酉　十五歲。

　　隨父往仙遊金石書院讀書。秋，與四房四兄梁雲銑同赴長樂縣試，以第二名獲取。

乾隆五十五年（西元 1790 年）庚戌　十六歲。

　　與三兄梁運昌同在鼇峯書院二賢祠讀書。

乾隆五十六年（西元 1791 年）辛亥　十七歲。

　　以第一名入長樂縣庠。是年，隨同邑陳士偉讀書於觀音橋齊氏之漱芳軒。

乾隆五十七年（西元 1792 年）壬子　十八歲。

　　隨外舅鄭光策讀書於洗銀營趙氏之紅玉齋。是秋，鄉試，卷備而不薦。

乾隆五十八年（西元 1793 年）癸丑　十九歲。

　　仍隨鄭光策，始學作詩賦雜文。

乾隆五十九年（西元 1794 年）甲寅　二十歲。

　　隨林茂春讀書於洗銀營陳氏之鳳池書屋。秋，鄉試與伯兄梁際昌，三兄梁運昌同舉於鄉。

乾隆六十年（西元 1795 年）乙卯 二十一歲。

　　會試，薦而不售。留京過夏，考取景山官學教習。

嘉慶元年（西元 1796 年）丙辰 二十二歲。

　　會試，薦而不售。五月，由運河回閩。七月，患瘧，至重陽始到家，冬至前一夜而止。歲杪而娶婦，妻即鄭光策長女也。

嘉慶二年（西元 1797 年）丁巳 二十三歲。

　　授徒西門街劉宅。

嘉慶三年（西元 1798 年）戊午 二十四歲。

　　授徒南營姜宅。弟章坦入縣庠。冬，其父任汀州府寧化縣教諭，令梁章鉅上公車。

嘉慶四年（西元 1799 年）己未 二十五歲。

　　會試，薦而不售。六月，回家，仍在其師鄭光策館中課文。

嘉慶五年（西元 1800 年）庚申 二十六歲。

　　生子逢辰。輯《東南橋外書畫錄》二十卷，自為序。

嘉慶六年（西元 1801 年）辛酉 二十七歲。

　　會試，以四叔梁上國為內簾同考官，迴避，未入場，與大挑，又不得，乃就補景山教習。

嘉慶七年（西元 1802 年）壬戌 二十八歲。

　　會試，以二甲第九名成進士。朝考，入選第二名，以翰林院庶吉士用教習。秋，父歿，由江西取道汀州，入寧化奔喪。

嘉慶八年（西元 1803 年）癸亥 二十九歲。

　　正月，始至寧化學署。四月，扶櫬回福州，從苫塊中編輯《翼齋公遺詩文》兩卷，《行狀》一卷，又輯《家譜》四卷。

嘉慶九年（西元 1804 年）甲子 三十歲。

　　其師鄭光策歿。與同門友沙縣陳名世同校刊《西霞文鈔》兩卷，為之序。

嘉慶十年（西元 1805 年）乙丑 三十一歲。

　　二月，服闋，進京。散館，以二等第五名引見，改部主事，籤掣禮部，入儀制司行走。秋，因病請假回籍。在部時輯《南省公餘錄》四卷，謝

振定爲之序，嗣復拓爲八卷付梓。

嘉慶十一年（西元1806年）丙寅　三十二歲。
　　家居，輯《長樂詩話》八卷，自爲序。

嘉慶十二年（西元1807年）丁卯　三十三歲。
　　掌浦城書院講席。秋，挈肇文遊武彝，有遊記及詩記之，祖之望、陳壽祺各爲之序。

嘉慶十三年（西元1808年）戊辰　三十四歲。
　　仍赴南浦講席。秋，爲閩省撫部張師誠延入幕中，爲撰擬頌冊及奏御文字，並校勘所進遺書數十種，各加按語，如《四庫全書提要》之例。

嘉慶十四年（西元1809年）己巳　三十五歲。
　　仍赴南浦講席。輯《東南嶠外詩文鈔》若干卷，陳壽祺爲之序。

嘉慶十五年（西元1810年）庚午　三十六歲。
　　仍赴南浦講席。輯《夏小正通釋》四卷、《南浦詩話》四卷，皆祖之望爲之序。

嘉慶十六年（西元1811年）辛未　三十七歲。
　　復入張撫部幕，與陳壽祺分纂御製《全史詩註》六十四卷。春，仍赴南浦講席。《校補倉頡篇》三卷，《選輯閩文典制鈔》四卷。是年生次子丁辰。

嘉慶十七年（西元1812年）壬申　三十八歲。
　　仍赴南浦講席。秋後回家，開藤花吟館，集其里中諸名流，觴詠其中，有《藤花吟館畫卷》，《陽湖李兆洛》、歙縣程恩澤並爲之記。

嘉慶十八年（西元1813年）癸酉　三十九歲。
　　仍赴南浦講席。與鄭鵬程、林軒開二親家重遊武彝，又與全徵蘭遊漁梁萬葉寺。冬，挈卷進京，於浦城祝昌泰親家有斐園中度歲。

嘉慶十九年（西元1814年）甲戌　四十歲。
　　三子恭辰生於台庄舟次。八月抵京，進署銷假，仍在儀制司行走。是歲，由運河北上，滯居漕艘中百餘日，取舊讀《昭明文選》筆記之件編錄而增益之，是爲《文選》旁證之權輿，自是，每年趨公之暇輒涉筆焉。

嘉慶二十年（西元 1815 年）乙亥 四十一歲。

與劉芙初等謁翁方綱，並爲翁之弟子者三年。夏，叔父梁上國歿。

嘉慶二十一年（西元 1816 年）丙子 四十二歲。

兼精膳司幫辦掌印。秋，考選軍機章京，以第一卷引見。冬，入宣南詩社，胡承珙、潘曹沂各爲之記。輯《春曹題名錄》六卷。

嘉慶二十二年（西元 1817 年）丁丑 四十三歲。

生四子映辰。秋，與顧純、龔守正二同年遊西山，有詩記之；又與陳用光、陶澍、王萱齡遊昌光，有文紀之。

嘉慶二十三年（西元 1818 年）戊寅 四十四歲。

入直軍機，秋，遊醫無閭及松杏諸山。以校勘科場條例被議降一級留任。

嘉慶二十四年（西元 1819 年）己卯 四十五歲。

三月，偕同人坐山轎登雲峯寺，又於月夜上古中盤。冬，以覃恩授奉直大夫。

嘉慶二十五年（西元 1820 年）庚辰 四十六歲。

九月，回京，兼祠祭司行走。冬，以覃恩授中憲大夫。

道光元年（西元 1821 年）辛巳 四十七歲。

生子恭辰。二月，以補授主客司主事引見，仍在儀制、祠祭兩司行走。至是乃編歷禮曹四司。四月，以考試差引見。六月，升員外郎。十一月，以補授儀制司員外郎引見。是年，充大清通禮館纂修，又充內廷方略館纂修，又與同人分校遼金元三史地名、人名、官名，又分纂西域圖志，未成書。

道光二年（西元 1822 年）壬午 四十八歲。

二月，由史部引見，以繁缺道府用。閏三月，授湖北荊州府知府。五月，挈眷出都，六月，蒞荊州任，是月，即奉檄兼護荊宜施道，兼管荊州鈔關監督。公餘編輯《樞桓紀略》十六卷，朱士彥同年爲之序。

道光三年（西元 1823 年）癸未 四十九歲。

擢授江南淮海河務兵備道。六月，至清江浦蒞任。輯《江漢贈言》二卷，黎世序爲之序。

道光四年（西元 1824 年）甲申　五十歲。

　　校成金史。九月，調署江蘇按察使，駐滄浪亭行館，有《滄浪題詠》兩卷，張師誠、林則徐各爲之序。

道光五年（西元 1825 年）乙酉　五十一歲。

　　春，管理盤運漕糧總局。九月，將滯漕二百萬石全數盤運，渡黃北上，節省銀三十二萬，遂擢山東按察使。是年，長子逢辰登鄉薦第二名。

道光六年（西元 1826 年）丙戌　五十二歲。

　　進京謝恩。二月，抵山東任。十一月，補調江西按察使，未行，兼署山東布政使，擢江蘇布政使。輯《古格言》十二卷，湯金釗、劉鴻翔各爲之序。

道光七年（西元 1827 年）丁亥　五十三歲。

　　抵江蘇任。輯《東南棠蔭圖詠》三卷。朱珔爲之序。順途登泰山，蒞任後修治泖湖，一月竣事，復籌款挑濬吳淞江，次年夏竣事。

道光八年（西元 1828 年）茂子　五十四歲。

　　修滄浪亭，工竣，記而碑之。輯《梁祠紀略》二卷，朱珔爲之序。

道光九年（西元 1829 年）已丑　五十五歲。

　　輯《吳中唱和集》八卷，自爲之序。又作《小滄浪七友畫卷》，刻石滄浪亭壁，朱珔爲之序。

道光十年（西元 1830 年）庚寅　五十六歲。

　　八月奉命護理江蘇巡撫陶澍擢督之缺，十二月，復奉命護理江蘇巡撫盧坤擢督之缺。是年，始徧遊吳下諸山，各有詩冊畫卷紀之。

道光十一年（西元 1831 年）辛卯　五十七歲。

　　江淮大水成災，流民日以萬計，乃率屬損廉，給船咨送、設廠留養，且捐衣以爲禦寒之具，於三月末陸續資送北返，沿途頗有頌聲。何士祁爲作目送《歸鴻畫卷》，高澍然爲之記。冬，又籌款興挑孟瀆三河，未竣事而去，編梓其亡友《程同文遺詩》四卷，題曰《密齋詩存》，爲之序。

道光十二年（西元 1832 年）壬辰　五十八歲。

　　二月，奉命護理江蘇巡撫程祖洛擢督之缺。四權撫篆，前後八年有餘，拔擢江省人多無數。四月，因病，奏請開缺。六月，林則徐抵蘇，遂卸

撫篆，挈子映辰返鄉，小住浦城，輯《莳江別話》四卷。八月，回福州
進黃巷新宅。是歲，適其鄉秋禾歉收，臺灣因有陳辦滋事，臺米不能內
運，乃致書借撥江南漕米十萬石，鄉里便之。是歲，又修葺宅右小樓，
榜曰黃樓。輯《三山唱和集》。

道光十三年（西元 1833 年）癸巳　五十九歲。

鄭夫人卒。為撰事略梓行之。輯《江田梁氏詩存》九卷，自為之序。是
歲，修葺宅左小園，榜曰東園，分為十二景，有詩紀之。

道光十四年（西元 1834 年）甲午　六十歲。

輯《退菴隨筆》二十卷，自為之序。此書先為關中友人所刻，後至桂林
復加增刪擴為二十四卷，賀長齡序之。

道光十五年（西元 1835 年）乙未　六十一歲。

五月，奉召入都，至揚州病瘳，滯留月餘日，八月，由運河北上，舟次
輯《北行酬唱集》四卷。陳鸞為之序。八月杪抵京，即授甘肅布政使。
於赴甘途中，順途遊華山。

道光十六年（西元 1836 年）丙申　六十二歲。

正月，調授直隸布政使。三月杪始行，途次復奉命擢撫廣西。五月，赴
廣西任，兼署廣西學政三閱月。奉查馮贊勳揭叅楊時行案。輯《宣南贈
言》二卷。途中，於舟中飽覽衡山風景。

道光十七年（西元 1837 年）丁酉　六十三歲。

輯《論語集註旁證》二十卷、《孟子集註》十四卷。秋，監臨廣西文武兩
闈，會同丁善慶學政考選拔貢。革除廣西文闈積弊。是科，三子恭辰成
舉人。修復署東銅鼓樓，成《銅鼓聯吟集》兩卷。又於獨秀峯下重建五
詠堂。

道光十八年（西元 1838 年）戊戌　六十四歲。

越南使臣入貢，作畫冊紀之。《校梓文選旁證》四十六卷，阮元、朱珔為
之序。輯《國朝臣工言行記》十二卷。

道光十九年（西元 1839 年）己亥　六十五歲。

監臨粵西文武兩闈。是歲，次子丁辰舉於鄉，四子映辰入縣庠。輯《制
義叢話》二十四卷，朱珔、楊文蓀為之序。

道光二十年（西元 1840 年）庚子　六十六歲。

　　監臨文武鄉闈，並會同學政考選優貢，輯《盈聯叢話》十二卷，陳繼昌
　　為之序。是年，始徧遊桂林諸山。

道光二十一年（西元 1841 年）辛丑　六十七歲。

　　二月，行團練法以禦英咦。旋調授江蘇巡撫，即回桂林，往來飽看陽朔
　　山水。七月，蒞江蘇任。帶兵赴上海縣防堵夷匪，收撫巨奸，後以督部
　　殉職，遂兼署兩江總督及兩淮鹽政二十餘日。十一月，疾，即專摺陳請
　　開缺調理。是歲，長子逢辰成進士。

道光二十二年（西元 1842 年）壬寅　六十八歲。

　　奉准開缺調理，二月，挈家登舟，以兵事，六月杪抵浦城，暫駐南浦。
　　忙中輯《楹聯續話》四卷、《巧對錄》四卷，皆自為之序。

道光二十三年（西元 1843 年）癸卯　六十九歲。

　　起造北東園新宅，四月，進新宅。八月，回福州省墓，復回浦城，為三
　　子恭辰點定《勸近錄》六卷，為之序。

道光二十四年（西元 1844 年）甲辰　七十歲。

　　自訂年譜，又輯《稱謂拾遺》十卷，自為之序。

其自訂年譜僅止於是，另據《碑傳補》卷十四林則徐所撰之〈墓志銘〉云：「丁
未（道光二十七年）春，就醫江浙，因叔子恭辰以知府需次浙江，遂率眷屬
賃居杭城，……是冬恭辰署溫州府事，迎養東甌官署，戲彩亭唱和集即作于
此時。戊申（道光二十八年）春，遊雁宕，補生平屐齒所未到。……卒於道
光己酉（二十九年）六月二十日，年七十有五。」

參考書目舉隅

專　書

1. 《四書集注》，宋・朱熹撰，中華書局。
2. 《詩經》，藝文印書館。
3. 《書經》，藝文印書館。
4. 《易經》，藝文印書館。
5. 《禮記》，藝文印書館。
6. 《左傳》，藝文印書館。
7. 《舊唐書》，後晉・劉煦奉敕撰，藝文印書館。
8. 《新唐書》，宋・歐陽修撰，藝文印書館。
9. 《宋史》，元，托克托奉敕撰，藝文印書館。
10. 《元史》，明・宋濂等撰，藝文印書館。
11. 《明史》，清・張廷玉等修，藝文印書館。
12. 《清史》，國民研究院清史編纂委員會編纂，國防研究院。
13. 《清代通史》，民國・蕭一山撰，台灣商務印書館。
14. 《清史列傳》，清・國史館原編，中華書局。
15. 《通典》，唐・杜佑撰，新興書局。
16. 《通志》，宋・鄭樵撰，新興書局。
17. 《文獻通考》，元，馬端臨撰，新興書局。
18. 《續通典》，清高宗敕撰，新興書局。
19. 《續通志》，清高宗敕撰，新興書局。
20. 《續文獻通考》，清高宗敕撰，新興書局。
21. 《明會典》，明・宏治十年敕修，世界書局。

22. 《明會要》，清‧龍文彬纂，世界書局。

23. 《國史史料學》，崧高書局。

24. 《明太祖實錄》，明‧李景隆等撰，中研院史語所。

25. 《清世祖實錄》，華文書局。

26. 《清聖祖實錄》，華文書局。

27. 《清高宗實錄》，華文書局。

28. 《清德宗實錄》，華文書局。

29. 《冊府元龜》，宋‧王欽若等敕撰，清華書局。

30. 《玉海》，宋‧王應麟撰，華文書局。

31. 《宋文鑑》，宋‧呂祖謙編，世界書局。

32. 《明文海》，清‧黃宗羲編，世界書局。

33. 《明文學史》，民國‧宋佩韋撰，上海商務印書館。

34. 《明代文學》，民國‧錢基博撰，台灣商務印書館。

35. 《中國散文史》，民國‧陳柱撰，商務印書館。

36. 《中國文學發達史》，中華書局。

37. 《中國近三百年學術史》，民國‧梁啓超著，南嶽出版社。

38. 《南浦詩話》，清‧梁章鉅撰，廣文書局。

39. 《圍爐詩話》，清‧吳喬撰，木鐸出版社。

40. 《淡墨錄》，清‧李調元編纂，宏業書局。

41. 《原抄本日知錄》，清‧顧炎武撰，明倫出版社。

42. 《朱舜水集》，明‧朱舜水撰，漢京文化事業有限公司。

43. 《鄧嗣禹先生學術論文選集》，民國‧黃培、陶晉生合編，食貨出版社。

44. 《中國歷代政治得失》，民國‧錢穆著，東大圖書公司。

45. 《萬曆十五年》，民國‧黃仁宇著，食貨出版社。

46. 《明清儒學家著述生卒年表》，民國‧麥仲貴著，學生書局。

47. 《可儀堂一百二十名家制義》，清‧俞長城編，台大研究圖書館藏。

48. 《欽定四書文》，清‧方苞奉敕編，四庫全書本。

49. 《經義模範》，明‧楊慎編，四庫全書本。

50. 《作義要訣》，元‧倪士毅撰，四庫全書本。

51. 《書義矜式》，元‧王充耘撰，四庫全書本。

52. 《國朝書畫家筆錄》，清‧竇鎮撰，文史哲出版社。

53. 《碑傳集》，清‧錢儀吉纂，明文書局。

54. 《續碑傳集》，清・繆荃孫纂錄，明文書局。

55. 《國朝耆獻類徵初編》，清・李桓輯，明文書局。

56. 《清代七百名人傳》，蔡冠洛編纂，明文書局。

57. 《大清畿輔先哲傳》，徐世昌等撰，明文書局。

58. 《文獻徵存錄》，清・錢林輯、王藻編，明文書局。

59. 《清儒學案小傳》，徐世昌纂，明文書局。

60. 《清代樸學大師列傳》，支偉成著，明文書局。

61. 《詞林輯略》，朱汝珍輯，明文書局。

62. 《今世說》，清・王晫撰，明文書局。

63. 《國朝詩人徵略》，清・張維屏輯，明文書局。

64. 《昭代名人尺牘續集小傳》，陶湘編，明文書局。

65. 《清代疇人傳》，清・阮元等輯，明文書局。

66. 《皇清書史》，李放纂輯，明文書局。

67. 《國朝書人輯略》，清・霍鈞輯，明文書局。

68. 《顏氏家藏尺牘》，清・顏光敏輯，明文書局。

69. 《宋文丞相天祥年譜》，李安編，商務印書館。

70. 《宋陳文節公傅良年譜》，孫䒷田著，商務印書館。

71. 《宋陸文安公九淵年譜》，楊希閔著，商務印書館。

72. 《清顧亭林先生炎武年譜》，清・張穆編，商務印書館。

73. 《清方望溪先生苞年譜》，蘇惇元輯，商務印書館。

74. 《清梁退菴先生章鉅自訂年譜》，清・梁章鉅著，商務印書館。

75. 《明代登科錄彙編》，民國・屈萬里主編，學生書局。

76. 《明清歷科進士題名碑錄》，華文書局。

77. 《明清進士題名碑錄索引》，朱保炯、謝沛霖編，文史哲出版社。

78. 《清代鼎甲錄》，朱沛蓮編著，中華書局。

79. 《清學政全書》，清・素爾納等修，文海出版社。

80. 《大清會典》，清光緒十二年敕撰，中文書局。

81. 《大清會典事例》，清光緒十二年敕撰，中文書局。

82. 《八股文小史》，民國・盧前撰，上海商務印書館。

83. 《讀書作文譜》，清・唐彪撰，偉文出版社。

84. 《試律叢話》，清・梁章鉅撰，廣文書局。

85. 《論學繩尺》，南宋・魏天應撰，四庫全書本。

86. 《清代考試制度資料》，民國・章中如著，文海出版社。

87. 《中國考試制度史》，民國・鄧嗣禹著，學生書局。

88. 《清代科舉制度研究》，民國・王德昭著，香港中文大學。

89. 《清代科舉制度之研究》（博士論文），民國・黃光亮撰，嘉新水泥公司基金會。

90. 《清代科舉》，民國・劉兆璸撰，東大圖書有限公司。

91. 《皇朝掌故彙編》，清・張壽鏞編，文海出版社。

92. 《清朝掌故輯要》，清・林煦春輯，文海出版社。

93. 《清朝瑣屑錄》，清・鍾琦輯錄，文海出版社。

94. 《制義科瑣記》，清・李調元輯，藝文印書館。

95. 《陔餘叢考》，清・趙翼撰，世界書局。

96. 《茶餘客話》，清・阮葵生著，世界書局。

97. 《萬曆野獲編》，明・沈德符撰，偉文書局。

98. 《鳳洲雜編》，明・王世貞撰，廣文書局。

99. 《歸田瑣記》，清・梁章鉅撰，木鐸出版社。

100. 《浪跡叢談》，清・梁章鉅撰，新興書局。

單篇論文

1. 〈四書文源流考〉，清・梁傑撰，已收入《學海堂集》卷八。

2. 〈四書文源流考〉，清・周以清撰，已收入《學海堂集》卷八。

3. 〈四書文源流考〉，清・侯康撰，已收入《學海堂集》卷八。

4. 〈四書文源流考〉，清・鄭灝若撰，已收入《學海堂集》卷八。

5. 〈四書文源流考〉，清・楊懋建撰，已收入《學海堂集》卷八。

6. 〈中國民族前途的兩大障礙物〉，張蔭麟撰，《國聞週報》第十卷第 26 期。

7. 〈清代的科試與鄉試〉，宮崎市定著、李君奭譯，《中華文化復興月刊》第八卷第 7 期。

8. 〈清代科舉制度〉，楊樹藩撰，《史學集刊》第七卷。

9. 〈科場瑣憶〉，蔡愛仁撰，收入曾伯華著《八股文研究》——文政出版社。

10. 〈八股文——古代中國的公害？〉，鄭邦鎮撰，自由青年（民國 74 年 5 月 1 日）。

11. 〈八股文三題試讀〉，鄭邦鎮撰，清華大學「明代文學與社會」第 21 次討論會講義。

12. 〈從文學觀點論八股文〉，涂經詒著、鄭邦鎮譯，收入《中外文學》第十

二卷第 12 期。

13. 〈清初的科場大獄〉，樸人撰，《自由談》第二十六卷第 9 期。

14. 〈明清考試制度之研究〉，趙明義撰，《復興崗學報》22 期。

15. 〈清代的科舉制度（一）〉，葉中華撰，《憲政評論》第三卷 11 期。

16. 〈清代的科舉制度（二）〉，葉中華撰，《憲政評論》第四卷 4 期。

17. 〈清代的科舉制度（三）〉，葉中華撰，《憲政評論》第四卷 5 期。

18. 〈八股文之害〉，劉心皇撰，《民眾日報》（民國 68 年 7 月 19 日第 12 版）。

19. 〈八股文章的體制〉，鄒蜀樵撰，《中央日報》（民國 69 年 6 月 17 日文史 108 期）。

20. 〈論八股文的淵源〉，梅家玲撰，收入《文學評論》第九集。